杭州城市体验研究中心
产业高质量发展研究系列成果

旗舰会展公司的生态战略

傅良才 题

张晓明 ◎ 著

华中科技大学出版社
http://press.hust.edu.cn
中国·武汉

内容简介

三年疫情对会展业发展影响巨大，同时让会展人更清醒地意识到可持续发展的重要性。一味低着头赚钱却不注意前行方向，不注重分析现状并制定科学的发展战略，公司就很容易在发展中"摔跟头"，更谈不上在专业化、国际化、品牌化、市场化等发展层面大有作为。

当下，全国高度关注高质量发展，生态会展也进入了会展人的全新视野。会展业要想取得生态化发展，就要着重在"整合优质资源"和"降低环境污染"等方面下功夫。尽管国内会展产业生态化的氛围还不够浓，但毕竟已有一批"旗舰"会展公司领衔作为，率先垂范，在会展业生态化发展的道路上取得了积极进展与丰硕成果。本专著重在宣传旗舰会展公司的生态战略，向业界精确传递更多的"生态会展"最新信息，为更多企业未来的深层次发展提供借鉴。

图书在版编目(CIP)数据

旗舰会展公司的生态战略/张晓明著.—武汉：华中科技大学出版社，2023.12
ISBN 978-7-5680-9376-7

Ⅰ.①旗… Ⅱ.①张… Ⅲ.①展览会－企业管理 Ⅳ.①G245

中国国家版本馆CIP数据核字(2023)第244669号

旗舰会展公司的生态战略
Qijian Huizhan Gongsi de Shengtai Zhanlüe

张晓明 著

项目策划：李　欢
策划编辑：胡弘扬
责任编辑：胡弘扬　仇雨亭
封面设计：琥珀视觉
责任校对：谢　源
责任监印：周治超

出版发行：华中科技大学出版社（中国·武汉）　　电　话：(027)81321913
　　　　　武汉市东湖新技术开发区华工科技园　　邮　编：430223
录　　排：孙雅丽
印　　刷：武汉市洪林印务有限公司
开　　本：710mm×1000mm　1/16
印　　张：20
字　　数：336千字
版　　次：2023年12月第1版第1次印刷
定　　价：89.80元

本书若有印装质量问题，请向出版社营销中心调换
全国免费服务热线：400-6679-118　竭诚为您服务
版权所有　侵权必究

会展文旅界领导书画作品精选

赞张晓明博士再著新书

生态会展首倡者
学界业界俱达人
论著推文前瞻远
探索研讨亦超群

陈泽炎 癸卯年四月六日

中国会展经济研究会
学术指导委员会副主任 陈泽炎

百年恰风华
世纪正青春

浙江新纪元展览有限公司总经理　沈鸿泉

> 贺晓明教授专著出版
>
> 沧海横流显砥柱
> 万山磅礴看主峰
>
> 宁夏国际会展协会
> 邢寿于 癸卯年六月五日

宁夏国际会展协会会长　邢寿宁

勇立时代潮头

展现硬核担当

南昌市商贸和会展服务中心副主任 喻欣荣

WCCO 国际联盟专家
浙江省政府特约研究员 张建庭

苏州文化博览中心原副总裁 蒋一秋

序言

经历三年新冠疫情冲击的中国会展业，当下正处于强劲复苏的关键时刻，呈现了新一轮蓬勃发展的良好势头。相对于新冠疫情时期，此时的中国会展人早就展开愁容，再度舒心愉悦地奋斗在会展业发展新阶段的各条战线上。会展人更多以线下的角色回到当年纵横驰骋的会展战场，倍感亲切，内心无比振奋。在这样的时候，收到浙大城市学院国际文化旅游学院张晓明博士第二本专著的作序邀约，我甚是欣喜并愉快地接受。

近些年，会展人常常会提及一些关键词，如"可持续发展""生态会展""高质量发展"等。这一类关键词之所以会如此高频地为行业所关注，主要原因不只局限于它们是会展产业的发展需求，更是因为它们是人类社会发展到一定历史阶段的共识，是社会生产和生活方式转型升级的内在要求，即更加关注人类自身和环境的和谐发展。与此同时，这也是产业经济协调可持续发展的时代要求。正如党的二十大提出的，"高质量发展是全面建设社会主义现代化国家的首要任务"，是构建新发展格局，推动"双循环"战略实施的重要任务。

会展业作为朝阳行业，链动着生产与消费、供给与需求，在国民经济发展中日益发挥战略先导作用，肩负着提振经济、完善市场经济体系和开放型经济体系的时代使命。百年变局与疫情叠加，历经凤凰涅槃的会展生态，显然无法回归到2019年12月前的样子。此时，我国会展业步入了守正创新、跨越发展的新阶段。而值此百年未有之大变局，以绿色和可持续发展这一人类终极使命观统领会展生态升级变革，恰逢其时。这将全力助推会展全产业链迈入高质量发展的新格局、新境界。正所谓，

"变则通，不变则壅；变则兴，不变则衰；变则生，不变则亡。"

那么，在现实中，会展产业各环节和各类企业对包括绿色生态环保意识在内的会展业高质量发展的认知现状又如何呢？客观地讲，尽管国内会展行业企业总体上都比较认可生态会展特别是与之直观感受密切的绿色展装及绿色搭建的现实意义，相比以往也更加重视其重要性，但值得指出的是，国内主要会展省份及城市的会展业发展水平参差不齐，生态化理念与意识差距明显，直接导致不同地区会展业在会展产业生态化发展实践层面存在很大差别。部分城市会展业在这方面逐渐涌现主流角色，多数城市会展业却依然无动于衷或者仅有零星企业有举动。具体到公司层面，更多企业认知模糊，认为"生态会展固然重要，但不到万不得已我自岿然不动"。因而，在这样的背景中，需要有一批优秀会展城市与会展公司坚定地站出来，充分发挥引领示范功能。唯如此，可持续发展的氛围方可逐步向好，会展业高质量发展也才更容易实现。

特别值得欣喜的是，在中国会展业的蓬勃发展中，已经逐步有一些企业在这方面脱颖而出，在具体实践中展示模范带头作用。本专著作者张晓明博士将其称为"旗舰会展公司"，意在突出它们在行业发展中的先进性，凸显其相对超前的可持续发展思维及其相对比较丰富的优秀实践作为。专著中列举的曲江会展集团、成都励翔国际会展、华墨集团、博乾国际会展、苦瓜科技及雷奥会展六家公司，大都是会展业近十多年来发展中的知名新锐企业，它们在生态会展的各个层面具有很多成功的生动案例，在资源整合、能源节约、降低污染、行业转型等多方面都拥有很多骄人的业绩。也正是因为这方面的坚定作为，它们在行业发展中具有较高的知名度与美誉度，不断获得更多优质合作伙伴，从而更具高质量发展基因，屹立于中国会展业发展的最前列。这六个案例企业的发展各具特色，有的在行业资源整合方面可圈可点，有的在数字会展生态方面卓有成效，有的在多元会展生态建设上阔步前进，有的在集团化发展思维中努力前行，有的基于多个赛道齐头并进且多处开花结果，有的则深耕某个行业、着力付出。

本书六个案例的共同点是均具鲜明的示范效应，已经在行业中取得了稳固的社会地位并将继续奋力前行。在过去，六家企业相对辉煌，在未来，相信它们同样能相对耀眼。有这样的成就与预测，最重要的原因是，这些旗舰公司的主要领导人始终具有强烈的可持续发展意识与相对浓厚的生态情怀，在很多年以来一直善于团结与激励公司全体员工始终奋斗在可持续发展的第一线，从而在不断积累中形成重要的发展战略，为中国会展业高质量发展做出了重要贡献。显然，他们很少会基于短期效应思考问题，却始终能立足长远而谋划布局，未雨绸缪，厉兵秣马，这也就意味着他们能在重要的关键阶段厘清思路，坚守初心，不会轻易走入迷途。

榜样的力量是无穷的。在榜样的激励下，更多的行业企业将在未来的高质量发展中融入时代洪流，以更好的竞技状态肩负起中国会展业从"大"变"强"的历史使命。会展业是先导性现代服务业，这为新一轮会展业全新发展提供了大好契机。如此，在全面推进会展高质量发展进程中，对这些具有典型示范意义的优秀企业案例加以编著并通过多种方式与广大从业人员分享与沟通，显然十分必要。

这本名为《旗舰会展公司的生态战略》的专著，凝聚了张晓明博士在辛勤开展教学与科研活动之余的诸多心血。阶段性地对中国会展业最前沿的发展内容进行深入探究与传播，对行业发展无疑具有重要意义，在一定程度上也展现了作者多年来对会展业发展的执着情怀与不懈追求。在中国，会展业的发展，的确需要有更多知名学者在理论上不断探索，在实践中积极引导，在高质量发展层面进行全新的思考以激发更持续的发展动能。相信在未来，会展业发展的道路会越来越宽，中国会展业在世界会展舞台上将更有话语权，拥有更为宽广的发展空间。

在中国会展业发展的全新阶段，让我们共同期待会展业高质量发展中更多富有创新性的行业与企业作为，共同谱写会展人充满信心而勠力前行的全新篇章。序末，衷心祝贺专著《旗舰会展公司的生态战略》能如期顺利出版，期盼其早日与广大会展界同仁见面。

中国会展经济研究会副会长兼秘书长　姜淮

2023 年 6 月 25 日作序于北京

前言

或许是由于人生首本专著《中国会展业发展趋势研究：动态与前景》（2021年12月出版）的写作惯性，作者未曾预料到第一本专著还在华中科技大学出版社三轮审校阶段之时，第二本专著已十分自然地进入开拔阶段。真不知哪里来的写作兴趣与强大动力，就这一点而言，至今作者仍有些诧异，难道是"不发则已，一鸣惊人"吗？细想之下，作者自认为还是不太具备类似的潜质与专业素养。在特别快节奏的一种思维中，作者迅速形成了第二本专著撰写的核心思路并构建了基本章节，而且选择案例背景公司的速度快得有些不可思议，选择对象相对精准。

尽管作者在首本专著的第三章着力撰写了中国会展业的生态化发展趋势及其案例，但由于在这方面相对其他趋势而言有更深入的一些研究与思考，所以在当时撰写过程中始终觉得这样的内容很不充分，远远没能全面系统地概括当下中国会展业生态化发展现状及主要特征。正视当下会展业生态化发展的最新动态，国内各地不少"旗舰会展公司"正逐步在当地甚至在全国范围内拥有相对坚定而足够明晰的生态作为。从中国会展业的整体发展而言，这些优秀公司的主要战略很值得学界对此进行及时而全面深入的梳理和总结，以便为其他更多类似的行业企业提供学习范本。

基于类似的一些思考，作者将此书取名为《旗舰会展公司的生态战略》，重点是想在更大层面上宣传这些知名企业的主要发展战略，从而积极推动中国会展产业生态化发展进程，让更多会展公司融入可持续发展洪流，使会展业高质量发展的氛围更为浓厚。之所以写"生态战略"而不是"生态作为"，是因为在可持续发展的视野中，相对完整且具有足够前沿思维的战略规划远比零敲碎打的有限作为更具备发展的优越感与成就感。零星的做法很难让企业长期具有坚定而美好的发展愿景，因而公司很容易在前行道路中迷路。大凡是战略性的思维，更有全局观和长远性，因此和可持续发展、高质量发展的整体思路更合拍。

对中国这样的会展大国而言，会展业的生态化发展是一个相对宽泛并且明显具有前沿特征的重要话题，且远远不是国内相对普及的"绿色会展"所能简单诠释与概括的。相比之下，"生态会展"比"绿色会展"明显更有实质性的深刻内涵，涉及范围更广，理念更系统更全面，也更富有时代性和全局观。而且，其主要内涵随着时代的发展仍将逐步得到修正与有效补充。迄今为止，和世界会展业的整体发展态势相比，中国会展业的生态化发展仍属于起始阶段，各省市特别是全国层面远远未能形成较为浓厚的整体氛围。放眼全国，仅有相当有限的会展城市在这方面的发展有所启动而大多数城市几乎没有明显的生态会展理念与作为，而且即便是最重要的一线会展城市，在这方面的发展优势其实也并不突出。

在相对有些"淡漠"的发展态势中，基于多年来相对频繁的会展企业实际调研，作者清晰地注意到，国内有一些相对具有超前生态思维的会展公司在会展业生态化发展尤其是在绿色展装、绿色搭建等领域逐步开始大有作为并且未来同样可以大有可为。其高层的基本理念或战略思维与其他企业高层的相比明显更胜一筹。其作为在国内会展业界有比较直接而重要的影响，充分发挥了积极而突出的引领功能。此外，从生态会展的精髓出发，另有一批崇尚并实践"资源整合"理念的企业在产业的现实发展中表现同样十分亮眼。尽管它们在整合资源的层次、内容、角度及特点等方面并不一定适合简单地放在一起相提并论，但其在各自领域与相应区域的特色却十分突出并各有千秋，呈现了实质意义上的"百花齐放"。在当前的动态发展背景下，这一类公司的新作为在业界已经产生显著的示范作用，从另一个较综合的层面对生态会展发展进行了富有深度的积极推进。

主要包括但不仅限于这两大方面在内的公司战略与作为，在当下特别需要会展学者深入了解并凝练出精要文字与业界共享，这便是作者编撰此书的最大初衷，也是一种特别淳朴的写作动机，相信这样的基本思维与方向能为国内会展业生态化发展实践带来全新视野。

在本专著中，作者特别运用"旗舰"这一关键词对相关案例进行基本定位。军事上常说的"旗舰"（Flagship），往往是指个别载有重要海军将官如司令等的军舰。它常常会悬挂司令旗。在生活中，如果将"旗舰"与相关店铺及品牌等相关联，那大概率就是在重点表达这类店铺与品牌在业界的引领性。在第一本专著关于会展业生态化发展的较大篇幅中，作者结合会展业发展现状曾多次提及"旗舰城市""旗舰公司""旗舰院校"及"旗舰项目"等术语，主要就是想表达这些城市、公司、院校及项目在业界的重要而鲜明的引领功能。如此鲜明的引领功能和示范作用，极大程度地促发了作者力争用更为精湛的文字深入挖掘这批企业在发展中相对生动素材的写作自觉性。

不过，特别值得一提的是，这些"旗舰公司"在以往，甚至是在当前的规模并非一定很大，也未必一定"理所当然"地坐落在北上广深等国内一线会展城市。而且，同样是作为"旗舰公司"的重要案例之一编入本专著，各公司相互之间的规模对比可能会很悬殊。然而，它们在现实中都以不同方式比较分明地对业界产生了积极影响，公司的当下战略（主要包括生态理念及生态作为）在业界发展中具有重要的剖析价值。称其为"旗舰公司"，在很大程度上也表达了作者对这些知名会展公司及公司主要高层一份真诚的敬意、足够的认同与信任感。尽管在当下，它们可能仅仅是"星星之火"，但正是因为有这些"星星之火"，最终才有可能形成足够的中国会展业生态化发展"燎原之势"，或者说真正形成中国会展业生态化发展的浓厚氛围。如果没有这些旗舰公司的领衔作为，中国会展业的生态化发展最大的可能会是遥遥无期，那也就意味着中外会展业在可持续发展层面将继续拉开差距。

作者之所以投入这么多业余时间来精心撰写本专著，主要目的是在会展界更广泛更深入地传递这批旗舰会展公司对行业发展的生态影响，更清晰更主动地在会展界传播完整的生态理念，通过由点及面的方式对中国会展业生态化发展形成更多深层次的推动力，共同促成更理想的生态会展发展新格局，让更多的优秀公司在生态化发展层面更有深入进展与足够业绩。

本专著的整体编排按照不同的旗舰会展公司——展开，具体案例的选取主要依据以下四个基本原则：一是旗舰公司主要来自于上海、北京、成都、西安、济南等近年来在生态会展发展领域相对活跃的城市，且尽可能不在同一城市选择两家公司（若存在，说明有不同发展特色，值得总结）。二是专著主要基于资源整合、生态理念、生态服务、生态循环、绿色搭建、绿色展装、可持续发展等核心内容而展开，从多个层面表达公司的生态理念与生态作为，尽可能体现"旗舰会展公司"在业界特别是在所在区域基于生态化发展方面的积极影响。这些内容在不同企业里可能会有侧重，而且在不少企业中则兼而有之。三是入选案例必须具有明显的代表性，宁缺毋滥，不为城市求全思维所束缚，不苛求一线会展城市的代表性。四是重点表达相关公司的最新发展动态，大有以"星星之火，可以燎原"之思维在中国有机合围并逐步形成中国会展业生态化发展的综合效应，为会展业高质量发展创造更好的发展契机。以上思路分别基于城市选择、核心内容整合、案例选取价值、最新发展动态四大内容，这样的总体策划便于更好地表达"旗舰公司"在生态会展领域富有借鉴的"旗舰战略"。案例的编排没有顺序之分，毕竟它们以各自的特色在相应区域内发挥着明显的引领性，其作用方式与特点还是有很大差异的。

　　当然，旗舰会展公司之所以能在近些年甚至在三年疫情过程中取得较为明显的生态化发展业绩，更多情况下离不开会展公司高层的高瞻远瞩，离不开在特定阶段所设计的富有战略意义的整体部署，离不开企业多年来形成的丰富多彩的企业文化。因而，在其中，企业高层非凡的生态情怀与具有率先垂范性质的作为十分关键。基于类似思考，作者在本专著的撰写中力争突出以下重点：一是企业高层的生态缘起与生态情怀；二是高层的生态情怀逐步延伸而来的企业生态化发展的重点内容；三是该企业在业界的持续引领功能；四是迄今为止该公司取得的重要生态业绩，当然要重点突出当下动态及对未来的展望。在该部分内容的写作中，作者相当执着地挖掘了部分企业高层以往的一些经典故事。在专著中，我们可以学习到这些公司的企业文化和公司主要高层的生态情怀，而且对这些内容的表达十分丰富而且生动。在撰写中，作者对每家公司的发展历程与企业文化进行了一定程度的梳理，力争协助相关企业在组织文化方面形成新的动态性理解。相信这样的写作安排能让读者对本专著的内容有更浓厚的兴趣和更热切的期待，从而在业内产生持续的深层次理解与多层面共鸣。

　　本专著的出版，重点是在宣传企业优秀事迹的过程中令未来中国会展业形成更浓厚的生态化发展氛围，主要通过对典型会展公司的重点剖析而在全国范围内形成更强大、更宏观的发展声势，为会展业未来发展提供更多鲜活的生态思路，为会展业的高质量发展贡献力量，真正使中国从"会展大国"走向"会展强国"。尽管这样的想法很朴素，这样的努力也很执着，但仍然不能确定最终能否达成目标。终究，在近三年，疫情对会展业造成了影响，业界也出现了一些发展的阶段性问题，甚至有些企业已远离行业而去，多数企业在经受严峻冲击之后仍处于逐步恢复元气阶段。不过，无论有多大的困难，作者都将率先厘清生态发展的思路并不断前行。毕竟，这样的行动对行业的长远发展而言十分有意义，也特别值得投入。

　　当下，会展业的高质量发展在议事日程中已经被提到十分关键的位置，之后相关的理论研究与实践探讨将会逐步增多。在编著初期，作者就有一个很单纯的愿望，那就是，愿这本专著能够成为会展业生态化发展专题研究的一个引子，促发更多学者共同为中国会展业的高质量发展积极贡献智慧，但愿这样的愿望能在很大程度上真正成为现实。当然，作者认为，不管产业发展到哪种程度，前沿性的探索研究才刚刚开始，也有深入研究的时代价值。在未来，中国会展业美好的发展愿景与中外会展业的高频融合发展，一定将不断激励作者向着产业发展的灿烂明天潜心探索，继续为会展及其相关产业的高质量发展奉献更多更精彩的学术精品。愿朋友们能够喜欢这本专著并及时给予指正。

张晓明
2022年2月15日 杭州

目 录
CONTENTS

第一章 会展业高质量发展的主要内涵与最新方向　1
第一节　高质量发展与会展业高质量发展　3
第二节　会展业高质量发展的主要内涵　4
第三节　"全国生态日"开启会展发展新高度　13
第四节　会展业高质量发展的最新方向　18

第二章 曲江会展集团：在生态战略中砥砺前行　25
第一节　曲江会展集团成长履历　27
第二节　基于区域规划的曲江会展集团的生态情怀　38
第三节　曲江会展集团的主要生态作为　44
第四节　曲江会展集团未来发展展望　60

第三章 励翔会展：树立生态会展发展标杆　67
第一节　励翔会展发展简介　69
第二节　励翔会展主要领导的生态情怀　77
第三节　励翔会展的主要生态作为　86
第四节　励翔会展未来发展展望　97

第四章 华墨集团：布局四大赛道创新展会生态　105
第一节　华墨集团发展简介　107

第二节　华墨集团主要领导的生态情怀　　120
第三节　华墨集团的主要生态作为　　123
第四节　华墨集团未来发展展望　　137

第五章　博乾国际会展：着力构思测绘地信展会生态　　147

第一节　博乾国际会展发展简介　　149
第二节　博乾国际会展主要领导的生态情怀　　160
第三节　博乾国际会展的主要生态作为　　168
第四节　博乾国际会展未来发展展望　　183

第六章　苦瓜科技：精心打造数字会展全新生态　　193

第一节　苦瓜科技发展简介　　195
第二节　苦瓜科技主要领导的生态情怀　　204
第三节　苦瓜科技的主要生态作为　　210
第四节　苦瓜科技未来发展展望　　238

第七章　雷奥会展：高精度构建多元生态新体系　　247

第一节　雷奥会展发展简介　　249
第二节　雷奥会展主要领导的生态情怀　　257
第三节　雷奥会展的主要生态作为　　266
第四节　雷奥会展未来发展展望　　289

后记　　295

Chapter 1

第一章

会展业高质量发展的主要内涵与最新方向

就在产业可持续发展的良好背景下，近些年国内刮起了一阵"高质量发展"的春风。显然，这样的发展氛围对国内多种产业而言都十分重要。毕竟，产业想要追求可持续发展，就不能拘泥于一时一地，而是需要放眼全局，进行高质量发展。因而，会展产业作为先导性现代服务业，正在迎来更好的发展机遇，也更有理由取得更好的发展。2023年6月28日，十四届全国人大常委会第三次会议通过了将8月15日设立为"全国生态日"的决定，更是将会展产业生态化发展提到了新高度，并且在最恰当的时候为其传递了强劲动力。

第一节 高质量发展与会展业高质量发展

创新、协调、绿色、开放、共享的新发展理念，是习近平总书记2015年在党的十八届五中全会上明确提出的。2022年下半年，党的二十大召开。此时，从发展连续性上看，各行业的高质量发展在内容上又有了不少精彩的延伸。

然而近几年，基于会展业发展的大起大落或者遭受的严重冲击，难免会有一些人对"会展业高质量发展"持不置可否的态度甚至有可能完全否定其重要性。即便到现在，还有很多业内人士没有真正了解"会展业高质量发展"的深刻内涵。可以这么说，经历了新冠疫情重创的会展业的从业人员，相比以往，值得更深入地理解新发展理念和高质量发展的精髓，在深刻领会产业高质量发展意义的基础上尽快融入行业高质量发展的洪流，为会展业发展做出贡献。

高质量发展，是体现新发展理念的发展，是"创新成为第一动力、协调成为内生特点、绿色成为普遍形态、开放成为必由之路、共享成为根本目的"的发展。类似表述对各类行业的发展都具有重要的指导意义。

从宏观层面看，高质量发展是指经济增长稳定，区域城乡发展均衡，以创新为动力，实现绿色发展，让经济发展成果更多更公平地惠及全体人民。从产业层面看，高质量发展是指产业要努力做到布局科学、结构合理，不断实现转型升级，显著提升产业发展的效益。从企业经营层面看，高质量发展包括一流竞争力、质量的可靠性与持续创新、品牌的影响力，以及先进的质量管理理念与方法等（内容节选自图1.1.1中的演讲）。

图1.1.1 张晓明在CEFCO2022上作"会展业高质量发展"主题演讲
（中国福州，2022-01-14）

从以上表述可以看出，高质量发展与新发展理念高度相关，具有鲜明的时代意义。

那么，基于以上内容，会展业高质量发展的内涵就十分明晰了。说得更加明白一点，"会展业高质量发展"，主要包括会展业创新发展、会展业协调发展、会展业绿色发展、会展业开放发展及会展业共享发展，如图1.1.2所示。这样五个方面的发展共同构成了会展业高质量发展的核心。当然，其中的每一个方面，都具有十分丰富的内容。

图1.1.2 会展业高质量发展的主要内涵

第二节 会展业高质量发展的主要内涵

中国会展业，在世界会展发展史上存在的时间并不算长，有很多方面都值得在借鉴世界会展强国的发展经验基础上持续提升，因而科学、全面、系统地理解会展业高质量发展的精髓格外重要（图1.2.1展示的是"会展业高质量发展"主题演讲）。

图1.2.1　张晓明运用"数字分身"作"会展业高质量发展"主题演讲
（中国杭州，2023-06-20）

可以这么说，越注重高质量发展，会展业在未来终将越禁得起大风大浪的冲击与影响。尽管刚刚过去的三年对会展业具有足够的影响，但是那些更善于未雨绸缪和具有相对广阔发展视野的会展公司，基本上都度过了这个并不是特别容易过的难关。以下，谨从新发展理念出发，对"会展业高质量发展"的五大方面的主要内容作一些细致的诠释。

一　会展业创新发展

在发展中，创新无时无处不在。然而，多年以来，中国会展业的发展更多都基于小作坊式的微观化运营，更多属于人员密集型的重复劳动，在包括主题设计、执行方案设计、预警机制制定等在内的多层面工作中，不仅谈不上有多创新，甚至内容陈旧，雷同程度特别高。这就意味着，如果长此以往，中国和世界会展强国的会展业发展水平将在未来拉开更大差距。所以，创新对于中国会展业发展而言十分关键。

不可否认的是，在疫情的三年时间里，会展业也曾尝试使用"云会展""线上会展"等多种手段，现在更是言必谈"元宇宙"和"ChatGPT"，这势必令原有的行业运营方式有了一些发展，但总体而言其发展水平仍然较低，内容设计平淡无奇，多数从业者对会展的体验认识相对肤浅，有些运营与"割一波韭菜"没有过多的差异。智慧会展一度也曾十分热门,中国会展业在这方面有所起步,但至今国内学界对智慧会展新业态的研究仍显相对初步,多少对会展业可持续发展有一定的影响。

从目前看来,中国会展业相对仍有些原始,潜心思考与研究变化的总体氛围不浓,更多的从业人员处于"人云亦云,相互模仿"的状态,富有创新意识的业界人士与具有创新元素的展会并不多,这和中国经济高质量发展的要求显然不够相符。无论从发展精度,还是服务的专业化、展会现场的体验设计等角度看,中国会展业的创新思维与创新设计都十分有限,严重制约了自身的持续健康发展。换句话说,到目前为止,中国会展业发展的创新程度与总体发展体量及其规模相比,是远远不够的。

在未来5—10年,会展业如果仍只是墨守成规地运营仅有的一些展会而不注重内容与形式、方式与方法、主题与手段等多层面的创新,未来就很难有突破。因而,从这样的角度看,专业化办展将是会展业创新发展的重要突破口。那如何更好地推动展会的专业化发展呢?方法之一就是设法更好地加强体验感的设计,让更多参展商及其专业观众对展会活动产生更浓厚的兴趣。

当然,既然讲创新,业界人士就要善于创造更多的差异化,而不是简单地只是处于"芸芸众生"的状态。这也就意味着,在未来,我们的内心不要总是想着去无谓地模仿他人的文案、抄袭对方的设计,要对同行在展会中的知识产权有足够的敬畏感,设法不断策划与设计出具有高度体验感的展会项目,形成既能吸引人也能让人流连忘返的文案作品。即便目前国人知识产权保护方面的意识有待增强,但这一天终将到来。因而我们要从现在做起,从自身做起,不断提升展会项目的创造能力,让多个展会项目能出类拔萃,脱颖而出(见图1.2.2)。唯有这样,我们的企业与展会项目在运营中才能更有竞争力。

图1.2.2　会展业创新发展

二 会展业协调发展

协调发展，是明确针对发展的不平衡、不充分而言的。在现实中，尽管国内已形成长三角、珠三角、环渤海等多个会展生态群或者会展生态圈，但发展的极端不平衡甚是明显。平时业界常提及"北上广深"，相较之下，其余绝大多数会展城市的发展后劲相对缺乏，东北、西北及中部绝大多数会展城市尽管都有展会举办，但无论从规模还是影响力上看都十分单薄，发展分量极其有限。同样地，尽管中国会展业的发展规模及体量在全球范围都已经具有一定份额，但对世界会展业的影响亟待提升。

纵观中国会展业发展，一方面，国内会展业发展存在明显地区差异，不同地区的办展水平与综合效益大相径庭；另一方面，中国会展业发展与德国、美国等会展强国会展业发展之间的差距巨大，无论是从生态化发展、知识产权的保护，还是会展设计、会展服务的总体水准等角度看，国与国之间的差异显著。

要想做好协调发展，我们首先要加强国内不同地区之间的交流与学习，注重取长补短、相互促进。国内绝大多数的城市需要向"北上广深"等一线会展城市看齐，同时要积极形成自身的发展特色。相对而言，长三角与粤港澳大湾区的会展业发展水平比较高，呈现出繁荣局面。而且，这两大区域的会展业发展思维相对先进，展会活动异常活跃，彼此之间的互动也比较频繁。所以绝大多数其余城市，需要尽快迎头赶上，尽早缩小与它们之间的差距，切实改善国内不同城市之间、不同省份之间的不平衡的发展现状（见图1.2.3）。

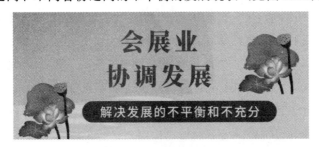

图1.2.3 会展业协调发展

另一方面，中国会展业要从国际化发展出发，采取"走出去"和"引进来"相结合的办法，频繁地开展国内外行业交流与合作，不断缩小与其他国家会展业在发展方面的差距，让中国在会展层面从"大国"走向"强国"。目前，从这个角度看,中国会展业的进步很有限,协调发展的任务仍然很重,协调效果一般。只有业界人士积极出击、逐步努力,这样的不协调现象才能逐步得到扭转。当然,从有效缩小国内外会展业发展差距的角度而言,中国会展业的多数从业人员也要设法消除对国外会展元素的恐惧感,敢于在尝试中总结经验,坚实地踏好国际化发展的每一步。

三 会展业绿色发展

在多年的行业发展中,我们可观察到两个现象:一是,尽管中国会展业发展时间不长,各地区发展很不平衡,但是此时中国会展业的体量及规模已跃居世界前列,呈现了良好的发展态势。包括北上广深等一线城市在内的国内诸多会展城市跃跃欲试、争先恐后,不断在合适的时机提出"建设国际会展之都"之类的设想与目标。

二是,尽管多数人认为会展行业的环境污染没有汽车等工业行业那么严重,但展会现场的光、电、声污染及展会垃圾的大量产出却比比皆是。会展业能源及其资源利用的水平相对低下,但从业人员对会展业产生的环境污染一直以来似乎有些熟视无睹。这样的发展现状十分值得业界从业人员高度重视,并且要在短期内加以扭转。

这些动态令会展业"朝阳产业"这一称号蒙上了莫名的阴影。因而,会展业尽管为国内更多大中城市所青睐,获得了大量资源,其负面影响却特别明显:在展台搭建中,粉尘与刺鼻的建筑材料气味让人司空见惯;在展会现场,参展商和观众俨然成了甲醛等有毒物质的受害者,被动"感知"大量因为短期装修而产生的刺鼻气味,忍受噪声污染和特别刺眼的灯光污染,参展或观展体验非常差;展会结束后,大量装修垃圾和废料被遗留下来,严重影响展馆的正常运营秩序,其中,一次性木料十分普遍,能源浪费十分突出。

常说"办好一场展,赋能一座城""办好一个会,提升一座城"。这当然更多描述的是展会对城市经济发展的重要作用。然而,经常出现在人们眼前的是,"一个大型展览会的结束,意味着一个大型垃圾场的产生"。这样的描述,十分可笑。展会看起来光彩照人,在现实中却对人们生活造成了严重影响。原本一个好好的展会可在很大程度上提高审美修养和陶冶情操,可一旦想起类似的"恶劣"场景、被严重污染的物质,闻到刺鼻的气味,观众在瞬间就会觉得此类展会索然无味。自然,以上类似的问题如果长期得不到根本解决,会展业的高质量发展只能是绚丽的泡沫。因而,会展业绿色发展迫在眉睫,尽早形成对策意义重大。

基于这样的思考,充分发挥会展业的综合效应,尽可能减少会展业发展过程中的各类环境污染,降低多种能量与能源的不合理利用,势在必行(见图1.2.4)。因而,会展业要在更大层面上提倡绿色发展,坚决遏制以往那些"边发展边污染"的怪异现象,积极设法形成良好的会展生态。当然,要想改变这样的现状,科技的介入十分必要。绿色发展意味着更多的循环与健康发展,意味着要设法最大程度地减少资源浪费和行业带来的诸多污染(见图1.2.5)。从整体角度看,行业从业者在发展中要更加具备优质资源整合的强烈意识,多从行业上中下游找优质资源,在竞争中寻求更多的共赢元素(见图1.2.6)。

图1.2.4　会展业绿色发展

图1.2.5　中国国际展览中心集团有限公司党委书记、董事长林舜杰的发言节选

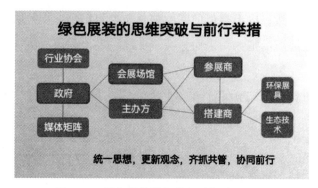

图1.2.6　绿色展装的思维突破与前行举措

从总体上看，会展业绿色循环可持续发展的氛围在逐步变得浓厚，但在理念与实践方面仍然存在一定的误区及盲区。所以，会展业绿色发展任重而道远，发展成效需要进一步积聚。

四　会展业开放发展

在改革开放背景下，中国经济得到了充足发展。尽管中国的会展经济已呈现大幅增长趋势，各地会展场馆建设方兴未艾，各城市的会展活动公司也可谓如雨后春笋般涌现，但细细思考就会发现，中国与德国、美国等会展强国之间在会展业的多个层面上存在明显差距。在会展业的生态化、信息化、国际化、市场化等诸多方面，会展强国做得明显更胜一筹。如果在未来不能逐步缩小中国与会展强国会展业这些方面的差距，中国建设会展强国的梦想可能就会落空。若干年后，中国的会展业只能看起来强大，但不具备足够的竞争力。因而，怎样在汲取国际会展业发展成功经验中提升企业与展会项目的强劲竞争力，也是中国会展业当下的热门话题。

面对世界经济新格局和中国经济发展的新常态，会展业作为构建现代市场体系和开放型经济体系的行业之一，需在更大程度上拥有国际视野，不断将产品与服务推向国际市场，加强国际范围的合作与交流，提升中国会展业在世界会展经济中的影响力。

会展业的国际化发展，值得中国会展业内人士长期坚持，也是开放化发展的主要落脚点。从长远发展看，会展业需要在更深层次与更大层面增加开放力度与广度，让中国会展界人士能真正拥有与世界会展强国会展业者同台竞技的机会。始终基于本国的范围自吹自擂或者夜郎自大，是一种相对愚昧的行为，在一定程度上会束缚发展视野。在现有的背景中，无论中国的会展企业发展到哪个地步，都要更全面地建立开放意识，善于到世界上更大的舞台上跳舞，与更多的世界级会展公司同台竞技。尽管在短期内我们的实力与意识还远远不能跟上他们的水平，尽管我们在比拼中仍然会在多数情况下处于劣势，但至少我们没有简单地选择退却，没有单纯地将自己束缚在狭小的发展空间里。融入国际、对标国际、挑战国际，是国内会展业从业人员应具有的全新姿态（见图1.2.7）。

图1.2.7　会展业开放发展

五　会展业共享发展

共享意味着让更多的利益相关者来参与发展过程并分享改革与发展的成果及其利益，充分体现了一切为了人民的根本宗旨。在当下，共享经济已不是新话题，它可以让各类资源包括一部分闲置资源迅速流动起来，充分提高资源的利用率，体现"共同拥有而不占有"的重要理念。因而，从会展业的综合性上看，共享发展思维十分值得大力提倡，并应在实践中产生明显的共享效果。

放眼全国，各地会展资源保有量很不平衡，具体体现在协会资源、场馆资源、人力资源、信息资源、展会资源、产业资源等多方面。展会的举办可促进产业发展，产业发展是展会举办的基础。由于会展资源保有量悬殊，各地举办展会的情况差别很大。然而，大批的资源与其闲置还不如共享，至少后者可以产生一些效益。当下，各地的会展资源闲置的情况很普遍，场馆的利用率也参差不齐，如何在更大范围内让更多资源尤其是闲置资源更合理地流动起来，是会展业值得多方思考的重要命题。所以，会展场馆资源的合理共享、会展展具租赁市场的兴起，等等，都是会展业共享发展的重要内容，需要更好地加强(见图1.2.8)。

会展业
共享发展
共同参与发展 共同分享成果

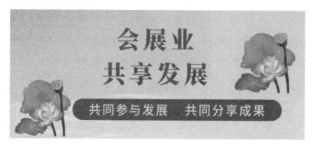

图1.2.8 会展业共享发展

另外，人才的共享也很关键。尽管会展业中多数企业采用的是轻资产运营方式，人才竞争却十分激烈。在全国各地，抢夺优秀会展人才的事情经常发生。如果我们基于共享角度看问题，将不少中小企业的优秀人才在一定范围内做共享处理，不仅可以减轻会展企业的用人成本，还可以在更大层面上加强企业之间的人员沟通与信息传播。现实中，在各个城市与多家公司联合设立分公司或者巧妙运用DMC的资源在对方城市富有生机地举办展会活动，都是人才等资源共享的重要方式。显然通过这样的方式，企业运营成本明显下降，活动精度明显提高。当然，这样的典型思维也将为会展企业的集团化发展奠定坚实的基础。

基于当下的互联网思维，会展业要通过构建更多的优秀平台，实现人才、信息、资源的互融、互通、互享，建立更理想并相对系统的会展产业生态圈，为会展业发展创建更广阔的发展空间，如图1.2.9所示。

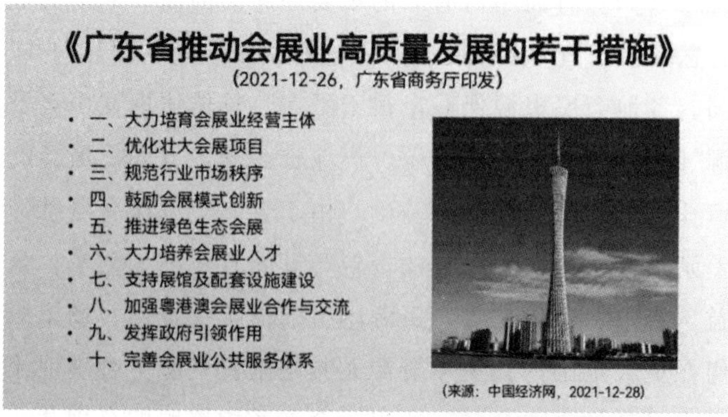

《广东省推动会展业高质量发展的若干措施》
(2021-12-26，广东省商务厅印发)
• 一、大力培育会展业经营主体
• 二、优化壮大会展项目
• 三、规范行业市场秩序
• 四、鼓励会展模式创新
• 五、推进绿色生态会展
• 六、大力培养会展业人才
• 七、支持展馆及配套设施建设
• 八、加强粤港澳会展业合作与交流
• 九、发挥政府引领作用
• 十、完善会展业公共服务体系
(来源：中国经济网，2021-12-28)

图1.2.9 广东省推动会展业高质量发展的若干措施

同时，最近几年，多个大型的会展中心不时被征用，被建设成"方舱医院"，也会在台风、洪水等重大的自然及不可预测的灾害来临时被用作临时安置点，这都是会展业共享的鲜明例子，这很大程度上解决了各级政府在紧急安置时的难处，符合共享发展理念，和解决人民日益增长的美好生活需要和不平衡不充分的发展之间的矛盾相一致。

因而，对与多种产业具有密切关系并明显具有拉动效应的会展业而言，其共享发展的内容十分丰富。尽管我们有了一些初期的探索，但未来的想象空间仍十分大。也正是基于共享发展的理念，会展业发展的天地会越来越宽广，会展业与其他产业之间的互动也将写出更多精彩篇章。总之，会展业共享发展，既包括业内各类元素之间的共享，也包括会展业与其他相关行业之间的更紧密的合作与共享。因此，在2015年前后提出的"产业会展"思维，为会展业的长足发展提供了更为宽广的舞台，也是产业共享的重要内容。

因而，会展业只有努力从五个层面切实做到高质量发展，才能以更积极的态度融入中国经济的高质量发展，才能在未来的经济发展中有更坚定的行业作为。高质量发展是中国会展业发展的必由之路，只有坚持高质量发展，会展业的可持续发展才能真正得到落实。

第三节 "全国生态日"开启会展发展新高度

2023年6月28日，十四届全国人大常委会第三次会议通过了将8月15日设立为"全国生态日"的决定（见图1.3.1）。这到底是怎样的一个决定？对会展产业发展而言，又有什么特殊的意义？

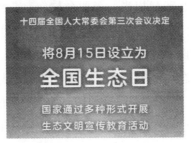

图1.3.1 十四届全国人大常委会第三次会议通过"全国生态日"的设立决定

一 "全国生态日"的设立意味着要更旗帜鲜明地肯定生态成效

在很长的一段时间内,人们针对经济与生态的矛盾问题在很大程度上存在不同的看法,并且有一些人认为对方的看法与做法并不合适。试想,如果这样的思想问题不能得到根本解决,我们的战略决策就必然会受影响,生态实践的效果也将大打折扣。所以,在经济建设的同时如何科学看待生态的重要性的问题,一点不可含糊。只有具备正确的生态价值观,我们在经济建设中才能正确地处理好当前与长远、局部与全局的关系,才能有效统筹城乡发展、区域发展、经济社会发展,促进人与自然和谐发展。

"绿水青山就是金山银山"。这是 2005 年 8 月 15 日,时任浙江省委书记的习近平同志在安吉余村(见图 1.3.2)考察时提出的科学论断,随之诞生了丰富的相关理论。这些理论不断激励我们在经济建设中以更饱满的热情高度关注生态环境。自此之后,中国的生态文明建设迈出了十分重要而且坚定的一步。"全国生态日"的确定,标志着我们对经济建设与生态文明的认识又上了一个全新高度。在眼下,这一论断已经成为全国各族人民的共同理念,也不断被实践检验。

图 1.3.2 浙江省湖州市安吉余村

在浙江这个省份,近 20 年以来,美丽乡村、未来乡村、未来社区建设如火如荼,呈现出一派欣欣向荣的建设景象,为全国的生态文明建设树立了全新标杆。在现实中,经济建设不能以牺牲自然环境为代价,地方政府在发展经济的同时务必要密切关注生态环境的变化。在浙江各地走走,人们可以发现,浙江的多数县市不仅高度关注经济效益,而且在如何让城市和乡村更美丽等方面已经取得了重要的成绩。如何在经济建设中确保对生态环境的保护,在浙江各地可以找到明确的答案,类似的建设样板特别多,而且各具特色。

设立"全国生态日",不仅是一种标志,更是一种动力。这样的做法意味着,我们不仅要不断更新生态思维与观念,而且要持续为具体的生态实践提供动力。可以这么说,从国家层面设立"全国生态日",让我们对未来实现绿色发展和建设美丽中国更有方向、更有信心。

二　"全国生态日"的设立意味着要更大张旗鼓地注重生态效益

经济的发展,自然要高度关注效益,这不言而喻。然而,要充分发展经济,人们就不适合只是简单停留于追求经济效益的层面,而是要在追求经济效益的基础上同时注重社会效益与生态效益,不然就会影响行业发展的社会声誉,谈不上形成多少有关可持续发展与高质量发展的核心内容。只有在进行经济建设的同时确保对生态环境的优化与保护,得到的经济建设成就才是真正的成就,不然,得到的成就并不符合人们对未来美好生活的主要期待。以往经常出现的"肥了腰包,牺牲了环境"的现象,在此时应该得到坚决的制止。

"绿水青山就是金山银山""绿水青山既是自然财富、生态财富,又是社会财富、经济财富""使绿水青山持续发挥生态效益和经济社会效益"都是习近平总书记在多年工作过程中提出的精彩论断。这样的科学论断,正在深度唤醒全民的环保意识,同时还鲜明地提醒我们:生态文明建设只有进行时,没有完成时。它是我们需要持之以恒的重要工作任务。因而,从根本上讲,经济效益、社会效益和生态效益具有统一性。我们在工作中不能相对割裂地看待问题,而是要更加综合而科学地形成整体思维与策略。在很多时候,"经济效益显著,社会效益明显,生态效益突出"的提法更值得深入落实,任何顾此失彼的做法在很大程度上都不是科学的实践行为。

绿色是高质量发展的基础底色,也是中国式现代化的时代特色。绿色发展是实现高质量发展的重要途径,经济发展要站在人与自然和谐共生的高度进行谋划。因而,我们要设法推动生态效益转化为经济效益,以经济效益反哺生态保护;要积极稳妥推进碳达峰、碳中和,构建绿色低碳经济体系。所以,从前,"两山"理论打破了保护和发展悖论,鲜明地阐述了经济和生态效益的辩证关系;如今,8月15日被设立为"全国生态日"。这就要求我们要更加大张旗鼓地建设生态文明,坚定地走出一条经济效益与生态效益双赢的特色道路。

三 "全国生态日"的设立意味着要更想方设法地成就生态佳话

"保护环境,从我做起""绿色环保,人人有责"。在这些年的经济发展中,推进经济社会发展绿色转型在各地越来越受到重视。从全国范围看,高度关注环境保护的经济建设的典型案例越来越多,一种尊重自然、顺应自然、保护自然的生态文明理念正在普及,共同构成美丽中国的优秀篇章与新时代人民群众美好生活的重要内容。

对于环境保护,在以往几十年内一直存在一种特别明显的错误意识,那就是"我一人无法改变现实环境,我做好了环境未必就好"。换句话说,这些人认为,自己即便破坏了环境,对现实也未必会有很多坏的影响。这样的思维长期影响着人们的行为,对生态文明建设是极为不利的。然而,在"两山"理论提出之后,人们的错误倾向得到了坚决的纠正,全国范围内的生态思想开始往更为科学与符合时代要求的全新角度发展。"全国生态日"的设立,将会进一步推动生态文明建设的常态化,进一步提升和健全人们的生态意识。有正确思想的引领,产业行为自然也就更加富有生态方向。

未来乡村的建设、最美村落的评选,都在很大程度上向我们表明,这样的环境才真正符合人们日益增长的美好生活需要。当下的乡村,已不再是以往概念中的乡村。乡村的整体状况已经大为改观,其幸福指数、道路建设、村容村貌、文化礼堂等,从不同层面反映了人们新的物质追求与精神需求,呈现了一幅相对和美、山清水秀的亮丽场景。也就是说,在未来,我们既要注重经济建设的主要成就,也要努力在生态环境保护方面取得更好的效益。这两者相辅相成,不可偏废。显然,基于这样的认识与观念,类似的既注重经济效益又重视生态环境的优秀案例(如图1.3.3所示)会越来越多。

图1.3.3　浙江省绍兴市柯桥区棠棣村

四 "全国生态日"的设立意味着要更坚定不移地推进生态文明

在当下,生态文明建设已经被提到特别高的高度。生态文明和物质文明、政治文明、精神文明、社会文明并称"五大文明"。五大文明所延伸的也就是平时我们所说的中国特色社会主义事业的总体布局("五位一体"总体布局)。正是"五位一体"总体布局,精彩勾勒出了富强、民主、文明、和谐、美丽的社会主义现代强国的壮美景象。

党的十九大提出,到本世纪中叶要把我国建成社会主义现代化强国,其中用到"富强、民主、文明、和谐、美丽"这五个关键词。具体的,是将建设目标的内涵从"富强、民主、文明、和谐"进一步拓展为"富强、民主、文明、和谐、美丽"。"美丽"这一关键词的提出,重点体现了党和国家对增进人民福祉的决心,也生动表达了人民群众对生态文明的美好期待。

"环境就是民生,青山就是美丽,蓝天也是幸福"。在积极建设物质文明与精神文明以满足人民日益增长的美好生活需要的同时,我们要提供更多优质生态产品以满足人民日益增长的优美生态环境需要。这是时代的需要,也是建设社会主义现代化强国的重要目标和标志。

在2020年坚决打好污染防治攻坚战的基础上,国家对2035年以及本世纪中叶的污染防治工作都进行了部署,提出了明确的目标。这也就意味着,在未来的经济发展中,我们需要牢固树立社会主义生态文明观,贯彻落实绿色发展理念,推动形成人与自然和谐发展的现代化建设新格局。

也正是在这样的发展背景下,各类有关产业绿色循环可持续发展以及高质量发展等的政策文件接二连三地出台。在当下,"天更蓝、山更绿、水更清"已经成为人们的重要期待。"全国生态日"的设立,意味着我们保护生态的意志将更加坚定,要在更大程度上提升生态文明建设水平。设立"全国生态日",是一种更好的发展契机,终将会使生态文明建设更加富有生机,也会更加富有成效。

五 "全国生态日"的设立意味着要更富有声色地促动生态会展

会展产业的生态化,即常说的"生态会展",近年来十分鲜明地引领着会展从业人员的发展动态,为会展业可持续发展提供了充足的动力。随着中国会展业的迅速发展，越来越多的从业人员更深刻地意识到积极推进生态会展发展的重要意义，更多城市里有会展公司在领衔作为，在会展产业生态化发展层面取得了一些明显的业绩，一度也是国内会展业发展的全新亮点，也对更多的同行企业产生了较大的影响。

尽管如此，不可否认的是，多个城市内的绝大多数会展公司仍然是处于一种"没有硬性规定，我自岿然不动"的运营局面，发言中说生态会展很好，而实践中却几乎没有什么明显动静。在没有相关法律法规做出限制的前提下，这些公司的生态自觉性极为有限。有些公司尽管有些许动态，但更多的只是一种形式。从根本上说，这还是错误思想在作怪，受到短期效应影响。"全国生态日"的设立，将会在更大层面上体现深入开展生态文明建设与推进生态会展发展的重要性，积极形成全民参与、人人践行的良好氛围，加快中国从"会展大国"向"会展强国"转变的进程。

会展业的高质量发展，是对设立"全国生态日"的积极回应。"会展业高质量发展"，主要包括会展业创新发展、会展业协调发展、会展业绿色发展、会展业开放发展及会展业共享发展。五个方面的发展，共同构成了会展业高质量发展的主要内涵，其中会展业绿色发展与生态文明建设相辅相成、高度合拍。"全国生态日"的设立，为新阶段会展业发展吹响了号角。作为会展人，需要再度更新观念，基于时代与社会发展高度，大力推进会展展台、展具的材料与科技改革，促进产业上中下游合作共赢良好氛围的形成，更大程度地整合更优质资源，降低环境污染与能源浪费，为中国经济发展做出卓越贡献。

第四节 会展业高质量发展的最新方向

从国家层面上看，当下产业的高质量发展正如火如荼。其实，要想将国家战略通过各个层面及其上下层级的传递与个体行为更好地衔接，最应景的是个人在所从事行业或所在单位的高质量发展中如何作为。而在其中，比较关键的是如何对"高质量发展"形成相对科学的认识，然后才是通过整合资源去切实开展高质量发展。

"高质量发展"这个词看起来很通俗，要真正做好并不容易。中国会展业经历了几十年发展后，块头已不小，体量也可与其他会展强国会展业相提并论，但一说起国际化、市场化、行业专业程度等，可能很多国内业者都不太敢发声。在这些方面，我国会展业的基础不够好、规范化程度不高，亟需发展（见图1.4.1）。

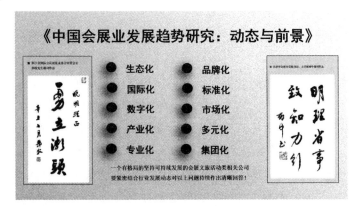

图1.4.1　中国会展业发展的十大趋势

因而，在这样的特定时期，坚持产业的高质量发展，在数量增长的同时努力做到"量质提升"，比以往任何时候都更为重要。在这里，结合会展业的发展现状，论述中国会展业的高质量发展至少需要在以下六个方面稳步推进。

一　会展业高质量发展，至少要提升生态化水平

完全可以认为，没有生态化特色，也就无所谓高质量发展。会展业的生态化，重在"优质资源高度整合，大幅降低环境污染"。这是行业高质量发展的重要特征。否则，只能说有一些质量，而不可能是当下所说的"高质量"。这也就决定了它们必然相关。没能体现生态化水平的展会，其实与人们追求的美好生活愿景是格格不入的，也就基本上与高质量发展绝缘。

会展业之所以始终有那么多能源浪费和环境污染，一定程度上与行业从业人员的生态化意识薄弱有关，也和企业很大程度的近视效应有关。但凡有明确生态化意识的企业及机构，实践行为往往更有长远思维。他们不会如同多数企业一样仅将视野局限在单纯的经济效益上，会更多考虑长期运营战略，同时，也会思考自身行为对周边多种因素的影响，更不要说污染了。如果在经营行为

中不注重资源整合与优化，不关心自身行为对周边的损害，这样的发展不可能是高质量的。基于这样的意识，公司就会更多思考绿色循环、可持续发展等问题，并将答题思路贯彻到公司发展的方方面面。

二 会展业高质量发展，至少要加强专业化素养

众所周知，国内会展业的发展一直具有粗放性质，换句话说就是始终没有做到很精致。这也就是我们常说的行业专业度不够。在现在看来，这样的不够专业化的问题已经很突出，也对国内会展业的进一步发展形成了障碍。专业化问题如若不能解决，谈中国会展业发展逐步强大的话题不太现实。

高质量在一定程度上体现为高精度，而专业化是达成高精度的重要基础。专业化的内容很多，如专业化办展、专业化服务等，如图1.4.2所示。如果业者在这些内容上处于较高层次，其行为更能得到同行的认可。如果业者始终能以较高专业度要求自己并主动践行，会展业高质量发展显然更有前景。因而，简单的非专业运作在以后将逐渐失去市场，这值得警醒。始终以非专业化的手段参与市场竞争，很难有更好的发展前景。

当然，要做到专业化，最关键的是人才。因而，会展高校与各地行业协会要从不同的层面着力，从会展的理论知识与更多的专业技能等方面努力培养更多的专业化人才，持续满足行业迅猛发展带来的人才需求。

图1.4.2　杭州国际博览中心高级礼仪接待组："杭博小蓝"

三 会展业高质量发展，至少要拓展品牌化视野

相对注重质量的公司，往往更有长远眼光，也更有品牌意识。高质量意味着对事情的把握更有发展与全局观念，而不会简单拘泥于一时一事。因而，更注重高质量发展的公司，也就更明白塑造企业及其项目品牌的重要性，也更珍惜品牌并且会加倍维护品牌。从这样的角度看，高质量发展与品牌之间的关系一目了然。那些只是停留于在小打小闹中赚取微末利润的阶段的公司，与品牌几乎不太有交集。当然，注重品牌建设与维护的，一是企业，二是活动项目。这两者最终形成品牌，后者需要持续得到维护，是当下会展公司参与激烈竞争的重要法宝。只有企业响当当、展会活动家喻户晓，发展才具备高质量。

除企业以外，会展城市也要具有高度的品牌意识。一个会展城市在长期发展中形成一定的文化及经济基因，其实很不容易。一说起某个好的会展城市，业者就会列举出很多的形态。好的形态越多，意味着该城市的品牌特征越突出。一个城市要坚持会展业的高质量发展，就要设法逐步培育更多品牌公司及其品牌项目，如图1.4.3所示。因而，从这个角度上看，会展城市品牌也很重要，好的品牌意味着对更多的主办公司及其项目具有更大的吸引力。

图1.4.3　第21届温州国际眼镜展

四 会展业高质量发展，至少要具备国际化特征

国内会展业发展始终不够规范，有很大值得逐步提升的空间。从会展业发

展的进程看，坚持国际化发展，在汲取国际化发展经验的基础上大力发展优质的会展活动，显然十分有必要。当下世界会展业激烈竞争的事实告诉我们，国际化发展动态需要国内会展界人士高度关注并大力借鉴。也就是说，中国会展业要继续加大开放力度，善于在融合国际元素的进程中与会展强国会展业同台竞技。

毕竟，其他会展国家特别是会展强国的现代会展业已经拥有近两百年发展历史，无论是从从业水平还是积累的经验等角度衡量，会展强国都有很多值得我们细细品味并值得在消化中认真学习的一些行业精髓。业内常说的国际化发展，就是希望国内会展业在"走出去"与"请进来"的相互交融中，更彻底、更主动地学习国际经验，不断接轨，持续提升，争取能更加接近世界会展业发展的先进水平。敢于在世界舞台上与会展强国会展业比拼，"与狼共舞"，更能显示中国会展业高质量发展的底气与本色。

五　会展业高质量发展，至少要浓厚市场化氛围

政府管理与市场化机制是人们经常讨论的话题，其实它们并不完全对立，只有一个如何把握度的问题。在以往甚至是现在，展会始终多数由政府主办，并且市场化程度明显不高。

在市场方面，虽然会展从业者都有自我认知，然而能够拥有完全清晰认知的公司及其项目却是少数，有时清晰而多数时候糊涂的企业比比皆是。一定程度上来看，后者像是在自说自话，悠然自得。自然，这肯定不是高质量发展的特征。让更多的市场化行为与行业相结合，减少过多的政府束缚，行业发展才会更加健康，质量也会更高。换句话说，这是市场化背景下的行业高质量发展，而且势在必行。在以往很多年中单纯依靠行政资金支撑的展会，尽管可以很好发挥宣传的作用，但从长远来看很难持续。

六　会展业高质量发展，至少要完善标准化机制

标准化在国内已引起高度重视，这是近几年十分可喜的现象，意味着国内开始在这方面着力。确实，没有标准化机制，也就意味着没有质量可言。终究，

标准是用来衡量产品质量的,是让行业有章可循的依据,也让业者对好的展会和产品有更多期待。

从这个角度看,高质量发展也就意味着业者要有更浓厚的标准意识。国际标准(见图1.4.4)、国家标准、地方标准、企业标准,自然在今后将会更为普遍,也更值得业者认真去遵循。

图1.4.4　西安曲江国际会议中心继续拓展标准化服务空间

用标准来衡量产品及其企业,产品与企业才能更具高质量的内涵。因而,从长远角度看,国内会展还需要在这方面持续投入,争取在未来形成更为系统的标准化机制与体制。尽管当下这一部分还很薄弱,但显然开始迈步比定在原地更有意义。完全可以想见,在国际化发展的影响下,中国会展业的标准化发展将会更加迅速而富有建设成效,也就意味着标准化层面的高质量发展将有更多新的内容。

七　会展业高质量发展,至少要加大数字化分量

在会展业长期发展中,数字化发展趋势在近些年特别明显。尤其在近几年,数字化发展可谓突飞猛进。在疫情刚刚开始、行业发展受到极大限制的时候,线下活动几乎没法进行。在这样的情境下,线上展会、线上论坛、线上直播在很短时间内涌现,让业界的多数人感到有些措手不及。在这样的阶段,尽管线上展会取代线下展会的讨论甚是热烈,但最终更多人认为线上展会与线下展会融合才是更好的发展途径。在疫情期间,线上论坛与直播方面的业务范围十分

宽泛，尽管取得的经济效益相对有限，但这对于会展业的深入发展是具有重要意义的。

在2023年，业界、学界仍然高度认可会展数字化的重要性，认为数字会展在很大程度上可以突破会展活动的时间与空间限制，可以从品牌塑造与形象提升、客户黏性保持与互动频率提升等角度为展会增光添彩。更何况在长期的发展进程中，会展业的诸多数据至今仍然没有被高度重视，很多信息仍然处于不同的孤岛，拥有者缺少统筹意识，缺少整合信息资源的能力。

因而，无论从协调还是开放等角度看，会展业的数字化建设只能加强而不可削弱。可以想见，基于目前会展业发展动态及其趋势，后续数字化在会展业发展中的比重将会更大。

八 会展业高质量发展，至少要具备产业化思维

从与国民经济的主要产业的比较上看，会展业的体量其实并不是特别大，和很多的主要产业的体量没法相提并论。然而，尽管如此，会展业却对多个产业具有重要的拉动效应，这也就意味着会展业的发展不可能完全被边缘化。每天打开新闻联播可以发现，无论是中央台还是地方台，几乎每一条新闻都和会、展、节、演、赛等相关。其实，这不是偶然，而是会展业对其他产业不断渗透的重要体现。不过，如果会展业只是局限在行业的上中下游做道场，那其发展空间就十分有限，高质量发展的意义也就显得不够突出。

在2015年，中国会展经济研究会时任常务副会长储祥银提出了"会展产业"与"产业会展"的辩证关系，打开了会展人坚定地从"产业会展"的角度思考与解决会展业发展问题的宽广视野，为会展从业人员指明了前进方向。这样的思维及相关作为瞬间让会展业发展再度插上全新的翅膀，使得会展业发展的空间被几何级地放大。会展业一旦和国民经济中的主要产业形成交集，其发展就会不断出现新的契机，高质量发展因此也就更显重要。

基于以上的分析，中国会展业要想取得高质量发展，就要和会展业发展的多重趋势紧密相连，在相互促动中明确方向、坚定信念，从而真正地实现可持续发展。无论是可持续发展、高质量发展还是中国会展业绿色循环健康发展，其核心的内容是完全相通的，都在从不同的角度表征中国会展业发展的全新方向与重要特色。

Chapter 2

第二章

曲江会展集团：
在生态战略中砥砺前行

西安曲江国际会展（集团）有限公司（以下简称"曲江会展集团"），是一家在近十多年会展业发展中相对活跃的国有会展集团。这是一家国企，公司始终善于创新发展，坚定地走在会展业发展的最前端，坚持会展活动的数字化、标准化、集团化、生态化特色。曲江会展集团具有特别鲜明的"曲江特色"，高度关注会展优势资源的深度整合，坚持"政产学研融创"的综合思维，在多年运营中积累了丰富的人脉关系与大量的客户资源，在国内会展业发展中具有卓越的影响力。

人是企业最重要的资源，曲江会展人特别能战斗，敢于打硬仗。在曲江会展集团，一支训练有素的高度注重运营和服务品质的优秀队伍已经形成。因而，曲江会展集团树立的在中国未来会展业不断进阶中成为时代标杆的美好愿景十分值得憧憬。

第一节　曲江会展集团成长履历

西安曲江国际会展（集团）有限公司，成立于2006年，历经17年时间先后走过了初创、成长、跨越三个主要阶段，已经形成内容明晰而行之有效的组织文化和制度特色，依托场馆核心资源积极向上下游拓展全产业链会展业务，在经济效益和社会效益方面取得了突出成效。公司总经理许英姿，敏锐捕捉、主动研究会展业的现实境况、发展动态，准确研判和把握国内会展发展特别是西部会展业发展趋向，潜心打造了一支懂得策划、敢于打硬仗、善于专业化服务的优秀团队，积极践行"一带一路"倡议，超越地域限制，在西部甚至全国范围内承接了大量重要的会议展览活动，输出管理与服务，形成了"曲江服务""曲江模式"等会展服务名优品牌，在会展行业产生了重要影响，为中国会展业的可持续发展贡献了力量，塑造了西部典范。

一　曲江会展突围之路

（一）第一个阶段——初创阶段（2006—2011年）

在该阶段，曲江会展集团正式成立，公司逐步以现代服务业赋能华夏千年古都，开启西安会展业专业化运营的新阶段，西安市会展综合体初具雏形。

2006年9月，西安曲江国际会展（集团）有限公司揭牌，2007年3月24日，曲江国际会展中心B馆建成，曲江国际会展中心开启五馆并用模式，成为专业化、国际化、标准化、配套齐全的新型会展中心（见图2.1.1），其中包括5.6万平方米的会展场馆，8万平方米的和谐广场及停车场。这样的基础设施建设在很大程度上填补了西安会展场馆的缺口，开始逐渐引领西安会展业进入快速发展的新轨道。随后，曲江会展集团积极承接全国范围内纷至沓来的大中型巡回展览，为西安会展业的深入发展做出了积极贡献。

图2.1.1　原西安曲江国际会展中心

在该阶段，曲江会展集团实行所有权与经营权分离的模式，组建会展业联盟，整合会展行业内外的优质资源，聚集产业要素，在全国业界开创会展运营的"曲江模式"，轻装上阵，快速发展，成为曲江新区文旅产业的重要支柱。

曲江会展集团以"场馆物业承租＋展览承接＋自办展"为主，三轮驱动探索规范化运行，在物业运营上学习借鉴"六常法"（常分类、常整理、常清洁、常维护、常规范和常教育），制定物业管理指导书，通过质量、环境、职业健康安全管理体系认证，成为全国首家通过三体系认证的会展企业。

（二）第二个阶段——成长阶段（2012—2016年）

在该阶段，曲江会展集团的"展览＋会议"的多方面要素逐步齐备，西安会展业迈入大会展时代，会、展、节、赛、演进入全面开花的新阶段。

2011年12月，集约化、多功能、多业态的曲江国际会议中心（见图2.1.2）建成并启用，填补西安大型、专业会议场所的历史缺口，国内外大型会议蜂拥而至，会议中心开门爆红。

图 2.1.2　西安曲江国际会议中心

曲江会展集团规模快速扩张，备齐展览、会议硬件，聚集会展资源，融合产业要素，进入"展览+会议"互补共生、比翼齐飞的新阶段，开始改写西安会展业"偏重展览，轻忽会议"的历史，令西安会展业真正发展为现代会展业。

随后，曲江会展集团乘势而上，逆势而动，采用"展览+会议+自办展+综合经营"的运行模式，实现了均衡发展，而后发挥明显的综合发展优势，大力开拓广阔的会展市场。

（三）第三个阶段——跨越阶段（2017—2022 年）

在该阶段，曲江会展集团以"品质会展"服务城市发展，优化服务，精细管理，进入标准化和品牌化运行阶段。

曲江会展集团审时度势，内塑服务品质，外树服务品牌，围绕场馆运营，为展览、会议和自办展项目服务，打造全业务链服务模式，引入战略合作伙伴，开拓绿色展装、主场服务、特装工程等，构建完整的会展服务支撑体系，全面提升会、展、节、赛、演承接服务能力。

曲江会展集团以市级、省级、国家级会展服务标准化试点为契机，全面推行品质会展。集团再次启动会展三标体系认证，推动陕西、西安会展服务业进入标准化时代，以优异成绩完成三级会展服务业标准化试点。

曲江会展集团以标准化、品牌化运营为依托，扩大会展服务输出，内接省市各级政府会、展、节、赛、演项目服务，走出场馆办展办会；外拓出省办展业务，走出陕西为青海、甘肃、新疆生产建设兵团办展办会，提供全程服务；外拓出境办展业务，践行"一带一路"倡议，以会展带动"中国制造"走出国门，闪耀丝路。

曲江会展集团围绕以"做强会、展、节、赛、演项目策划、承接、运营业务，做优西安曲江国际会议中心、西安国际会议中心、无锡太湖国际博览中心等场馆管理运营核心能力，做大展览工程、主场服务、出境组展、广告工程等会展产业链延伸业务"为主要内容的工作重点，全面实施创新发展，在智慧场馆、线上展览等新领域实现突破，支撑集团业务的聚力转型，从而全面构建多元化、多业态、跨区域、全产业链发展的新格局。

二 曲江会展企业文化：共融共生 善作善成

一个企业的发展，离不开企业文化的支撑。企业文化与企业发展密不可分，企业文化是企业内部精神和行为的总体表现，是企业的灵魂，是企业长期发展的重要保障。在多年的发展进程中，曲江会展集团在全体员工的共同努力下，已经形成了共同的价值观和行为准则。当然，基于现实，面向未来，企业文化需要不断优化和调整，以能够真正地推动企业的可持续发展。

（一）使命：以会展+赋能城市，平台共建，产城共融

习近平总书记提出，要构建以国内大循环为主体、国内国际双循环相互促进的新发展格局。在新发展格局下，西部城市产业发展将成为国家发展战略的重要一环。同时，《中共中央关于制定国民经济和社会发展第十四个五年规划和二〇三五年远景目标的建议》提出，"健全现代文化产业体系。坚持把社会效益放在首位、社会效益和经济效益相统一，深化文化体制改革，完善文化产业规划和政策，加强文化市场体系建设，扩大优质文化产品供给""加快推动绿色低碳发展""推动共建'一带一路'高质量发展"。

曲江会展集团的发展，始终顺应我国整体产业升级、东西部产业转移的大趋势，结合西部各省市区产业发展的实际情况，坚守"促进西部会展产业和经济共融发展"这一使命，以社会效益为核心，以曲江会展龙头企业+区域会展产业联盟孵化扶持会展行业、培育产业共生平台、优化提升会商环境、提升服务能力与水平、提高城市会展综合承载力，以绿色发展、文旅融合、科技提升等理念带动"一带一路"沿线及西部各省、自治区、市间的文化交流合作，实现产业与经济共融发展。

(二) 愿景：成为西部领先会展企业

曲江会展集团以西部领先为方向，紧密关注西部发展趋势，聚焦地域，发挥优势，提升客户体验，推动创新创意、科技应用、运营服务不断融合；同时，积极打造一支"勇于尝试、能打硬仗、善于创新"的核心团队，不断向外创新拓展，实现品牌卓越、模式领先、规模领先、效率领先。以展会活动和场馆资源开发为核心，重在专业塑造、服务能力建设，持续优化与城市、与行业共生共赢的产业融合生态，从而打造品牌项目和品质服务，成为曲江会展集团的竞争优势。

（三）战略定位：做品质一流、具有文化特色的会展全产业链运营服务商

"把文化建设摆在更加突出位置"，以文化为特色，不断升华服务品质，发展会展全产业链综合服务是曲江会展集团未来五年发展的核心定位。

陕西省拥有丰富的文化资源和创意设计人才，大力发展文化产业具有明显的先天优势，而具有文化特色的优质展会活动可以作为"引线"点燃城市和区域气质。曲江以"文化立区"，已成为西安建设国际化大都市和"丝绸之路经济带"新起点的重要承载区，也成为西部最重要和最具活力的文化聚集区和旅游集散地，先后荣获国家级文化产业示范区、国家级生态示范区、国家文化和科技融合示范基地。曲江打造文化特色的会展全产业链服务，可以借力区域品牌。曲江会展集团作为西安曲江文化产业投资（集团）有限公司（以下简称"曲江文化产业集团"）"战区＋兵种"战略中文化板块的核心企业，具有以文化赋能产业发展、创造美好生活的重要价值，具有塑造专业化、标准化会展服务的品牌优势。

打造覆盖全产业链上中下游的综合"会展+"生态，能够为城市产业发展赋能。提供全产业链服务，要求曲江会展集团具备以展会活动和场馆运营为核心提升相关产业聚集度的能力，通过内部运营和外部紧密合作实现"会、展、节、演、赛"＋产业链上下游＋衍生文创＋科技＋服务环节全面覆盖。

（四）公司发展目标

曲江会展集团依托多年积累的品牌影响力和专业运营经验，以"促进西部

会展产业和经济共融发展"为己任，致力于成为西部领先的拥有"会、展、节、赛、演"全产业链服务，以可持续展会活动项目和场馆商圈为核心，集聚核心资源、扩展会展商圈、持续改进优化、业态融合共生，为各参与方搭建集新品新技术展示、交流分享、投资融资、洽谈贸易、线上线下结合、互动创新于一体的平台的展会活动全产业链综合服务商，实现高质量发展。

曲江会展的主要业绩

本部分主要介绍曲江会展集团在当前会展业主要的社会影响力、主要的业务范围及其多年来承办的主要会展活动。

（一）社会影响力

作为西北行业领军企业和西安会展龙头企业，曲江会展集团经过16年的快速发展，累计承接各类展览及会议活动6500余场，总接待量达5000万人次，先后获得国际国内行业奖项及省市区级荣誉表彰近300项。

曲江会展集团先后加入ICCA、IFES、IAEE、AIPC国际会展行业组织，同年通过质量、环境、职业健康安全管理体系认证，2019年通过国家级、省级会展服务标准化试点项目验收，是陕西省服务名牌企业、西安市文明单位。

在企业转型升级、创新发展的重要时刻，曲江会展集团将继续围绕以"做强会、展、节、赛、演项目策划、承接、运营业务，做优西安曲江国际会议中心、西安国际会议中心、无锡太湖国际博览中心等场馆管理运营核心能力，做大展览工程、主场服务、出境组展、广告工程等会展产业链延伸业务"为主要内容的工作重点，全面实施创新发展，在智慧场馆、线上展览、绿色会展等新领域逐步实现突破，支撑集团业务的聚力转型，从而全面构建多元化、多业态、跨区域、全产业链发展的新格局。

（二）重大主承办活动

1. 西安西部文化产业博览会有限公司的重大主承办活动

西安西部文化产业博览会有限公司为曲江会展集团下属全资子公司，因运营国家级品牌展会"中国西部文化产业博览会"而得名。自2008年成立之后，公司主要致力于展览、会议及活动等多领域项目策划与运营，是全国百强展览主办机构，主营业务覆盖会、展、节、赛、演的项目策划、设计、组织、实施等，拥有西部文博会、丝路旅博会、西安科博会、动漫展等核心自办展项目。经过十多年的发展，公司已成为辐射西部、以文旅类会展为特色的专业会展主办机构。

公司近年来成功承接、承办首届全国退役军人创业创新成果展交会、第二十九届全国图书交易博览会、第十届中国西部文化产业博览会（见图2.1.3）、中法文化论坛、西安国际时尚周、独立咖啡节等多个大型国际国内展览及会议。公司为青海、甘肃、新疆生产建设兵团提供出展服务，承接第十六、十七届中哈商品展、俄罗斯莫斯科国际食品展等境外出展项目，实现了"一带一路"会展输出的新突破。

图 2.1.3　第十届中国西部文化产业博览会

2. 西安曲江国际会议中心的重大主承办活动

西安曲江国际会议中心成立于2011年，总建筑面积7.68万平方米，地上六层、地下一层（见图2.1.4），拥有各类会议厅45间和宴会包间8个，是集会议、展览、演出、宴会等功能于一体的多功能、集约化、综合性国际会议中心。

凭借优质的硬件设施和专业的服务品质，会议中心已成功接待第十四届全运会群众赛事活动展演、国际和平日纪念活动、第三十四届国际动物遗传学大会、世界知名大学西安博览会、欧亚经济论坛、第二十九届全国图书交易博览会、第二届中国匠人大会、第九届中国西部文化产业博览会、第三届西商大会、第五届丝绸之路国际电影节、全球硬科技创新大会、中国整合医学大会、第五届丝绸之路国际博览会暨中国东西部合作与投资贸易洽谈会、"标准化与现代产业体系"高峰论坛等各类国内外大型会议、宴会、精品展览及演出等5000余场次。

图 2.1.4　西安曲江国际会议中心

3. 西安国际会议中心的重大主承办活动

西安国际会议中心（见图 2.1.5）总占地面积近 18 万平方米，建筑面积 16.1 万平方米（包含会议楼 1 座、酒店楼 1 座、院落 4 座）。它总体设计恢宏典雅，地理位置优越，独揽世博园生态景观，是"一带一路"标志性工程，对标国内一流国宾馆，积极打造西安城市发展新名片。

图 2.1.5　西安国际会议中心

西安国际会议中心拥有 21072 平方米会议空间——55 间宴会厅及多功能厅、236 间现代素雅的客房及套房，外加院落 4 座，透过落地窗可饱览秀丽湖景或花园景观。西安国际会议中心配备的 4 间餐厅甄选特色美馔佳作，为中外宾客提供国际一流餐饮服务。总之，它成为西安国际峰会城市、国际会议目的地城市的品质服务支撑与首选。自 2021 年初运营以来，西安国际会议中心已成功接待中国-中亚峰会、"中国＋中亚五国"外长会晤、世界城地组织亚太区执行局会议、中国-中亚民间友好论坛等国家主场外交、国际峰会及政务、商务各类重要会议活动百余场。

4. 展览业务中心的重大主承办活动

曲江会展集团展览业务中心拥有中国展览馆协会展览陈列工程设计与施工一体化水平一级证书、中国展览馆协会展览工程企业一级资质、西安市展览工程企业一级资质。其业务范围主要包括：展会主场综合服务；会议活动一站式服务；绿色型材应用，各类展位、商业空间设计施工一体化；展厅（馆）策划、设计、施工一体化；展览展示数字科技、数字视觉一体化解决方案；国内/外出展服务；建筑装饰工程设计及施工等。凭借多年的场馆运营及展装工程设计搭建经验，展览业务中心为上百场展会提供了高质量的主场服务，形成了一套规范、成熟、完善的主场操作流程及规范。

展览业务中心在做好服务本埠展会的同时，始终坚持"走出去"战略，为西安国际美博会、西部国际茶业博览会及西安国际车展等提供一流专业主场服务。香港国际影展陕西展区、连续三届进博会陕西老字号展位、全国书博会系列主题展区、中哈中俄商品展特色展位的完美呈现，让展览业务中心实现了临展业务高品位、高标准的新突破。西安警示教育基地、新疆生产建设兵团检察院展厅、西安记忆、"百年恰是风华正茂"主题档案文献展等大型常态展陈项目的一体化设计施工，让展览业务中心开辟了展厅业务新领域。同时，展览业务中心以景墙工程项目为起点，以城市家居、标识标牌项目为业务延伸，力争在广告工程业务方向开辟新路径。

5. 西安文化CBD展示中心的重大主承办活动

曲江会展集团受托运营的西安文化CBD展示中心（见图2.1.6），是西安市重点项目——西安文化CBD的展示平台。中心于2020年5月建成，地处长安南路与南三环十字东南角，总占地26000平方米，总建筑面积4200平方米。

展示中心共分为东、中、西三个功能区域。其中，中区为规划展厅，主要承担规划展示和重点项目招商推介的功能；东区为安置展厅，主要展示城中村历史变迁和改造后的新家园、新生活；西区的主要功能为招商洽谈。目前，西安文化CBD展示中心已成为西安文化CBD对外交流、招商引资的重要窗口，为城市文化发展发挥了积极的作用。

图 2.1.6　西安文化 CBD 展示中心

6. 无锡太湖国际博览中心的重大主承办活动

2022年5月，曲江会展集团与无锡太湖新城会展集团合资成立无锡震泽博览运营管理有限公司，共同运营无锡太湖博览中心（见图 2.1.7），实现曲江会展场馆标准化运营输出与"文化＋、走出去"战略的融合。曲江会展集团派出核心团队并导入曲江会展标准，对场馆的软硬件系统进一步优化提升，为场馆承接优质展会项目、提升展会服务品质奠定了坚实的基础，圆满完成2022雪浪大会、2022世界物联网无锡峰会、2022首届无锡太湖国际汽车嘉年华等重要展会活动。以此为开端，无锡太湖国际博览中心的场馆运营不断超越区域限制取得了突破性进展，"走出去"战略开始迈出坚实的步伐。

图 2.1.7　无锡太湖国际博览中心

四　西安曲江会展现任主要领导的工作业绩

曲江会展集团现任领导——曲江文化产业集团总经理助理、西安曲江国际会展集团执行董事、总经理许英姿女士（图2.1.8），从业会展管理20年，谙熟会展全领域业务，尤其在大中型专业会展场馆、会议中心、会议酒店管理运营和各类会展专业活动策办方面具有丰富实操经验和运营心得，是引领曲江会展不断实现跨越发展的灵魂人物，在会展场馆经营、会展项目管理、企业品牌与会展标准化建设、企业创新发展上做出过突出贡献。凭借专业的理论知识及丰富的行业经验，许英姿曾先后多次荣获"中国会展年度人物""中国会展业优秀企业家""中国会议酒店业杰出人物奖""西安市会展企业优秀人物"、西安市文化领域"西安之星"、"西安市巾帼建功标兵"、西安市"最美女性"等全国行业、省市政府奖励30余项。

2016年12月起，许英姿一直担任西安曲江国际会展（集团）有限公司党总支书记、执行董事、总经理，引领企业发展步入快车道。履职以来，曲江会展集团实现了营收翻番的跨越，经营收入逐年递增，上交利润额和缴纳税金也逐年快速递增，实现了良好的经济及社会效益。同时，她带领企业成功加入ICCA、IAEE、IFES、AIPC国际会议会展行业组织，并通过ISO9001、ISO14001、OHSAS18001认证，通过国家级和陕西省会展服务标准化试点项目验收，先后荣获国内行业奖项和荣誉近300项，使曲江会展集团成为陕西省服务名牌企业、西安市文明单位。在许英姿总经理的带领下，曲江会展集团先后完成丝绸之路国际博览会暨中国东西部合作与投资贸易洽谈会、欧亚经济论坛、全球硬科技创新大会、WCG世界电子竞技大赛、第二十九届全国图书交易博览会、中国匠人大会、中法文化论坛、世界西商大会、中国网络诚信大会、第十四届全国运动会群众赛事活动展演、中国—中亚峰会、"中国＋中亚五国"外长会晤、世界城地组织亚太区执行局会议、中国—中亚民间友好论坛等国际国内重大展

图2.1.8　西安曲江国际会展集团
执行董事、总经理　许英姿

览及会议活动6000余场次，接待量近5000万人次。

与此同时，许英姿同志带领会展集团积极践行"一带一路"倡议，加强品牌输出及服务拓展，助力陕西省、青海省、新疆生产建设兵团出展哈萨克斯坦、俄罗斯、匈牙利，带领曲江会展集团走出国门，把西安形象、曲江精神展现在国际舞台。

在引领企业、做强主业实现突出经济效益的同时，许英姿同志还十分注重实现社会效益。她带领曲江会展集团全员深入防疫一线，积极参与社会公益事业，在关爱残障儿童、开展志愿宣传活动、落实治污减霾监督责任、扶贫帮困、党建工作、亲商助企解决企业困难等方面，切实履行社会责任。

第二节　基于区域规划的曲江会展集团的生态情怀

曲江会展集团按照省市产业发展的顶层设计，以场馆为核心而组建，既是西安市会展业更新迭代走向专业化的开端，也是积极践行省市会展产业发展政策、战略规划的积极探索与主动尝试。为满足城市更新和城市产业发展的内在需要，陕西、西安会展业以场馆建设带动城市会展加快转型升级，正在迎来发展新格局。

而发挥场馆硬件的优势更需要整个产业链和区域政策、产业生态协同发力。在西部内陆欠发达地区，会展业要想跑赢区域经济的整体发展水平，克服先天不足的劣势实现逆袭跨越，走多元化道路是现实选择。在产业资源短缺的内陆城市，要想克服地域限制，企业就要从会展产业链和综合经营中获取更多收益，解决生存和发展问题。曲江会展集团是值得认真研究的典型样本。

按照西安市"一核四区"的发展格局，未来西安将重点打造会展产业发展基础良好、产业集中度较高的五大会展产业区。尽管城市更新，产业重心东移，曲江会展集团将继续被委以重任，重点打造文旅产业会展集聚区，以会展业的磅礴动力助推文旅产业的高质量发展。疫情过后，曲江会展集团凭借自身积累和品牌优势快速强势崛起，并以品牌输出、专业服务跨越区域壁垒，大幅度向外拓展，超越区域性会展企业制约。

一　立足产业布局，积极探索发展新路径

曲江会展集团所在的曲江新区位于西安市东南，是历史上著名的皇家园林所在地，是生态环境极佳的游乐胜地，在历史上有很大的影响力。核心区总规划面积约51.5平方千米，是陕西省和西安市确立的以文化、旅游为主导产业的开发区、全国首批两个国家级文化产业示范园区之一，先后被评定为国家级生态示范区，国家级文化和科技融合示范基地，中国（西安）跨境电子商务综合试验区创新示范先行区，国家文化出口基地，全国首个区域性、多景点整体晋级的国家5A级旅游景区，并荣获"中国人居环境范例奖"。

在成立之初，曲江新区便被赋予了"生态西安、度假西安、原塑西安"的发展使命，承载着盛唐文明伟大复兴的重任。区内历史文化积淀深厚，名胜古迹众多，是自然风光、人文景观、民俗风情及现代都市文化的荟萃之地，旅游资源十分丰富。

曲江新区以生态建设为方针，以历史文化遗址保护和恢复为核心，以发展旅游和文化产业为重点，全力建设国家文化产业示范区和国家生态区。曲江新区以绿色系列创建、着眼人居和谐优美、大力改善生态环境等工程为重点，大力发展绿色房产、创建绿色交通，不仅促进了辖区内生态发展，而且带动了西安市、陕西省乃至关中-天水经济带的生态建设。

在省委、省政府和市委、市政府的坚强领导下，曲江新区坚持文化立区、旅游兴区、产业强区，探索形成了"文化＋旅游＋城市"的发展新模式，成为全国文旅深度融合发展的先行军和示范者；管理大明宫国家遗址公园、西安城墙景区、临潼旅游休闲度假区、楼观生态文化旅游度假区、渼陂湖水系生态文化旅游区等发展板块，曲江文化产业集团、西安旅游集团、西安演艺集团、曲江文控公司、曲江金控集团、华商传媒集团等市场化集团公司；控股曲江文旅、西安旅游、西安饮食、人人乐股份、华仁药业、世纪金花等上市公司平台；先后打造了大雁塔北广场、大唐芙蓉园、曲江池遗址公园、大唐不夜城步行街（见图2.1.1）、西安城墙南门广场、大明宫国家遗址公园、杜邑遗址公园等一系列享誉国内外的文化新地标，辐射带动了小雁塔、碑林、易俗社、兴庆宫、汉长安城未央宫等历史文化片区，管理面积超430平方千米。

图 2.2.1　大唐不夜城美景

"十三五"期间,曲江新区形成了以文化旅游为龙头,集会展、演艺、影视、动漫、出版传媒、文化商业、电子竞技、文化金融、文化项目建设和城市运营于一体的全文化产业链,成为全市经济发展非常具活力的区域之一。

"十四五"期间,曲江新区将继续扛起文旅融合的发展大旗,深化改革、创新思路、加快发展,努力打造文化产业门类最齐全、规模最大、效能最优的国家级文化产业示范区和最具影响力的新时代文旅深度融合发展示范区,在建设社会主义文化强国的伟大征程中谱写曲江高质量发展的新篇章。

曲江文化产业集团成立于1995年,是经西安市委、市政府批准,由曲江新区管委会投资设立的大型国有全资企业。集团以资本为纽带,以产业为导向,立足曲江,辐射全省,实现了文化项目投资从单一到多元的转变,经过多年发展,构建出多门类、多产业发展格局,培育了曲江文旅、曲江影视、曲江会展、曲江演出、曲江出版等多个知名文化品牌,形成了"产业军团,集群出击"的强劲态势。近年来,曲江文化产业集团以"文化让生活更美好"为使命,坚持新发展理念和文旅融合思路,立足企业"文化产业兵种齐备"的优势,加快实施"走出去"和"文化+"战略,以旅游景区、产业园区、商业街区、生活社区为载体,倾力打造宜居、宜业、宜游的城市样板,形成了集区域综合策划、开发、运营于一体的全链条城市运营发展模式。曲江文化产业集团连续12年入选"全国文化企业30强",11次上榜"中国服务业500强"。

在这片以生态建设为发展理念的热土上,依托陕西省、西安市政府的战略支撑和曲江新区得天独厚的文旅资源优势,曲江会展集团在起步阶段就完成了西安市会展业大型体育场馆向专业场馆的转移升级；在所有权与经营权分离的机制下，担当起了扶持会展主体、培育会展市场，构建优秀会展生态的国企责任。曲江会展集团立足区域产业布局，积极探索发展路径，以展会活动运营和场馆运营为依托，审时度势地在会展产业链经营上大胆探索，在展览服务、线上会展、绿色展装、多元化经营等方面取得了诸多创新性成效，在跨境业务拓展、品牌合作、展装工程等方面实现了重大突破，加快向综合型、跨区域性会展服务商转型。

二 直面机遇挑战，大力破解发展新困境

2019年以来，西安加快建设"一带一路"国际会展名城，加速推动会展经济发展，全市会展业进入了大场馆引领、多馆长期并存的新发展阶段。在全国范围内，会展业顺应经济新常态也进入转型升级、按照供给侧结构性改革进行产业调整的发展阶段。多馆并存的城市会展发展趋势决定了同城之间单纯的场馆经营面临更为激烈的市场竞争。以场馆为核心枢纽的会展业固有格局被打破，取而代之的是对会展上游资源的激烈争夺。

2020年，5.6万平方米的曲江会展中心在城市更新中被拆除，会展集团的经营发展开始面临前所未有的严峻挑战。曲江会展集团未雨绸缪、审时度势、积极应变，加快了企业实现"会展+""走出去"战略转型步伐。自2018年起，公司在城市会展急剧变化和全国市场格局中重新定位，寻找发展突破口，主动顺应城市会展战略发展需要，率先升级。曲江会展集团秉承"服务大局、融合创新、标准服务、产业升级"理念，坚持"卓越、人本、创新、务实"的价值观，践行"会展+"战略，积极外拓业务范围和经营空间，优化集团业务结构，调整主营业务方向，从以场馆经营为主转向以场馆经营为基础，建立专业化、品牌化、标准化的大型会展活动承接服务体系，注重向外输出服务和管理，不断提升会展综合服务能力。通过一系列的创新举措，曲江会展集团逐步建立了覆盖上、中、下游全产业链的业务范围，搭建起了城市会展综合运营商的全新架构。

2020年—2022年，对全国会展行业与曲江会展集团而言都是极不平凡的三年，尤其是2022年曲江会展集团经营可谓"如履薄冰、举步维艰"。但面对困

境,曲江会展集团不曾观望,不愿坐以待毙,管理团队团结一心,在非常之时凝非常之情、聚非常之力。公司一方面梳理手头资源,组织开展项目经营,另一方面则整合行业资源,为以后储备项目,并加大产业性投入,通过合资、收并购等方式加快推进产业转型的战略布局。同时,曲江会展集团积极探索数字会展,借助数字化变革发展"新型绿色会展",包括在线会议、虚拟展示等内容(见图2.2.2),极大地减少了线下展位搭建、会议耗材的浪费及碳排放。

图2.2.2 欧亚经济论坛-2022产业链发展峰会(线上)

三 紧跟政策大方向,精心构建生态会展

会展业应以国家产业政策为导向,主动求变、以变应变。2015年,国务院出台了《关于进一步促进展览业改革发展的若干意见》,2021年国务院出台了《关于加快建立健全绿色低碳循环发展经济体系的指导意见》(国发〔2021〕4号)。2021年4号文件明确提出,要"推进会展业绿色发展,指导制定行业相关绿色标准,推动办展设施循环使用",以杜绝会展浪费,减少会展业发展过程中的碳排放,保护自然环境和人居环境。这一系列产业政策对会展业的深入发展提出了明确的要求,促使会展业朝着绿色会展、生态会展方向发展。

会展业是一个可能造成较大资源浪费和环境污染的行业,为全面贯彻落实可持续发展理念,曲江会展集团始终积极跟随国家政策,适时调整曲江会展的发展战略。在各行各业纷纷秉持生态环保发展理念时,被誉为"经济晴雨表"的会展行业也在探索推进绿色会展。曲江会展集团于2015年正式提出打造"绿色展览服务提供商"的目标,并于2016年将发展绿色会展列入集团战略规划。

现在看来，曲江会展集团的做法在全国层面也是十分超前的，它也一直在引领着国内生态会展发展。

在这个过程中，曲江会展集团积极推进绿色展览的应用，通过对绿色展材功能的延伸与展位方案的设计创新来满足展商以及展装工程企业对展台外观、材质及成本控制的多方面需求，提倡在特装搭建上不过分追求高、大、上，倡导尽可能多地用可重复循环使用的环保材料替代一次性木材，减少装饰材料用量、减少污染源，推动会展活动实现会展业的低碳、环保和可持续发展。

迫于会展行业根深蒂固的传统发展模式，推进绿色会展工作一度举步维艰。如何在促进经济社会发展的同时，尊重经济规律、社会发展规律和自然规律，如何平衡经济效益、社会效益、生态环境效益，是企业和领导者面临的重要难题。虽然全面推行生态会展任重道远，但全身心投入会展业发展的曲江会展人，早已深刻意识到推行绿色发展、创新变革的必要性和紧迫性。系列现状迫使会展业化"危"为"机"，积极探索转型升级之路。

对此，曲江会展集团直面问题，着力疏通发展路径，在巩固主业的基础上，转型优化升级，拓展经营资源，推进主场服务、展装工程业务发展，推广绿色环保展具，开拓特装型材搭建、租赁业务，举办绿色会展推介会和绿色会展展示中心，助力中西部绿色会展推广。同时，曲江会展集团加快延伸产业链，其"数字展馆"建设实现了展馆全景展示、多点触发和实时交互，以及展馆与线上展览的无缝衔接，最大限度地发挥出了数字技术优势和创新价值。

四 怀揣梦想希望，持续笃定勇毅前行

17年来，曲江会展集团始终坚守初心使命，积极探索创新，在企业标准化建设、品牌服务输出、企业转型升级、创新发展等方面取得了卓越成效，通过一系列发展举措收获了一支专业团队、一套服务标准和一条业务全产业链，在全国会展行业内形成了一个叫得响的"曲江会展"的会展品牌。在这样的奋斗历程中，它始终与西安这座城市的会展业同呼吸、共成长，经历了曲江会展从起步到繁荣再到转型升级的全过程，成为曲江会展和西安会展业的深度践行者和创新探索者、推动者。

2023年是曲江会展集团成立的第17年，在其2023年度启动大会（见图2.2.3）上，西安曲江国际会展集团执行董事、总经理许英姿深情地说："我们

需要怀揣梦想，但更需要脚踏实地，只有把压力变动力，一起用365天的竭尽全力，一起用600＋团队的齐心协力，全力以赴，才能让会展集团的经营管理业绩在2023年能打一个翻身仗！让会展集团在2023实现重振旗鼓、开拓新局、谱写新篇！"她还特别引用了读客创始人华楠的一句话来激励大家，"无论你做什么工作，只要竭尽全力就可以，竭尽全力是最轻松的工作方式"。

图 2.2.3　西安曲江国际会展集团2023年度启动大会

惟其艰难，方显勇毅；惟其磨砺，始得玉成。就是凭借这样无穷无尽的力量与信念，曲江会展集团铁军凝心聚力、勇毅前行、笃行不怠、踔厉奋发，创造了曲江会展集团一个个辉煌的时刻。风雨多经志弥坚，关山初度路尤长。曲江会展集团所有员工充满信心，一浪更逐一浪高，在目标指引的前进之路上，继续创造新的辉煌。

第三节　曲江会展集团的主要生态作为

作为构建现代市场体系和开放性经济体系的重要行业，会展业在中国经济社会发展中的平台作用日益凸显。随着生态优先、绿色发展理念在产业中的逐步推广，生态会展成为会展业的新亮点。

从根本上看，生态会展具有非常鲜明的时代特点，它是多年以来的生态文明理念在会展产业发展领域的全面落实，力求通过提高能源和资源的利用率实现节能减排，降低环境污染。如，利用包括信息技术、智能技术、数字技术在内的诸多先进科技助力会展场馆提高管理运营效率、提高场地利用率、扩大单位面积产出效益等，减少展会的垃圾生成，更彻底地实现产业的可持续发展。

一　曲江会展集团的"生态会展"发展历程

从生态会展的推进发展速度与总体分布来看，我国东、中、西部城市之间还存在较大差异。若干年前，西安市会展产业的绿色搭建市场已经起步，并且发展很快。但特装展会的供需还是以木质等一次性传统搭建材料为主，仍然停留在"一个展览会的结束，就是一个大型垃圾场的诞生"的阶段。

根据曲江会展集团对展馆运营历年的统计数据来核算，在一个大型展会的运营中，一个10000平方米的展馆单次展会的木质垃圾产出量可以高达500至700立方米，按照50000平方米的展会面积来算，单次展会垃圾产出量是2500至3500立方米，也就是需要4.2米×2米的中型货车进行100多次的清运。这些都是相当大的数字，听起来有些危言耸听，但这就是发展现状，更何况5万平方米的展会也不算太大。惊悚的数字背后自然就是十分突出的资源及能源浪费、极其严重的环境污染，还暗含大量的安全隐患问题，这样的发展动态就自然会给展会的现场管理与垃圾清运及填埋等工作带来巨大的压力。

曲江会展集团立足于陕西西安，作为以会议展览策划运营、会展场馆管理运营、会议酒店管理运营、展览设计搭建等为主营的全产业链综合服务型会展企业集团，近年来在生态会展方面主动进行了积极的探索和有益的尝试，也收获了一些宝贵的经验。曲江会展集团在发展生态会展方面，主要立足西安市场，在会展项目的全周期中，尽可能采取积极而有效的环境保护措施，最大程度地实现对各类资源的充分合理利用，最大化地降低会展项目对生态环境的负面影响，主动创建"环境友好型"的会展项目，并在数字会展的道路上进行积极探索。曲江会展集团希望最终构建以展览主办方、展览场馆、展览服务商为主体，贯穿物流运输、设计搭建、展览展示、活动策划与执行、观众组织等多个产业环节的绿色会展生态体系。2015年至今，曲江会展集团在生态会展发展层面取得了积极的进展与成效。

（一）发展探索阶段（2015—2018年）

为积极倡导"低碳、环保、绿色、生态"的理念，西部会展行业的领军企业——曲江会展集团时刻关注和强调生态会展发展的重要性，通过多种渠道和途径传播生态文化，全方位地促进和助力西部会展业发展生态会展经济。

1. 领衔推动绿色会展发展

在环境问题日益严峻的时代背景下，越来越多的资深会展人已经深刻地体会到，只有遵循绿色环保、永续经营的发展理念，会展产业才能不断向前大步迈进。会展业的国际化不仅指展览数量、场馆面积的逐步扩张，更鲜明地体现在办展综合的效益上，而其中一项十分重要的衡量指标就是"绿色展览"的成色。

据相关专业人士测算，展览会产出垃圾的面积占总面积的50%，有一半材料都要被抛弃，其中大部分是装修材料和宣传资料，浪费数量惊人，垃圾处理困难重重。从绿色展览角度看，业界首先要考虑的就是使用更多富有再生或可循环利用属性的材料，尽可能地避免或者少用一次性的木质材料。因而，从该层面上看，绿色型材搭建在未来将拥有更为广阔的发展前景。绿色会展一方面可减少大量的资源浪费，更好地保障人的健康与安全，另一方面可大幅度降低会展成本，向材料的循环使用要效益，真正实现会展产业全领域的多赢。

在这样的发展背景下，曲江会展集团在2015年正式提出打造"绿色展览服务提供商"的目标，并于2016年将发展绿色会展列入集团战略规划，开始更多涉足绿色展装、绿色搭建的发展领域。

在2018年1月，曲江会展集团与灵通展览系统股份有限公司正式确立战略合作关系，共同成立"西部绿色展览展示服务中心"，全方位推广绿色会展服务项目，用创新的设计理念、一流的展览器材、最新的科技产品、专业的技术支持及优秀的会展团队，为促进西部绿色会展发展增添动力。展示服务中心内陈列较多新型绿色型材展位，为展会的多样性提供了更丰富的服务选择，推广与传播了绿色环保、可持续发展的办展理念。

2018年1月31日，一场专注于产业绿色发展的重要推介会开启了中西部绿色会展的全新发展。由西安市会展办、西安市会展行业协会主办，曲江会展集团承办的中西部绿色展览推介会暨绿色展览展示中心开馆仪式，在原西安曲江国际会展中心的A馆隆重召开。此次绿色会展的推介会，将长年办展策动经济增长的全国会展专业人士汇聚西安，根据聚焦绿色会展的鲜明主题精心搭设了绿色展览展示中心。与会人士走进绿色展览展示中心，共同宣示了推动绿色会展的广阔前景。

这是曲江会展集团联合灵通展览系统股份有限公司，打造绿色会展产业链和开拓新业务增长点的进军号令,为全国会展业的绿色发展营造了更为浓厚的氛围,并对全国的会展产业的绿色发展形成了一定的影响。

在这次推介会中,曲江会展集团专门开设绿色会展展览展示中心,向全国会展行业同仁展示了绿色展览的主要特点和发展趋势,坦诚与业界探讨未来将面临的主要问题,并共同探索解决措施。会议的务实高效,引起了与会嘉宾的高度认同,取得了积极的活动反响。绿色展览展示中心的成立,是曲江会展集团和灵通展览合作迈出的第一步,是面向中西部推动绿色会展的重要窗口,也必将对全国会展产业的绿色发展产生明显的推动效应。

在具体实践中,作为西部会展产业的领军企业,西安曲江国际会展集团主动担当企业社会责任,率先用实际行动来大力推进西部绿色会展。据统计,2015年至2018年,曲江会展集团搭建型材展位(如图2.3.1所示)13000多个,2017年搭建型材环保特装展台数量近50个,紧紧围绕"绿色会展"的思维开拓展览工程服务,积极贯彻绿色环保的发展理念。

图2.3.1　第四届中国国际进口博览会陕西"国家级步行街"展区
(绿色型材应用)

2. 大力推进标准体系建设

1) 三体系认证

为了更好地完善基层体系建设,曲江会展集团切实将质量、环境、职业健康安全三体系管理标准融入各岗位的管理工作中,不断地对此进行改进、完善、调整。在专家指导和多轮审核之后,公司最终于2016年8月顺利通过质量、环境、职业健康安全管理体系认证,全面提升体系化建设,优化管理效能,强化运行质量,以管理目标为指引确保体系建设与标准化工作得以贯通融合,确保企业质量方针和管理目标的有效性、持续性、充分性和可适性。

近年来，曲江会展集团在场馆运营及会展服务各项工作中，严格执行体系标准，按照体系要求，指导、约束个人行为，履行岗位职责，注重企业管理手册与质量环境职业健康安全体系紧密融合，不断改进措施，多方面开展培训，提高全员规范作业标准。同时，曲江会展集团定期对《质量环境职业健康安全管理手册》进行修订完善，按照PDCA循环模式有序遵循并持续改进相关程序，公司管理体系运行效率及质量得到持续得到提升。

2）标准化建设

标准是世界"通用语言"，标准化在扩大经贸交流、促进产业发展、推动科技进步、规范社会治理等方面所发挥的基础性作用越来越显著。近年来，随着中国会展业发展，会展业的标准化建设稳步前行，在推动会展业高质量发展、促进国际国内规则融合、实现中国会展业与国际会展业"软连通"方面的作用日益显著。

作为西北地区首个探索建立标准化系统管理模式的会展服务企业，曲江会展集团是西北地区迄今为止唯一一家展览服务、会议服务国家级标准化双试点单位。曲江会展集团始终以标准化作为管理核心理念，在2016年和2017年成功申报成为省级、国家级会展服务标准化双试点单位。曲江会展集团通过多个步骤、数次会议、专项培训，形成了覆盖3个层次、17个方面、175项会展服务标准的综合体系，完成了从制度化管理到标准化管理的飞跃与蜕变，成为参与市场竞争、展现服务能力与水准的重要支撑。

3. 社会责任

2017年，西安市深入开展"三项革命"（指"烟头革命""厕所革命""行政效能革命"），推动城市建设与城市治理持续向善向好。对于这一项立足城市整体发展的艰巨工作，曲江会展集团始终坚持常抓长管，通过多项有效措施积极支持城市建设：一是组织"首问负责制""五个不允许""工作纪律与工作作风要求与标准"专题学习，结合各板块工作的特性规范服务用语和咨询问答；二是制定会展集团行政效能工作方案，通过优化工作流程、健全"只跑一次"清单、完善考核内容等，不断提升工作效能及服务品质；三是开展工作作风自查自纠，建立健全管理制度，狠抓管理细节，出现问题严厉整改，确保不留死角；四是牢牢巩固工作成果，将长效机制落到实处。

"三项革命"对曲江会展集团来说，本质上是服务的提升，是服务意识、服务理念的转变增强，是管理的再升级，同时也为曲江会展集团推动生态会展发展、打造"五星级"服务团队提供了有力支撑。

（二）发展实施阶段（2019—2022年）

1. 绿色会展实施成果

在长期会展实践中，曲江会展集团主动践行"创新、协调、绿色、开放、共享"的发展理念，积极倡导生态会展。绿色型材展厅（见图2.3.2）主要展现以绿色展览器材搭建呈现出的空间形态，展示环保展具多种组合功能；展现绿色型材定制化成品效果；其中的接待窗口配合多媒体对绿色展览趋势、政策进行营销宣传。对此，曲江会展集团上下同心、全力以赴，在实践中取得良好绩效。曲江会展集团以成为首家中西部绿色展览展示设计搭建一体化品牌服务提供商为目标，以可持续发展为原则，坚持办展与保护环境并重，全面宣传贯彻"低碳、环保、可持续"绿色展览理念，带头示范绿色实践，引领环保技术创新，成为推动绿色会展持续发展的重要力量。

图 2.3.2　绿色型材展厅

近几年来，曲江会展集团持续坚持"构建绿色展览服务生态圈"的企业战略，用环保展具与绿色型材整体化解决方案为展会"赋能"，助力西安会展业生态可持续发展。

2019年，为积极应对场馆拆除和疫情防控的情势，曲江会展集团建设数字场馆，开办线上展览、会议服务项目，拓展经营空间，探索新技术支撑下绿色会展发展的新途径，在场馆运行、会展项目服务中大力推广绿色主场服务及绿色展装。2020年，以打造中西部绿色展览展示综合体验馆为定位的绿色型材展厅在西安曲江国际会议中心全新精彩亮相，极大程度地加强了"低碳、环保、可持续"的绿色会展理念的宣传与推广,使以绿色搭建为主的绿色会展服务成为曲江会展集团的一大服务特色,为全国绿色会展发展提供了优秀的样板。

2. 标准化建设成果

通过多年以来的持续探索,曲江会展集团于2019年和2021年分别申报成为市级、国家级会议服务标准化双试点单位,通过精打细磨,建立了覆盖3个层次、4大子体系、20个方面、233项会议服务标准的体系。这个体系以会议服务为主线,涵盖营销与预订服务、会议现场服务、工程保障服务、会议餐饮服务等服务事项。2022年9月,曲江会展集团以高分通过陕西省国家级会议服务标准化试点中期评估,同年11月,高分通过市级会议服务标准化验收评估。自试点建设以来,曲江会展集团在经济效益、品牌塑造、内控管理、资源拓展等多个方面均获得了大幅提升。

曲江会展集团以标准化引领,促经济之"稳",谋发展之"进"。虽然曾面临会展中心展馆拆除、会展会议行业整体低迷的多重压力,曲江会展集团持续深化运用标准化体系,在不确定性中寻找韧性,谋新求变,打磨技术、扎根行业,探索会展前行新体验与品牌创新、业态创新的新格局,以坚定的信心与足够的耐力酝酿新生和突破。2021年,曲江会展集团收入较2020年增长61%;净利润增长9.4倍,超额完成上级单位下达的目标任务指标,各项税收上缴金额也逐年递增。西安曲江国际会议中心在实施会议服务标准化试点以来,2022年各项成本预计较原先预算节约700余万元,在节省成本的同时提高了工作效率,且顾客满意度连续3年在95%以上。

对曲江会展集团来说,标准化促进了管理输出和业务拓展,其场馆资源实现"1"向"N"的转变。曲江会展集团在已形成的会展服务、会议服务标准体系支撑下,持续扩大场馆资源。在运营现有场馆——西安曲江国际会议中心的基础上,曲江会展集团2020年5月受托运营西安文化CBD展示中心。西安文化CBD展示中心是西安对外交流、招商引资的重要窗口,是曲江会展标准化服务输出服务的新标杆。2021年3月,曲江会展集团受市委市政府委托,整建制接收运营管理西安国际会议中心。西安国际会议中心对标国内一流国宾馆,成功接待"中国+中亚五国"外长会晤等各类会议活动百余场。2022年5月,曲江会展集团与无锡会展集团合资成立无锡震泽博览运营管理有限公司,共同运营无锡太湖国际博览中心(见图2.3.3),是曲江会展展览馆标准化输出与"文化+""走出去"战略的全新融合。2023年，曲江会展集团受托为"呼伦贝尔国际会展中心"项目设计深化、场馆后期运营等提供专业咨询服务，在场馆一体化投建运营等咨询业务层面取得了新突破。多年努力形成的管理服务标准体系，为曲江会展集团管理输出提供了重要的质量保证，对集团未来的高质量发展有重要的战略意义。

图2.3.3　无锡太湖国际博览中心

3. 社会责任方面的成就

为构建科学合理的生活垃圾管理体系，积极推进生活垃圾分类工作，响应"垃圾分类就是新时尚"的行动号召，曲江会展集团自2019年以来，积极参加和组织以垃圾分类为主题的各类培训学习，多途径地开展生活垃圾分类主题宣传活动，践行国企担当，不断强化市民及员工的垃圾分类观念，营造全社会共同参与的良好氛围。

在公共场所分类工作中，曲江会展集团强化经营主体责任落实，加强垃圾分类管理，通过设置分类投放指引、细化分类投放容器、强化分类投放实效巡查等方式提高公共区域生活垃圾分类实效，不断提升垃圾分类精细化管理能力；落实国家有关塑料污染治理管理规定，严格遵守"厉行节约、反对浪费"规定，提高生产、消费环节的生活垃圾源头减量和资源化利用，减少厨余垃圾产出；杜绝相关单位提供不可降解塑料袋，餐饮服务单位使用不可降解一次性塑料餐具、主动提供一次性塑料用品等行为。

垃圾分类是一项长期而艰巨的工作。作为区级垃圾分类标准单位，曲江会展集团持续提升垃圾分类精细化管理能力，加强基础设施建设，加大环保理念宣传，组织参观考察，学习先进单位的做法及经验，不断提高垃圾分类的主动意识，完善改进垃圾分类工作内容，狠抓整改落实，确保垃圾分类工作真正落地见效。显然，曲江会展集团在这方面的积极探索与努力作为，是绿色发展的重要内容，也为公司在产业发展中更深入广泛地传播绿色发展理念奠定了思想基础。

4. 数字会展探索成果

2020年以来，曲江会展集团积极探索展会由"线下"向"线上"，由"面对面"向"屏对屏"变身，开掘全新体验，引领创新趋势。2020年4月10日，以"打造西部专业会展公司"为目标的曲江会展集团与"数字会展领域的先锋"上海八彦图信息科技有限公司（31会议）两强牵手，合作搭建西安曲江国际会展中心"数字展馆"（见图2.3.4）。由此，西部首家数字会展展馆的建设与应用实践正式启程。

图2.3.4 数字展馆

曲江会展集团是全产业链经营的综合服务型会展企业集团，近年来，一直寻求在数字会展领域的新发展、新突破。集团利用会展科技创新会展服务模式，助力会展业务的数字化管理。此次双方的合作，既是为了度过疫情引起的行业之"危"，也是为了寻找共同开拓新未来的"机"。

"数字展馆"是一种全新的会展模式。依托云平台和技术优势，"数字展馆"将实现展馆全景展示、多点触发和实时交互，实现展馆与线上展览的无缝衔接，最大限度发挥数字技术优势和创新价值，实现展会智慧宣传、智慧招商、智慧营销、智慧现场、智慧监控及智慧数据管理等不同功能。

曲江会展集团积极搭建PC门户、小程序及微网站等移动端入口。这些入口将为参展商、采购商提供在线会展服务的入口，承载展会介绍、参展指南、购票办证等功能，还可匹配展位展示、展品推荐、商务配对等系统。同时，同期的展会启动仪式、同期论坛、新品发布会、商贸洽谈会、展商评选等活动也可实现线上化。

对于观众来说，"数字展馆"也将送出全新的体验感：可实现展馆广场及周边环境、馆内大厅及会议室等设施虚拟展示，通过多媒体内容和交互应用的热点设置将线上场馆3D场景连接起来，观众多点触发，相关信息、资料通过图文、视频等线上形式立体呈现，充分调动观众五官感受，增强其互动感、参与感、沉浸感和代入感。

而"数字展馆"的建成也源于曲江新区开放的理念和创新的思维。作为国家级文化产业示范区、国家级文化与科技融合示范基地，拥有创新基因的曲江新区，打造西部首家数字展馆，不仅是对行业新模式和理念的实践，也是丰富会展业供给侧的有益尝试。

二 曲江会展集团对生态会展发展的理解

随着全球经济一体化以及国际社会对环境问题的日益关注，经济和环境并重已成为当今国际合作与竞争的焦点。20世纪90年代以来，欧美一些国家相继推出绿色会展指南和相应标准，坚持将绿色主题逐步融入不同题材的专业性展会，构建绿色标准体系，加快绿色会展技术研发与应用。

我国于2015年出台的《关于进一步促进展览业改革发展的若干意见》明确提出，要倡导低碳、环保、绿色发展理念，加快展览业的转型升级。自此，从北京奥运会到上海世博会，从广交会到进博会，"生态会展"理念贯穿其中。成都、西安、长沙等地发起绿色会展倡议，会展从业人员的生态环保理念正在迅速得到提升。曲江会展集团对生态会展发展拥有自身的深刻理解，具体如下：

（一）会展场馆建设与市场需求应高度匹配

会展场馆的建设，应该根据全国及地方会展市场的中长期发展趋势进行合理规划、分期建设。会展场馆的规划，不仅要在区域性层面进行，还要在行业与专业性层面进行，并在此基础上统筹兼顾，制定全国性规划。很多省市政府仅仅看到会展经济的"面包效应"，纷纷抢项目、建场馆，规划无序，投资有限，在一定程度上出现盲目建设会展场馆的乱象。因而，场馆建设的如火如荼与较低的场馆利用率形成了十分鲜明的对比，这直接反映出会展业发展中的资源浪费问题，对于产业的长远发展产生重大影响。

（二）会展场馆的绿色建筑实践十分有限

会展场馆作为公共建筑，对公众卫生和健康的影响较大。北京奥运会、上海世博会和进博会作为国家级、国际性大型会展典范，已经在不同阶段出台了有关绿色会展建设的标准。但就全国会展行业而言，一方面，还没有针对会展项目的绿色建筑和绿色施工标准，另一方面，不少项目没能按照有关的绿色建筑和绿色施工要求严格开展具有"生态"内涵的设计、施工、检验、试运行等工作。会展场馆运营的生态性一方面体现在运营过程中，另一方面首先体现在会展场馆的建设过程中。从全国层面看，这方面的工作还很欠缺，存在的问题不少，值得大幅度提升。如果行业发展只是强调场馆的使用而在场馆设计中缺少对绿色内涵的更多考虑，那会展业的绿色发展始终是有些残缺而很难体现完整性。

（三）会展现场的环境污染缺乏有效监测与监督

根据国内媒体多层面的报道，不少会展项目由于不能按照有关绿色建造标准设计、施工，在项目的营运期间难免对环境保护产生不少负面影响。现实中，不少参展商在装修用料上为降低成本而购买不符合环保要求的产品，这就会直接造成有害物质超标。不能按照标准进行建设而导致的各类问题，无形中在展会现场对参展商与观众造成了影响。这样的现状值得会展业界高度重视，并且应在较短时间内设法采取更多针对性的措施去改变。

（四）会展供应体系不符合绿色经济的要求

目前，国内尚未出台完整的会展行业绿色供应体系相关标准，有关主场服务商和供应商的选择及论证工作较为滞后，不符合生态会展的要求。会展业的体量及企业的基本特征等方面的因素，使得行业上中下游之间的关系一直没能得以理顺，恶性竞争、低价销售等现象都存在着。招投标过程中，市场供应体系也存在一定程度的混乱，直接冲击会展秩序。如果没法对绿色可循环材料做出货源保证，会展业的生态发展更多只能停留在纸面上，缺乏深层次发展的动力与基础。

（五）会展场馆的城市配套设施有待提升

会展产业的发展，一定是多方面优质资源整合的结果。会展项目的逐步开展，需要城市配套提供基础设施、服务设施和相应的软环境，达到交通便利、旅居方便、餐饮合适、通信捷达、绿化宜人、环境卫生等。为迎接一些大型的国际会展项目，北京、上海、杭州等城市对环境及交通等条件进行了集中改善，明显提升了城市的环境质量。但是，按照城市可持续发展的需要，国内多数场馆的配套环境还有诸多层面的内容需要大力提升。基础设施不够完善，将在很大程度上对会展行业发展形成重要制约。

三 曲江会展集团多层面全方位推行生态会展

在国家构建内部大循环、内外双循环发展的新格局下，曲江会展集团作为行业大家庭的一员，在面临诸多发展阻碍的情况下积极摸索出了一条适合自身的发展道路，为会展业多层面的绿色和生态发展做出了积极贡献，为全国会展业的生态发展树立了优秀的典范。为积极响应国家绿色发展的号召，曲江会展集团以"成为绿色会展品牌服务提供商"为目标，在西北首先响应，用积极的作为来主动推进生态会展，并在曲江会展集团的全产业链会展服务中全面推进相关行动。

（一）以"场馆示范+区域推广"引领西部生态会展

面对会展业严重的资源浪费和环境污染问题，为了在陕西西安乃至西北地区尽快推广绿色展装，曲江会展集团利用场馆经营的优势地位，率先运用和鼓励使用新型绿色型材设计搭建各种展位，并于2017年开辟了1000平方米场馆空间，建起绿色会展及绿色型材设计搭建展示中心，利用各类会期，向会展主办方、服务方展现推介绿色展位的优越性、多样性等优势。

（二）以生态理念不断拓展会展服务核心竞争力

在拆馆和防疫交织的复杂环境中，曲江会展集团转变观念，着力深度转型，构建绿色会展经营链，引入战略合作伙伴，主动完善主场搭建承接、巡回展战略服务、品牌展位设计、展团形象策划等市场服务，在材料使用方面坚持简约化、标准化、环保化、减量化、循环使用的原则，在结构设计方面体现模块化、构件化理念，真正做到了把绿色会展、绿色搭建推出去、搭起来。至今，公司完成绿色展位搭建336个，共24000余平方米。

近年来，曲江会展集团为第二届西安金融产业博览会搭建20余个特装绿色展位，占展会规模的一半；2018—2019年，曲江会展集团赴哈萨克斯坦、俄罗斯等国家办展，采用高科技数字化展陈手段，设置"中国制造"的沉浸式展示体验，给现场观众留下了深刻印象；在2020年第十七届中国（厦门）国际食品交易博览会中，通过绿色型材运用让"大美青海 特色品牌"合肥推介会大放异彩，打破了传统型材给观众的感官束缚。因而，敢为人先的曲江会展集团正在通过自身的积极实践，将绿色型材推向全国乃至国外。

（三）基于"绿色管理"构建生态会展运行体系

为全力保障生态发展目标的达成，曲江会展集团在运行中推行全面绿色管理，并在国家和省级层面的会展服务标准化试点中落实生态会展的管控要求，主动构建绿色展览服务生态圈，具体采取了以下四种做法。

一是制定具体的绿色经营目标，成立集团绿色管理领导小组，把绿色服务落实到实处。曲江会展集团按照"6R"原则，以市场为导向，在采购、搭建、举办、撤展等环节贯彻绿色生态理念，建立科学的工作流程，设置进入门槛或制度引导活动方重视绿色环保，严格控制施工过程和展示材料的环保标准，与主办方、参展企业签订绿色环保协议，建议参展商使用可重复使用和环保的材料搭建标准展位或者特装展位。曲江会展集团还加强了对展会配套辅助公司等外包施工企业的管理，督促这些企业减少和避免材料浪费和环境破坏，保证展会绿色化品质。

二是实施绿色会计制度，要求正确、及时、合理计量举办的会展活动中的各项消耗数据，并记录场馆污染和环境防治的费用。

三是开展绿色营销，收集相关企业的绿色化信息并对各参展企业在材料使用和废物处理等方面提出具体的要求。

四是对场馆的展览垃圾进行分类专业处理。曲江会展集团建立完善的垃圾收集系统，签约专业机构、设置专门岗位对会展垃圾实施分类回收和及时处理，专业化、系统化地解决垃圾出口问题。

（四）探索数字化变革下的"新型绿色会展"

在国家"双碳"战略背景下，会展行业加快了数字化、低碳化转型升级。"新型绿色会展"不但包含节能场馆、环保展装，还包含会展业数字化转型。新型绿色低碳发展是会展业的革命性变革。

数字会展是利用数字化软件和硬件技术对会展产业链的上下游企业进行组织结构、工作模式和业务流程的重构；通过为会展商和参展商团体提供数字化服务，让二者建立起数字化的联系，创造数字化、个人化的服务体验，获取数字收益，以推动企业的数字化转型。所以，数字会展既是会展业一种新的会展工具、技术和观念的运用，也是一种会展新业态和经营模式的创新。

"新型绿色会展"借助数字会展技术，既能提高参展商参展的灵活性和便捷性，又能帮助不能线下参会的人实现从面对面到屏对屏的转变，实现供需双方进行对接和交流的愿望。从另一个角度来看，数字技术极大程度地帮助会展主办方实现了减排。

为此，曲江会展集团近年来积极探索数字化转型，在数字展馆、线上办展等方面做出了积极的尝试，并取得了阶段性成效。搭建数字展馆，组织线上办展办会，对参展证件、会刊等会议耗材进行优化，实施电子签到、在线洽谈等互动模式，不仅可以提高业务效率，还可以减少各个环节对人、财、物的需要量，在很大程度上减少了线下展位各个环节的碳排放。

四 关于加快推进生态会展的建议与设想

近年来，在各级政府的大力支持下，全国各地的会展业得到了相对高速的发展，随之而来的高消费、高污染、高危害状况日趋严重，而"绿水青山就是金山银山"的生态文明理念已经深入人心，扩大会展生态创新发展，全面推行生态会展是必然趋势。综合当前国内外经济形势和会展业发展态势，加快推进生态会展，传播绿色发展理念，共同推动会展产业的健康发展是会展业高质量发展的重中之重。

因而，推进生态会展离不开政府部门、行业协会、会展组织者、参展单位、服务商、观众等各方的协作。各方应从以下几个方面落实生态发展理念。

（一）政府要当好"引航员"，实施铁腕变革

为落实生态文明建设，各地需要对照国家政策要求，结合实际出台生态会展政策法规，科学制定相关生态会展标准及长远规划，及时发布专业相关数据，严格执行行业奖惩制度，发挥高效管理和协调的指导作用，培育生态展会品牌，为区域生态会展发展提供良好的产业运营环境。实践发现，政府从以下三个方面着手，推进生态会展的成效最为显著。

第一，制定优先发展政策及激励政策。市级政府出台专门的规范、规划、意见、规定，从优先发展政策、加强市场监督政策、财政支持与奖励政策、人才使用政策、绿色会展税收优惠政策等方面，鼓励区域性先行推广生态会展。

第二，出台绿色会展标准。政府落实绿色会展第三方认证工作，加强对会展项目的绿色审查，建立健全会展项目绿色审查制度，由国家主管部门组织行业机构联合出台绿色会展的标准。

第三，加强产业交流及宣传推广。政府大力普及绿色办展理念，常态化开展分享交流活动，促进会展资源有效整合、优化配置，推动会展相关产业的集约化发展。

（二）行业协会要发挥"桥梁"作用，多方形成合力

行业协会在推进生态会展发展中起着不可替代的作用，是促进生态会展发展中的重要环节。行业协会应在制定适应生态会展发展需要的行业规范及技术标准、与相关政府部门建立良性互助协作机制、为企业提供信息及技术支持等方面发挥应有作用。

1. 制定适应生态会展发展需要的行业规范及技术标准

行业协会可以根据国家及省、市相关政策，结合本地区行业特点及实际发展需要，制定企业共同遵守的生态会展行业规范及标准，强化企业办会、办展行为的自律，在本地区内或行业内部形成相互监督的氛围。

2. 与相关政府部门建立良性互助协作机制

在政府部门制定和出台促进生态会展相关法规和政策时，行业协会应积极与政府部门协作沟通，利用其对企业的了解及行业运转的熟悉，为相关法规和政策的制定提供咨询窗口和建议，使法规和政策最终更加科学、合理。

3. 为企业提供信息及技术支持

行业协会要更好地发挥作用就必须与企业建立良好的协作关系，要充分发挥引领作用，常态化普及生态会展知识，做好政企桥梁，形成合力，闭环推动发展。同时，行业协会要加强专业培训，尤其是针对现阶段存在的展台设计师、业务人员、施工人员及会展专业学生对绿色环保的新型材料、绿色展台设计及环保施工不了解的问题，普及绿色展装的新工艺、新材料及新应用。

（三）会展企业积极承担宣传推广和落地执行的重任

主办公司、策划公司及相关机构应主动申请和积极配合会展行业协会，优化生态会展体系，完善生态会展项目的管理标准，严格遵循行业规范，积极参与标准认证。企业应积极推广线上和线下会展的融合发展，以线下为主，线上为辅，潜心探索不同模式的效益增长点。

会展公司应以市场为导向，按照"6R"原则，在会展的全周期各环节贯彻绿色理念，做好展前规划，严格控制施工过程和展示材料的环保标准，减少和避免材料浪费和环境破坏，塑造生态会展品牌。

会展场馆必须建立生态会展准入门槛、工作流程及绿色会展制度与要求，积极推广生态会展，提高能源资源利用效率，保证展会绿色化品质，深入推进数字化转型。会展场馆还应建立严格的展装搭建服务商准入机制，引导施工单位广泛使用环保可循环利用材料，并积极打造智慧化、数字化场馆。

（四）参展商、观众和社会公众应自觉树立绿色环保意识

展会活动期间，参展商应积极履行"低碳化"职责，选择符合绿色循环标准的环保搭建、展示材料及环保型产品，进行绿色的展示设计、包装设计以及灯光照明设计等，并通过广泛宣传、积极引导的方式，不断提高参展人员的绿色环保意识和专业水平，确保真正实现绿色展会。

当前，推动实现绿色发展和可持续发展已成为共识，但生态会展的全域推行，不可能一蹴而就，需要多方思考、多方协作。我们看到，市场会通过不断磨合国家对环保的要求、市场需求、人力成本、工人工艺水平以及科技发展步伐等因素，倒逼生态会展的发展。鉴于目前我国生态会展发展尚处于初期，更需要吸取国外的成功经验。我国会展业者应结合我国经济发展情况以及会展发展现状，取其精华、变革创新，更好地发挥会展业的"晴雨表"和"风向标"

作用，加速推动城市会展业国际化、品牌化发展，科学、有序地推动生态会展全面应用。

对会展人来说，"生态会展"任重而道远。在全球大力推广循环经济的背景下，曲江会展集团将与其他行业企业凝聚共识、形成合力，共同践行生态会展。只有全行业形成共识、共同发力，才能真正构建起科学的生态会展发展体系，系统化、整体化地为产业发展"赋能"，真正助力中国会展产业取得生态化和可持续发展。

第四节　曲江会展集团未来发展展望

在解决企业的生存与基本发展之后，曲江会展集团以谋求更长远的可持续发展为目标，紧跟"十四五"战略规划及产业布局，抢抓发展机遇，开启了新的转型升级之路。

一　总体发展思路

未来，曲江会展集团将坚守国企担当，不忘"促进西部会展产业和经济共融发展"的初心，以服务标准领跑西部会展行业，以创新、创意、科技推动"一带一路"沿线国家、我国西部各省、自治区、市间的文化经贸交流合作，实现产业共融发展；总体发展思路为"服务大局、聚焦核心、融合创新、产融结合、标准运营"。

（一）服务大局

集团将以服务口碑促进业务拓展和输出，坚持国企担当，积极承办和参与各类重大展会活动项目和工程。

（二）聚焦核心

集团将聚焦文化特色、聚焦会展产业链核心环节，着力打造以文化特色为主的展会活动项目和场馆，以品牌展会活动、场馆运营、泛会展运营多核驱动发展。

（三）融合创新

集团将主动变革，积极拓展创新业务，用创新创意、大数据和信息科技提升规划策划、组会组展、场馆运营、绿色展装的能力。

（四）产融结合

集团推进产融互动发展，从内生增长走向外延扩张，发挥资本的作用，通过合作、引资、投资加快推动业务拓展。

（五）标准运营

集团将主动发挥标准服务和标准运营的优势，将服务和运营能力固化并使其可复制，跟随曲江文化产业集团"战区＋兵种"战略拓宽发展地域，开拓国际业务。

二 业务板块发展战略

"十四五"期间，曲江会展集团将以文化特色为重点，着力发展展会活动运营业务板块、场馆运营管理业务板块、泛会展业务，形成产业链健全、协同共建、具有延展空间的产业组合。

（一）做强展会活动运营业务，发挥龙头作用

曲江会展集团将大力加强现有展会活动策划运营，不断创新优化展会活动的内容和运营，积极参与各类会、展、节、赛、演的组织、执行、服务，逐步建设和引入其他品牌展会活动资源，大力发展与国家宏观政策及当地特色产业相关的自办展会活动，不断建设和丰富展会活动"名会""名展"和节事IP，推动展会活动由规模数量向质量提升转变，积极构建泛会展生态圈。

（二）做优场馆运营业务，发挥中枢作用

曲江会展集团将借助多年场馆运营经验和标准化服务经验，依托各方资源和曲江会展品牌，积极承接各类场馆的运营管理业务，外拓项目服务输出；以"标准化"带动西部会展产业发展，将场馆运营业务打造为集团稳定发展中枢。

曲江会展集团是西北地区唯一一家会展行业的国家级标准化试点单位，会展中心展览场馆的运营管理实现了标准全覆盖，下一步是要将标准化的运营管

理向会议中心运营、会务服务、展装工程等其他业务板块延伸扩展,并将标准制定层级提升至省级、全国性标准。借助国家级会展服务标准化试点的平台,曲江会展集团将把会议中心打造为服务业标准化示范项目,使其成为陕西省乃至西北地区会议服务培训基地,在全国具有标准示范引领作用,提升集团标准化竞争力。

(三)做大泛会展业务,形成系统合力

泛会展业务为"十四五"期间曲江会展集团的重点拓展领域,主要任务为智慧会展和绿色展装业务拓展、投资产业链相关企业、参投泛会展相关业态。

曲江会展集团将大力加强科技、大数据、数字新技术在会展业的应用,建设智慧会展;研究会展业与其他行业融合发展业态和模式,拓展大数据运营、5G会展应用等产业链相关环节;深入挖掘区域特质,助力区域发展,打造会展客群商务休闲、舒适宜人的体验目的地(见图2.4.1),辐射拓展"会展+科技孵化""会展+文化旅游""会展+开发建设""会展+休闲商业"等"会展+"产业生态体系。

图2.4.1 会展客群目的地规划图

曲江会展集团还将通过投资、协同、合作等手段深化与产业链上下环节企业的关系,通过运用一体化全程控制的运作模式为客户提供整体解决方案,为各类空间展示需求场景提供各类文化展示体验技术和设计,形成以展陈工程为主、以展馆设计及数字化和综合服务为辅的业务模式。

三 人力资源体系构建

人才是企业发展之本。如果没有优秀人才,一流的战略在实施上只能是空谈。"二流的战略，一流的执行"却可以获得成功。曲江会展集团"十三五"期间能较好地完成战略目标，经营管理水平、品牌影响力不断提升，业务不断创新突破，主要是因为领导层带头，团结拼搏，勇于创新和尝试，打造了一支拥有强外部服务力和内部执行力的团队。

"十四五"时期，展览场馆拆除、相对缺乏培训和职业发展道路相对阻塞，都将影响曲江会展集团对优秀人才的吸引力，因而集团必须要采取行之有效的措施以减少这样的影响。吸引和激励优秀人才，需要精神激励和物质激励并重。在精神层面，要以优秀的企业文化、伟大的愿景和光明的发展前途促使优秀人才和企业共命运、同发展；在物质层面，建设具有市场竞争力的薪酬福利体系是必要手段。

曲江会展集团要想实现跨越式发展，必须打造一支结构合理、规模适当、配合密切的优秀团队。为此，会展集团将建设富有现代化、市场化特征和具有强激励效果的人力资源管理体系，优化企业文化，以继续吸引、留住、用好各类优秀人才。

四 会展产业生态化发展

随着社会观念逐渐变化，企业越来越重视生态理念和可持续发展实践，它们将改变会展业过去相对粗放式的发展模式。规模化、生态化发展成为曲江会展集团可持续发展之道。

在我国会展产业面对新冠疫情和国际交流中断的严峻形势时，部分中小企业面临严峻的生存危机，行业整合成为趋势。对曲江会展集团来说，这是获得快速发展的良好机遇。绿色展装渐成发展趋势，这就要求会展界越来越多地使用可持续性场馆、选择环境友好型的交通工具、使用可回收设施、采取相关环保举措等。

会展业发展和城镇化进程紧密相连。在我国二三线城市，投资建设会展场馆成为城市扩张的一种模式。随着大量会展场馆建设完成，场馆利用效率问题愈发显著，精益化场馆运营成为发展方向。同时，更多城市政府部门从城市营销效益的角度出发，在会展产业运营方式上，从单纯场馆运营向文、旅、商综合发展和多种设施业态高度融合的生态化运营方向转变。

会展可以增加国家与城市的观光旅游商机，因此利用会展呈现城市的生活形态，以及将会展与城市观光旅游结合，是近年来各国会展产业发展的又一重要方向。举办国际会展活动或运动赛事时，常可见政府单位提供大量创意、投入大量资源。

从广州、成都、杭州等城市会展业发展的经验来看，发展会展涉及服务、交通、旅游、广告、餐饮、通信和住宿等诸多行业，能够汇聚人流、物流、资金流、技术流等，直接拉动和间接带动相关产业和配套行业发展，引导产业升级与转移，促进就业、拉动消费，优化资源配置，引领创新发展。因此，"会展＋"的生态化发展模式，被更多的城市接受。越来越多的会展城市积极构建相应的产业生态圈，从而带动城市深度发展。

在未来，曲江会展集团仍将继续探索生态化发展。会展生态化发展、产城深融，实现资源最优化配置，将是会展业螺旋上升、可持续发展的主趋向。在会展的上中下游，将涌现更多的衔接与互通。企业形成"朋友圈"，以紧密合作来共同应对风险。纯粹的竞争将逐步远去，拥抱合作、走向未来将是今后的发展常态。

要成为会展生态中不可缺乏的一环，曲江会展集团有必要聚焦核心，专注于某一领域的展会活动或产业链某一环节。会展产业发展空间很大，建立核心竞争力才能赢得长期持续发展。清晰自身特色和定位，以文化科技、大数据和创新创意构建竞争壁垒，也将成为曲江会展集团高质量发展的重要途径。

专家点评

曲江会展集团是一家以场馆管理、展览项目策划运营、会议服务、展览项目策划运营等为主营业务方向的全产业链综合服务型会展企业集团,成立17年来,始终紧跟时代步伐,持续不断创新,引领行业发展。

疫情期间,曲江会展集团在做好疫情防控的同时,注重加强员工培训,通过各种有效措施不断提升队伍整体素质。企业高层主动研判行业发展动态,积极作为,带领全体员工在会展业的标准化、生态化、数字化等层面为行业发展树立了典范。近些年,集团成功加入UFI、ICCA、IFES、IAEE四大国际会展行业组织,通过质量、环境、职业健康安全管理体系认证,2019年通过国家级、省级会展服务标准化试点项目验收。

同时,曲江会展集团积极走出去开拓市场,与无锡太湖国际会展集团共同运营无锡太湖国际博览中心,将曲江会展的管理理念和管理模式输出到无锡,坚定地走出了一条适合自身发展的全新道路,在国内范围形成了富有特色与高度坚持标准的"曲江服务"和"曲江模式",此时正在努力向"成为西部领先会展企业"的战略目标迈进。

点评嘉宾:
西安市商务局会展处处长　王志功

Chapter 3

第三章

励翔会展：
树立生态会展发展标杆

"一万只会飞的羊",据说就是会展业界对成都励翔国际会展集团股份有限公司(以下简称"励翔会展"或"公司")的形象描述。多年以来,在"北上广深"四大城市在多个行业呈现强劲发展态势的背景下,成都作为"新一线城市",开始领跑其他诸多的会展城市。在这样的发展氛围中,一定会有一些龙头企业在其中起到明显的引领作用,而励翔会展就是优秀的企业代表之一。

李军,作为公司的创始人,一直奋斗在会展发展的最前沿,善于思考,注重创新,以十分积极的状态带领全体员工参与了诸多大型会展活动,取得了显著的工作成效,在西部会展乃至国内会展业发展中具有一定的影响力。对于现实,李军十分敏感且善于谋划,可以带领励翔会展在未来更有作为。

"敬天爱人,利他至诚,明智创新,联结分享" 是励翔会展企业文化的主要内容。当下,疫情已经过去,励翔会展人正在行业强劲复苏的进程中不断创造新的辉煌,持续撰写多元化发展的全新篇章。

第一节 励翔会展发展简介

一 励翔会展的基本发展历程

励翔会展创立于2012年1月12日,经营总部位于成都市高新区,主要经营范围涵盖会展整体运营服务、空间塑造、SaaS服务及产业会展等诸多领域,致力于打造中国西部地区极具活力的会展生态平台。

2018年1月,励翔会展在新三板成功挂牌(证券简称:励翔会展,股票代码:872510),成为中国西部地区会展业首家新三板挂牌企业[①]。

2019年7月,励翔会展正式加入"国际大会及会议协会"(简称ICCA),成为ICCA会议管理类中国西南地区首家认证企业[②]。

---

① 中外会展.喜贺|成都励翔公司强势登陆新三板 解密破浪航程有何不一样[EB/OL].(2018-02-07)[2022-04-23].https://www.sohu.com/a/221478663_816429.

② 会展第四城.重磅新闻|励翔成为国际协会ICCA认证会议管理类西南首家企业[EB/OL].(2019-07-25)[2022-04-24].https://www.sohu.com/a/329410169_100016043.

2020年5月,励翔会展正式通过"国际展览与项目协会"(IAEE)各项资质审核,正式成为IAEE在四川的首家专业会展企业会员①。

2022年4月13日,成都第31届世界大学生夏季运动会(简称"成都大运会")执委会与励翔会展签订合同(见图3.1.1),官宣励翔会展正式成为第31届世界大学生夏季运动会(会展综合服务类)指定服务赞助商。励翔会展为成都大运会的视觉创意设计及主题活动策划执行等提供了赞助服务,公司旗下的全资子公司——成都励合创联科技有限公司通过协伴(商协SaaS运营系统)等优势产品与全面技术为成都大运会全力提供了坚实的技术支持。

图3.1.1 成都大运会执委会与励翔会展举行签约仪式

2022年10月,公司名称由"成都励翔文化创意股份有限公司"正式变更为"成都励翔国际会展集团股份有限公司",下设成都励翔智合会展有限公司(以下简称"励智会展")、成都励景文化发展有限公司(以下简称"励景文化")、成都励合创联科技有限公司(以下简称"励创科技")、成都天励会展有限公司(以下简称"天励会展")四家子公司,分别从事会展整体服务、空间新场景打造、商协SaaS平台、花卉产业会展四大板块业务,迈出了企业发展历程中的重要一步。

历经10余年的发展,励翔会展成功入选成都"5+5+1"重点产业领军企业和成都市服务业百强品牌企业以及"成都市产业建圈强链人才计划"之会展

---

① 王广兴.资讯|成都励翔文化创意股份有限公司成为四川首家IAEE企业会员[EB/OL].(2020-05-22)[2022-04-24]. https://www.sohu.com/a/397033909_778152.

产业链链主企业。当下,励翔会展已逐步发展成为中国西部地区极具影响力和竞争力的会展活动整体运营服务机构。在近三年成都市会展业蓬勃发展的总体形势下,励翔会展作为成都市会展业发展的骨干力量,正在继续充分发挥引领功能,为成都市会展产业建圈强链推进工作和成都市"十四五"国际会展之都建设规划积极承担行业龙头企业的社会责任,对参与和服务成都会展业新经济发展持续进行积极探索和主动创新①。

  励翔会展的企业文化综述

（一）从民营企业角度认识企业文化

"企业文化"属于"组织文化"范畴,对企业而言则专称"企业文化"。那些已经超越先期的生存阶段而在后期发展中经营相对成功的企业,往往都有比较完整而丰富的企业文化。有人称"企业文化就是老板文化",这样的说法相对而言其实有一些道理,尤其是在规模不大而运营灵活的一些民营企业中。然而,十分鲜明的是,这两者并不适合完全画等号。相对而言,"企业文化包含老板文化"的观点可能更为妥当。毕竟,很大一批早期的民营老板特别会赚钱,特别能吃苦,特别能战斗,但这种文化中即便是现在也未必有丰富的文化内涵与素养,更多的是一些创新的做法与韧性的品质而已。所以,企业文化的范围应该远比老板文化更宽泛,内容远远比老板的独特经营意识与风格等更为丰富。

从会展活动企业层面看,和其他企业一样,健全的企业文化在员工的激励、导向、凝聚、规范和增加社会影响等方面的作用十分明显。会展活动企业大多属于中小微民营企业,多数企业高层领导的近视效应比较突出,相对注重眼前收益与当次活动的收益,对未来可持续发展的思考相对有限。在中国会展业持续蓬勃发展的背景下,如何有效形成长期发展的思维,争取让企业取得可持续发展,与企业文化的导向、定位、层次等密切相关。

企业文化包括企业愿景、文化观念、企业精神、价值观、道德规范、行为准则、历史传统、企业制度、文化环境、企业产品等内容。其核心是企业精神

---

① 成都会展.市博览局局长李长文调研成都励翔文化创意股份有限公司[EB/OL].(2022-01-19)[2022-04-24].https://www.163.com/dy/article/GU421KR00514KVL1.html.

与价值观。作为企业发展的动力,企业文化包含的内容可以十分丰富。企业文化往往能充分体现某企业一些个性化内容。企业因此区别于其他企业。类似的不同,很难说是好还是不好,但至少是企业多年发展中形成的一些特质,它包括经营理念、经营目的、经营方针、价值观念、经营行为、社会责任、经营形象等。

企业文化以企业为本,是一种管理文化。企业文化是企业领导者和全体员工共有的精神家园。对一个追求可持续和高质量发展的会展活动企业而言,显然企业文化并非可有可无,需要民营会展企业在发展中高度重视。

(二)励翔会展的企业文化

励翔会展作为中国西部地区一家相对活跃的会展活动类龙头企业,自成立之初就一直十分注重公司企业文化的积极营造,注重周年庆典等可以有效塑造企业文化的活动的策划,如图3.1.2所示。在十多年的发展历程中,公司的企业文化也逐步有了更多的积淀,逐渐形成了相对鲜明的企业精神与价值观。

图3.1.2 励翔会展10周年庆典员工合影

1. "敬天爱人,利他至诚,明智创新,联结分享"

这十六个字,是励翔会展的价值观的核心。励翔会展成立十年有余,在不同的发展阶段,企业文化也有微调,但唯独这16个字始终贯穿发展历程。无论公司历经大江大河还是静水深流,它们一直深深地镌刻在励翔会展的企业基因之中,指引着励翔会展的前进方向。

"敬天爱人,利他至诚",源自稻盛和夫的管理理念及哲学智慧,他曾说:"所谓敬天,就是依循自然之理、人间之正道——亦即天道,与人为善。换言之，就是'坚持正确的做人之道'；所谓爱人，就是摈弃一己私欲，体恤他人，持'利他之心'。"

在励翔人看来，"敬天"中的"天"并不是通常所认为的老天爷，指的是"万物之律"。励翔人认为，在企业运营中，要主动遵循万事万物的规律，在发现与顺应规律中做正确的事，做顺应天道的事。所谓"爱人"，是指对公司身边的一切人负责，对亲人、朋友、同事、客户都要负责。显然，这种爱不是溺爱，而是以诚相待，懂得设身处地地多为他人利益着想，并携手共同奔赴美好前程。基于此，"利他至诚"也就变成了一种自然而然的行为准则，唯有真诚地"利他"，方能成就更多忠诚客户；唯有足够"利他"，才有可能真正成就自我。

基于"敬天爱人，利他至诚"的底层哲理和文化创意行业的基本特性，励翔人又提出了"明智创新，联结分享"的理念。"明智"指的是要懂得发展趋势、富有远见，始终站在行业的前沿层面思考各种复杂问题，始终对国家战略和社会风尚保持高度关注，真正做到不落伍于时代。"创新"是一种优秀的文化品质，是文化创意行业之命脉所在，是推动社会经济发展的不竭动力。也正是因为励翔会展始终能坚持创新，才能始终走在行业市场的前列，才能拥有旺盛的超越能力。"联结分享"是企业对内对外的一种交流文化，不断联结同事、同伴、同行人，保持开放的"分享"心态，主动释放善意和真诚。在当下的企业发展中，这样的共享心态是十分值得提倡的，而励翔会展则是高度重视这一点。

人生匆匆，皆为过客，物质易朽，唯有爱与思想长存。"敬天爱人，利他至诚，明智创新，联结分享"不仅是励翔会展企业文化的核心，也指导着每一位励翔人为人处世的精神修炼。在人生的旅途中，精神丰沛、创造意义是励翔人不变的追求。

2. "成为世界级会展生态标杆企业"

这句话是公司愿景。自2012年成立以来，励翔会展深耕会展行业10余载，基于超强的运营、策划、创意、执行能力，业务范畴逐步升级，涵盖展会运营、会展服务、活动策划、创意设计、IP打造、城市更新、产业会展、商协SaaS等，目前已成为中国西部地区极具影响力和竞争力的民营会展综合性服务企业之一，并致力于成为世界级会展生态标杆企业。

3. "为产业的发展、行业的创新、用户的价值、团队的幸福不懈努力"

这句话是公司使命。会展业是先导性现代服务业，服务于社会经济的多种产业，有着"经济晴雨表"与"城市面包"之称，能够真实高效地"创造社会财富"。励翔会展是其中坚定前行的一员。会展是企业营销推广的利器，励翔会展通过多年的专业积淀，主动为客户提升价值，积极为企业营销助力。服务业最重要的资产就是"人"，每一个员工不仅是价值的创造者，也是怀揣梦想的赶路人。励翔会展以会展为媒介，致力于搭建一个让所有员工实现美好梦想的重要平台。

三 励翔会展的主要发展业绩

励翔会展在十多年的发展历程中，在西部地区乃至全国会展界逐渐拥有较高的知名度与美誉度。

在过去的十多年发展中，励翔会展公司团队先后承担了不少重大的会展活动，其中主要包括：①2013年第十二届世界华商大会（时任全国政协主席俞正声出席）；②2015年亚欧互联互通产业对话会（时任国务院副总理张高丽出席）；③2016中国共产党与世界对话会（时任中央政治局常委刘云山出席）；④2016年第三次二十国集团（G20）财长和央行行长会议；⑤第22届世界航线发展大会；⑥2017年联合国世界旅游组织第22届全体大会（时任国务院副总理汪洋出席）；⑦2017年首届天府金融博览会（交子金融主题馆）；⑧2018年第二十一届中国西部国际投资贸易洽谈会（总承办）；⑨中国·成都2019第18届世界警察和消防员运动会；⑩2020抖 in city 城市美好生活节-成都站；⑪2020第八届中国网络视听大会；⑫2021第七届金砖国家国际竞争大会；⑬2021年泛珠三角区域合作行政首长联席会议；⑭2021第十八届中国西部国际博览会开幕式；⑮2022年茅台集团壬寅年端午大典；⑯2023年第十八届中国国际酒业博览会等。

自然，在执行类似高规格国际会议活动及展会项目相关主题活动的过程中，公司核心团队的业务能力与素养持续得到高精度、高强度的锻炼，造就了一支来之能战、战之能胜的精英团队。另外，公司还连续服务了多届中国西部国际博览会、四川农业博览会和首届天府金融博览会，圆满完成了第二十一届中国西部国际投资贸易洽谈会的整体执行承办任务（见图3.1.3），积累了参与国家层面统筹举办的机制性大型展会和政府平台展会项目的管理经验。

图3.1.3 项目案例

四 公司主要领导简介及作为

李军，励翔会展董事长兼总经理，四川省工商业联合会（省商会）第十二届执行委员会委员、天府新区政协第十一届委员、IAEE中国委员会委员、中国民营文化产业商会常务理事、四川省会议展览业协会服务专委会主任委员、成都蓉商总会副会长、天府新区商会常务副会长、成都市十大杰出青年企业家（图3.1.4）。

图3.1.4 励翔会展董事长李军

近年来，作为公司创始人和领航者，李军带领励翔会展逐步发展成为中国中西部地区极具影响力和竞争力的会展活动整体运营服务机构，并于2018年1月在新三板成功挂牌，成为中国西部地区会展业首家挂牌企业。2018年，公司被成都市博览局纳入"建设国际会展之都'四名'行动计划"重点扶持的会展企业范围。在2019年和2020年，公司相继成为中国西南地区首家ICCA认证会议管理类企业和四川首家IAEE企业会员。

自2012年起，李军先后荣获成都市青年企业家商会年度爱会奖、蓉青双创奖、成都市十大杰出青年企业家等多项个人荣誉，带领公司连年斩获"中国会展产业金海豚大奖·十大诚信服务奖""中国会展智慧服务企业大奖""2019年度中国十佳品牌会展机构"等行业内的国家级荣誉。2020年，公司荣获成都"5+5+1"重点产业领军企业10强和成都市服务业百强品牌企业称号。2022年，励翔会展成功入选"成都市产业建圈强链人才计划"之会展产业链链主企业。李军用其十多年的从业经验，打造出中国中西部地区会展业综合实力一流的标杆型民营企业，有效助推了中西部地区会展业的持续、快速、健康发展，依托企业为培育区域经济新的增长极做出了积极贡献。

同时，李军以长期坚持投身公益事业之心，用踏实的实际行动回馈社会，履行作为青年企业家的社会责任。作为天府新区商会常务副会长，李军积极参与四川天府新区商会爱心公益品牌"XIN计划"，数次前往甘孜、阿坝等地开展爱心捐赠活动，如图3.1.5所示；加入成都大学校友基金会并多次参与捐款活动，同时积极参加社会其他各类公益活动。

图 3.1.5　李军参与九寨沟爱心助学公益捐赠活动

自2012年以来，李军作为四川多家高校的特聘导师和客座教授，多次受邀深入校园为在校学生传授大学生创新创业、会展策划管理等方面的专业知识。励翔会展作为行业标杆企业，积极为培养和输送行业人才贡献自己的力量，联合四川大学旅游学院创办创新促进实习基地和实践教学基地，与成都大学旅游与文化产业学院、四川农业大学、四川旅游学院等多所高校联合打造校企合作实训基地，联合成都市会议及展览服务行业协会、中展励德（成都）会展有限公司、四川京励德教育管理有限公司共同发起建立西部会展人才培训中心（见图3.1.6），并得到了中国会展经济研究会的大力支持。励翔会展先后吸纳超百名应届毕业生到公司见习实训，成功输送一批会展类、设计类专业学生进入相关企业工作。为了使行业健康和良性发展，李军在理论与实践的衔接、产业与高校的融合等方面都有很多积极作为。

图3.1.6 "西部会展人才培训中心"的发起成立仪式现场

第二节 励翔会展主要领导的生态情怀

励翔会展能取得相对突出的发展业绩，除了因为公司全体员工的精诚团结与积极奋进，最主要的推动力来自董事长李军对会展产业生态化发展的浓厚情怀。这些年来，李军董事长始终坚持系统思维，坚持多元化发展，并善于从多个层面整合优质资源，使自己的企业能在当前会展行业中领衔作为。这里所讲的生态情怀，重点指的是企业管理的一种系统观念，一种对会展活动精心布局而设法形成多元化发展的特别思维，一种深刻洞察周边各类利益相关者的关联性而持续在业界发力的行为动作。最重要的一点是，如何在当前的会展业发展中梳理出清晰、长远的发展思路，和更多优秀会展资源形成自然对接而发挥鲜明的整合功效。领导的生态情怀延伸企业的生态作为，企业的生态作为继续坚定领导的生态观念，让企业在多年发展中逐步形成相对理想的会展生态系统。

一 以座右铭持续激励，坚持独行与群行携手并进

经常听人说，人活在世上需要有一定的信仰。没有信仰的生活，容易让人时不时地步入误区，或者在某个时段特别容易让人丧失持续追求美好生活的动力。在这样的思维中，人生也需要有一些富有哲理的座右铭持续支撑人的精神境界，从而支撑人不断往前。当然，李军（图3.2.1）也是如此。

"没有过不去的坎儿"，这一句看起来再平常不过的话，一直被李军作为座右铭持续激励自己前行。每每想到这句话，李军在面对难处时都会变得坦然，这句话也会激励他在遇到挫折时尽快调整状态积极面对，在第一时间化解危机。自然，这无论对个人成长还是公司发展都十分关键。攻克前进过程中的一个难关，企业的发展又将进入一个相对顺畅的阶段。人生难免会有低谷，企业的发展也同样如此。在这样的紧要关头，用执着与毅力面对困难显得很重要。在企业遇上一些在所难免的困难时，考验的主要是企业高层领导的决心与智慧。

图 3.2.1 励翔会展董事长李军

"未来的励翔会展，应该是一个伟大的企业，能够为团队、为客户、为行业、为产业、为社会创造价值。"李军始终坚定地认为，公司不是一个人的公司，是一个需要体现"众人拾柴火焰高"的重要平台。人需要梦想并且要努力去实现它，公司也需要明晰的愿景并且在众人的积极奋进中共同完成梦想。有励翔人的共同努力，励翔会展的美好未来才更可期。显然，企业众人的情怀对会展活动企业的发展十分重要，毕竟情怀可以持续支撑企业闯过各种难关，并对未来充满必胜的信心。

同时，李军还特别喜欢一句话，那就是，"人生最大的成就是让周围的人都舒服"。这和平时经常听到的一句话"一个人可以走得很快，一群人可以走得更远"有共通之处。在李军看来，一个人更容易决断，并且可以走得很快。但他更明白，有时应该一个人走，而更多时候则要团结公司核心团队人员（见图3.2.2），集合大家的智慧携手前行。换句话说，李军在公司运营中高度认可团队合作和协同作战的重要性，坚持独行与群行携手并进，并积极地践行利他主义。

图 3.2.2　励翔会展 11 周年庆典员工合影

"敬天爱人，利他至诚，明智创新，联结分享"。这样的定位与理念在一开始就决定了励翔会展近年来的发展方向[1]。或许正是受这句话的启发，李军始终明白资源整合在行业特别是企业发展中的重要性，在多年的企业管理中，他始终坚持充分调配优质资源，令企业在发展历程中持续取得优异成绩。在取得一次又一次的胜利的过程中，李军明白企业的发展更需要核心团队的持续努力，因而在具体绩效分配上也更有意向核心骨干与有较高忠诚度的员工适度倾斜，从而以更好的状态共同建设积极向上的励翔会展。

自然，坚持独行与群行携手并进，是一种行业发展的重要生态，这不仅可以让领导的超凡智慧得以充分渗透公司战略，也可以在战略中更充分地体现核心成员的聪明才智，最终形成相对符合发展形势并且在未来具有核心竞争力的

---

[1] 成都大学校友办公室.李军:始于会展,立于文创,"折腾"出励翔的新天地[EB/OL].(2019-05-23)[2022-01-27].https://xyh.cdu.edu.cn/info/1018/1176.htm.

系统战略部署。在疫情三年中，会展行业中的一些企业之所以没有消失而是坚挺度过了，公司的核心战略与核心竞争力至关重要，企业高层的胆识与谋略也十分关键。

二 善于审时度势，顺应时势积极创建会展生态平台

相对而言，李军对国内民营经济的发展形势比较关注，在管理过程中充分体现了足够的洞察力与积极的作为。"2018年11月初，中央举行民营经济座谈会，各地举行民营经济健康发展大会，我从中意识到民营经济的发展形势越来越有利于民营骨干企业深入挖潜，这让民营企业的深度发展得到了很大的促进。"阅读大会相关报道之后，李军认为，民营企业一要降低经营成本，二要提升竞争实力，只有这样，才能在大好的新一轮机遇中获得强劲的发展动能，才有可能为地方经济持续做出更大贡献。

"在过去，我们曾经高精度地承担过很多重要的高层次会展活动，在未来，我们仍然需要及时调整战略，在行业中干出一番作为，做出一番成绩。"显然，在李军看来，成都会展业的高速发展为作为西部地区会展业首家挂牌上市企业的励翔会展提供了更好的发展契机①，也意味着公司在未来能够取得更突出的发展业绩。在努力前行的十多年中，公司不断在全国范围特别是中西部地区积极布局，不断扩大业务覆盖面，积极引进主要会展城市优势资源，为成都打造国际会展之都提供更精准的专业化服务。

成都大学美术学院艺术设计专业出身的李军，始终没有停止"折腾"自己，也不断地"折腾"公司。李军曾在杂志社工作过一段时间，曾有一次与会展行业的邂逅。没想到，之后他便率领公司一帮人走上了会展业发展的"不归路"。"会展行业饱含创意、灵感与设计的内容，需要我们不断地去创新，那就意味着我们要不断地否定过去，不断地在折腾中形成新的创意与灵感。在成都这么好的发展环境中，励翔人应该抓住机遇，努力作为，继续寻求更为精彩的一方天地。"显然，李军对公司的未来发展充满信心，即便在三年疫情中也是如此。

然而，他及其所在的公司并没有将会展业发展作为终点。"会展是基础，也

---

① 成都励翔文化创意股份有限公司董事长李军：努力为成都民营经济健康发展贡献会展力量[EB/OL]. (2018-11-26)[2022-01-28].https://m.yybnet.net/chengdu/news/201811/8385701.html.

是起点，但励翔会展的未来应该是一个会展类的综合性平台，需要花很多的时间积极构建相对全面的会展生态。"正是在这一思维的支撑下，励翔会展在会展领域逐步有了更多的探索与开拓，持续整合更多优质的资源，不断拓展更多的发展领域，为企业发展开辟了更多空间，如图3.2.3所示。

图 3.2.3　励翔文创亮相第二届文化名镇博览会

这是励翔会展历经多年发展，在积极探索中形成的全新企业生态，也表明未来的励翔会展将继续朝着平台化的思路勠力前行，并在高度系统化、综合化的格局中继续作为。显然，这样的思维与当下会展业注重多元化与集团化发展的趋势十分吻合。励翔会展也更有理由在未来拥有更广阔的发展空间。

三　潜心资本运作，未来发展需要步入全新轨道

从会展业发展的产业化趋势出发，我们可以发现，会展业的发展前景相对十分广阔。毕竟，在中国经济的发展过程中，第一、第二、第三产业可以细分为很多子产业。一方面，会展业的发展依托于产业集群与产业发展重要区域，另一方面，会展活动的充分开展在很大程度上可以深入促进各大产业的发展。在中国会展业意识到"会展业不能简单停留在有限的会展活动中，而要充分在各大产业发展中扩展会展业发展视野"之后，会展业的发展空间将开始无限扩大。会展业与各大产业的关联度被充分认知，意味着中国会展业发展重新打开视野，不断在其他产业发展过程中建功立业。

作为在多年发展中取得了突出业绩的一家民营企业，励翔会展在这样的过程中不断壮大，并在业界发挥了深远的影响。更何况，目前国内更认可的就是一种"大会展"思维。"大会展"本身发展空间不容小觑，对其他行业与产业的拉动作用也十分明显，各会展城市对此也高度关注。对此，李军也有自己的深刻认识，并不断寻求会展活动发展的新思路（图3.2.4）。

图3.2.4　李军董事长在阅读中寻求新思路

从会展行业逐步往会展生态平台突破，这是会展企业相对能想到的思路。然而多数企业并不一定能做大，更多企业停留在参与少量的小型活动的阶段。更多业界人士认为，要想在会展生态平台领域有较大作为，就要充分地以更有格局的平台化思维面对未来，而不是简单停留在有限的"小打小闹"阶段。文创IP运营、文旅产业赋能、SaaS科技平台、产业会展……不断地思索，不断地形成更为系统化的会展生态建设体系，公司才可能有更为灿烂的未来。励翔会展一直在这样的探索中主动出击，并取得了积极的进展。

在这样的理解基础上，尽管会展行业经常被称为轻资产行业，一旦要想有更大的规模与体量，更多社会资本的介入则在所难免。作为一家民营企业，励翔会展尽管在十多年的发展中有了一些原始积累，也积累了比较理想的人脉关系，但在未来的发展中，仍面临资金等要素造成的瓶颈，因而在不经意中经常收到明显的发展束缚。2018年1月，励翔会展在新三板成功挂牌，成为西部地区会展业首家挂牌企业，对公司的发展而言是一个重要的里程碑。励翔会展在完成新三板挂牌的过程中并非一帆风顺，也经历了诸多波折，但在李军董事长的带领下，全体励翔人团结一致，攻坚克难，在业务规模不断扩大的同时，加强规范管理，建立了比较健全的法人治理结构，公司发展进入全新的阶段。励翔会展在新三板的成功挂牌是公司进入中国多层资本市场的重要一步，为实现励翔会展的长远目标奠定了基础，同时提升了励翔会展的知名度与影响力，成为公司一张靓丽的名片。

2021年9月，北京证券交易所（简称"北交所"）设立。北交所设立的主要目的是深化新三板改革，打造服务创新型中小企业主阵地，解决市场在投资端与融资端的核心功能长期缺失问题。对励翔会展而言，这显然是多年发展之后出现的又一大契机，为励翔会展进入更高层次的资本市场提供了更多的可能性。虽然疫情对励翔会展的短期经营业绩产生了较大冲击，打乱了励翔会展的资本运作节奏，然而在李军看来，这是迟早的事，而且他的雄心不改。当然，也只有具有这样的气概，企业的发展才能有更光明的未来，励翔会展才能一如既往朝着既定目标前进。

四 描绘美好蓝图，坚定信心坚持高质量发展

当下的中国会展行业与文旅产业的发展为作为"专精特优"中小企业的励翔会展提供了广阔的发展舞台。成都作为新一线城市，所重点描绘的城市发展蓝图也为励翔会展的可持续发展提供了大好机遇。尤其是2018年以后，公司在成都以及国内的知名度与美誉度不断提升，发展形势不断好转。

2018年，公司被成都市博览局纳入"建设国际会展之都'四名'行动计划"重点扶持的会展企业范围；2019年，公司成为西南地区首家ICCA（国际大会及会议协会）认证的会议管理类企业；2020年，公司成为四川首家IAEE企业会员，荣获成都"5+5+1"重点产业领军企业和成都市服务业百强品牌企业称号；2022年，励翔会展成为"成都市产业建圈强链人才计划"之会展产业链链主企业。如何立足发展现状打造中西部地区会展业综合实力一流的标杆型民营企业，有效助推中西部地区会展业持续快速健康发展，是当前励翔会展的重要目标与神圣使命。

疫情加大了会展企业发展的难度。在会展行业总体行情相对低迷和多数企业很不景气甚至有可能面临倒闭的紧要关头，励翔会展作为西南地区的龙头企业，正在不断挖掘潜力，集中核心力量完成更多的技术攻关。当然，励翔会展在未来发展过程中仍将面临各种挑战。"车到山前必有路，在企业发展中，我始

终坚持一点,那就是,人的最大成就是让周围的人都舒服。"李军十分淡定地说:"说到就要做到,不然我就没理由也没动力引领公司全体员工执着前行。"(见图3.2.5)

图3.2.5　李军深度参与公司项目

数字会展和生态会展是当下会展业发展的两大热点。对于这样的动态发展,励翔会展始终紧跟形势,在相关领域着力作为。"漫威复仇者联盟世界巡回展"来到成都,励翔会展为其做了精心的准备。这次的巡回展,精彩地融入了科技、教育、娱乐模块,给广大观众带来了难忘的身心体验[①]。这是一次有意义的积极尝试。在行业发展的过程中,有很多相关板块需要企业主动地去探索和尝试,不少内容并不能简单地以当下是否赚钱来衡量,除非公司面临多重发展因素的严重冲击。

"从前一直埋头走路,从那时候学会抬头看天,很多东西开始想得更通透,看得更彻底了。"很明显,对于未来,李军的思路越来越清晰了,同样,前进的步伐也越来越坚定。当然,与此同时,身上的责任也明显在加重,但这不容易压垮李军。因为从骨子里,李军就是特别注重追求,甚至敢于尝试跨越的一位企业高层。"李军总像是有着一条铁臂,肩膀上什么都能扛得住,像一台永动机一样,不知疲倦。"有员工这么评价他。显然,他是公司的坚定引领者,是富有前沿思维的领航人。因而,员工们的企业忠诚度也很高。

---

① 中国新闻网.漫威复仇者联盟超级英雄"集结"成都[EB/OL].(2021-01-30)[2022-04-26].https://baijiahao.baidu.com/s?id=1690306751104188845&wfr=spider&for=pc.

"50岁之前，把励翔会展做成一家真正成功的企业；50岁之后，能拿起画笔，周游世界，去画去想；在60多岁的时候，希望还能成为一名艺术家。"这是李军获评"成都市十大杰出青年企业家"（见图3.2.6）之后接受大型采访时说的[①]。他认为："没有天生创业者。"很明显，李军是一位很有思想的创业者，他会讲精彩故事也很会规划人生。50岁之前，50岁之后，60多岁的时候，一切都很有规划。企业在注重高质量的品牌化发展的时候，个人也很有规划地执着前行。应该说，李军是生活中的能人、工作中的强者。当然，所有一切都来自那一颗始终潜心追求而并不安于现状的雄心。在会展业界，能持之以恒地作为，本身就很不容易。

图 3.2.6　李军董事长获评"成都市十大杰出青年企业家"

"忠于情怀，相信美好终会发生"。这看起来是一种愿望，其实更是一种现实。在励翔人身上，业界可充分感知一种重要的创新基因，这何尝不是领航人李军的非凡情怀的作用呢？"励翔一直在努力打造一个有情怀的价值体系。"因而，在业界看来，励翔会展一定可以在未来继续成长为更加伟大的企业，当然这也是全体励翔人的坚定目标。给团队给客户创造价值，为行业和产业创造价值，为社会创造更多的价值，励翔人继续在努力。

[①]文创新刊.专访李军:没有天生创业者[EB/OL].(2018-08-31)[2022-04-26].https://www.163.com/dy/article/DQHGT9K90517JEA2.html.

第三节　励翔会展的主要生态作为

在多年的发展中，励翔会展已经形成自身的良好会展生态，主要包括行业生态、IP生态、科技生态与产业生态，而且每一部分的内容相对丰富，整体也比较系统。

一　行业生态：从会展服务到整体运营到自办项目

励翔会展成立于2012年，前身为"励翔公关"，公司成立之初主要承接大型国际会议、展览展陈项目的顶层策划、方案撰写、创意设计、项目执行、商务接待、流程管理等服务性工作，通过2012至2017年的5年积累，梳理出了一套完整的高规格会展活动执行服务标准与规范，在西部地区建立了"励翔品质"的口碑。

随着会展服务业务逐渐成熟，励翔会展也在不断探索新的业务纵深。"服务"往往是一场会展活动中最后一环，是在所有规划既定之后的现场呈现，只有深度参与会展项目的全链条运营，才能真正了解一场会展活动背后真正的商业逻辑，巩固公司及团队的专业壁垒。于是，在2018年初，励翔会展开始向产业链更高一层探索，去竞逐会展项目的整体运营权。

（一）从服务到总承办：2018年第二十一届"西洽会"

"起心动念，必有回响。"这是李军经常挂在嘴边的一句话，其基本意思是，但凡心里有个想做某事的念头，这件事便在未来的某一个时刻悄然而至。2018年第二十一届中国西部国际投资贸易洽谈会（见图3.3.1）（以下简称"西洽会"）在重庆举行，这是国家级综合性平台展会项目。此届西洽会通过全球公开招标，选定励翔会展、四川国际会展有限公司和重庆市外商投资企业协会作为联合承办单位。这三家公司承担了西洽会包括顶层策划、招商组展、邀请接待、展览展示、主旨论坛、活动组织、现场管理、营销宣传等在内的全方位整体服务。

图 3.3.1 2018 年第二十一届中国西部国际投资贸易洽谈会

此届西洽会圆满实现了预期目标，实效性和影响力均大幅提升。291 家世界 500 强、66 家一级央企均派出高管参与投资贸易对接洽谈；参展参会企业总数近 7300 家，嘉宾客商来自 67 个国家（地区）、国内 64 个政府代表团（29 个兄弟省市、2 个特别行政区、6 个副省级城市、27 个环渝城市）和 120 家境内外商协会。展会共收到签约项目 211 个，总额达 5096.7 亿元人民币。其中，开幕式现场集中签约 109 个重点项目，投资总额 3160.9 亿元，包括合同项目 80 个，合同投资总额 2529.6 亿元人民币。

在此次项目整体运营中，励翔会展组建超强核心团队，共 9 个组，约 60 人参与其中，包括总指挥李军、综合协调办公室、招展招商组、要客邀请组、会议活动组、后勤接待组、宣传推广组、展务服务组、签约组和财务组。在励翔团队与其他承办单位的通力合作与精干运作下，第二十一届西洽会取得了圆满成功，获得了重庆市政府的高度好评。自此，从单一的会展策划、设计、执行服务，到展会整体运营，励翔会展实现了业务上的"撑杆跳"，升级成为一家综合性的会展整体运营服务商。

（二）升级为主办方：2020 全球 5G 产业创新峰会

在不断积累会展项目的整体运营经验之后，励翔会展对于会展与产业之间的关系理解，较之以往更为深刻和全面。会展作为产业融合的助推器，是最能快速抓热点、搭平台、促合作的营销形式。基于此，励翔会展开始尝试自办会展项目，实现行业角色再次升级，真刀实枪地参与到更为综合的产业融合中去。

国家"十四五"规划纲要显示，科技创新已经处于我国现代化建设全局中的核心地位，而所有的科技创新都离不开信息基础网络的继续完善以及5G网络的成熟。5G作为产业趋势，也是会展行业多次探讨的热点话题。基于此，2020全球5G产业创新峰会（见图3.3.2）诞生了。

图 3.3.2　全球 5G 产业创新峰会暨黑科技马拉松 JUNCTION X 成都大赛

为期3天的首届全球5G产业创新峰会暨黑科技马拉松JUNCTION X成都大赛落地于成都西博城，活动期间现场共迎来各界参会者共26483人次，线上视频直播与照片直播云参会者186035人次。本次峰会由四川省5G产业联盟、成都欧盟项目创新中心和励翔智合联合主办，国内外近千名通信专业领域的研究人员、5G上下游企业人员以及5G行业用户齐聚成都，就科技进步加速产业升级、5G带来的产业生态改革、企业和人才的新型关系模式、未来社会经济生活构想、加速构建和巩固世界级的产业生态圈等系列议题进行了深入的探讨。

会议期间，中国移动携手东方电气、浪潮，中国联通携手诺基亚贝尔、凯翼汽车等企业，分别进行了包括基础建设类、场景应用类、产业落地类等多维度、多领域的5G产业项目合作协议签署，促进了新一代信息技术与实体经济、科技与产业的深度融合。大会同期举行了围绕交通、医疗卫生、教育等多个5G相关领域的主题展，展现了5G发展最新成就和最新场景应用案例。

在此次活动中，励翔会展既是主办方，也是运营者，同时还是服务商。通过议题策划、嘉宾邀请、流程制定、现场规划、落地实施等全链条服务，励翔会展不断实现身份转变，完成了商业逻辑的一次全新升级。

从会展服务到会展项目运营，再到会展主办方，励翔会展一直在坚持探索行业生态。在这种探索中,励翔会展不仅实现了企业的能级增长,同时培养出了一支全能型人才团队,积累了大量的生态资源。在近年的迅猛发展中,励翔会展始终胸怀目标、积极开拓各类会展项目,先后被评为成都市服务业百强品牌企业、成都"5+5+1"重点产业领军企业。

二 IP生态:"复仇者联盟互动体验站"世界巡回成都站

作为文创行业的细分领域,文创IP特展是IP打造的热门形式,许多全球、全国热门的电影、游戏、漫画都在线下授权开设了特展巡演。而成都作为全国文化创意高地,对于文创IP向来是持有高度热情,市场消费潜力巨大。

励翔会展作为会展产业从业者,对于IP特展这一表现形式十分熟悉,但以前却更多地以设计执行者的角色参与其中。随着公司业务的不断升级,李军始终坚持寻找公司的第二条增长曲线,并且坚持认为C端用户是公司突破业务瓶颈的重要端口。而文创IP特展正好为此提供了绝佳的机遇。

2021年1月30日至4月13日,励翔会展子公司主办的国际IP特展"复仇者联盟互动体验站"正式落地成都。这是励翔会展首次以文创IP项目运营为切入口,深入研究文创泛娱产业体系,并从IP衍生运营方向、IP设计研发、IP版权等方面进行探索学习。可以说,这是励翔会展打造消费体验新场景的一次尝新。

漫威系列电影拥有不可复制的全球影响力、史无前例的电影票房数据、庞大的粉丝基数,复联在海内外官方平台账号粉丝量超4800万,强大的粉丝消费带动力,让其落地成都掀起了一阵漫威狂潮。自2014年于美国纽约举行全球首站以来,"复联站"已在莫斯科、新加坡、伦敦、拉斯维加斯、巴黎及北京等多地落成,此次成都站不仅融入全球领先的科技、教育、娱乐模块,还新增独有的全新官方高配版展具,让粉丝们在体验惊奇的同时,还能感受到漫威宇宙的震撼魅力。持有该项目中国西部地区独家运营权的励翔会展,希望通过此项目实现公司在业务生态上的再次升级,突破会展传统内容,打造属于自己的商业新领域。

本次特展坐落于IFS古迹广场,占地约2000平方米,再现了电影场景,如图3.3.3所示。创新互动体验、沉浸式感官冲击、以游戏角色扮演的形式,让观众参与其中,探索他们最喜爱的超级英雄们的起源,让每个特展观众真正成为电影中的一员。特展拥有11个各具特色的展厅，展现出了史上最强大的作战机构。通过探索基地原始样貌、体验丰富多彩的道具及服装，以及参观、科技、互动、社交、打卡等多种形式，观众可近距离感受复联特工热血、震撼的感官刺激，真实触摸复联英雄们的一肌一肤，置身其中感受何为"能力越大，责任越大"。角色形象及道具包括美国队长、绿巨人、鹰眼、蚁人、黑寡妇、猎鹰、钢铁侠、雷神、奇塔瑞人、黑暗精灵等。现场还设有文创产品售卖专区，观众在结束参观后可以购买心仪英雄的衍生产品。

图3.3.3　复仇者联盟互动体验站

自开展以来，"复仇者联盟互动体验站"成都站的热度和人气持续呈指数级增长，开展首周，展览荣登抖音同城热搜榜第一位，点击热度高达700多万；还包揽了大众点评、大麦、猫眼等各大票务平台同城精彩演出推荐首位。从朋友圈、微博、小红书到公众号、抖音、B站，"复仇者联盟互动体验站"成为无数网红达人竞相追捧的拍照打卡胜地。100多家媒体竞相报道，引来各路漫威迷和游客拍照打卡、热血围观。"复仇者联盟互动体验站"一度成为刷爆成都人社交圈的"现象级"展览。

2020年初，励翔人深信坚持过来的人会觉得世界依然很美好，将会更加热爱生活。用罗曼罗兰的话来回答，那就是"世界上只有一种真正的英雄主义，就是认清生活的真相后依然热爱它"。由此，励翔会展为"复仇者联盟互动体验站"成都站赋予了"BE A HERO，依燃热爱"的主题，希望能让全成都的人们感受到英雄人物所传递的精神与力量，为成都这座城市种下城市超级IP的基因。

通过此次IP自主运营，励翔会展搭建起了完整的IP打造团队，积累了丰富的市场化运营经验，整合了更为广泛的行业资源、媒体资源、品牌资源，也提高了集团的商业视野和商业认知。当前，励翔会展正在积极联动全球头部游戏、动漫IP资源，挖掘开发其全新的商业价值，利用自身的运营能力，为中国观众奉献更多的新场景、新内容、新体验。

三 科技生态：商协SaaS及数字会展

中小企业的数字化转型，一直是企业发展历程中的重中之重。除了管理、产品、流程的数字化迭代，公司还需要基于现有业务独立开发数字业务。励翔会展作为传统的会展全链条服务企业，早在2017年便开始思考布局数字化线上之路，当年注册成立了励创科技，但一直未开展具体业务。经过2年的项目探索与论证，项目初具成效。

（一）商协会SaaS系统

在我国，商协会在创新社会治理体制中具有独特作用。其一，商协会是政府的"参谋"和"助手"。商协会可以通过组织本行业发展专题调研、参加政企对接会、专题研讨会、工作座谈会等方式，积极反映行业发展的主要诉求，为政府制定相关政策提供重要参考。其二，商协会是行业发展的推动者和行业秩序的维护者。商协会可以发挥专业优势，参与行业技术标准制定，发挥行业自律功能，规范市场行为，引领和规范行业发展。其三，商协会是促进社会和谐维护社会稳定的重要力量。在承接政府职能转移、调解矛盾纠纷、构建"亲""清"新型政商关系中，商协会明显具有先天优势。

我国商协会数量巨大，涉及行业广泛，对产业纵深发展有极大赋能作用。基于此，励创科技开发了一个"今日商协"平台，作为全国商会、协会全生态内容的共享共创平台。同时研发出"协伴"SaaS系统，为商协会的运营管理和数字化转型，提供相对高效的工具。

1.今日商协

今日商协（见图3.3.4）主要致力于用数字化服务于社会组织机构，精准运营与服务创新，具体内容为以数字链接政企、组织机构（协会、商会等）以及行业社群，构建全生态内容与资源共创共享智库。通过大数据分析得出行业前瞻、需求图谱、行业增长等数据，实现了社会组织机构跨界融合，数字转型"破圈"，在企业增效、服务创新、科学运营等方面创造了新商业价值，积极推进了产业的可持续发展。

图 3.3.4　今日商协

2. 协伴

协伴是一套安全、高效、自主的商协会运营管理服务系统，是以助力商协会构建智慧化服务型社会组织为宗旨的"互联网＋"运营管理 SaaS 服务系统。它能帮助商协会搭建官网、微信公众号、小程序、H5 等多终端媒体矩阵，构建跨区域、跨行业的商协会交流窗口，加速全国各地商协会、企业及其他社会组织相互融合，共创共享、促进行业与产业发展。

10 名高级工程师，潜心研发一年半，从 0 到 1，从需求到解决方案，从交互到体验，500 多个日日夜夜，只为让用户感受到"触手可及"的舒心体验。截至 2022 年末，公司得到了 100 多个商协会用户对"协伴"商协会数字运营服务平台的充分信任与支持，坚定了公司继续深入数字化转型的初心。

随着平台入驻商协会数量的不断增加，资源融合、供需交流的需求规模不断加大，区域合作共创的力度不断加强，协伴的数字服务能力也在不断升级迭代、完善加强，如图 3.3.5 所示。

图 3.3.5 协伴

客户的信赖让公司建立了良好的口碑,也迎来了更多慕名而来的用户。所谓"梧桐自有凤凰栖,花香自有蝴蝶来",公司在发展的同时也感受到了高度信任的分量。至此,"用户满意"成了公司的至高指标。

(二)数字会展管理系统

会展业作为市场经济发展中的衍生产业,已经逐渐成为企业和企业之间、企业和消费者之间产品与信息技术交流、展示的重要互动媒介。如今,大数据、移动互联网、搜索引擎以及人脸识别等高新技术已经被广泛运用到了国际会展业发展的舞台上。

励创科技基于多年服务大型会展的行业积累,深刻洞察行业痛点,集中优势力量精心打造"励象"数字会展管理系统,为会展服务的数字化提供了可靠工具。

励象作为励创科技旗下全面数字会+展产品,是一款深受主办方、承办方信赖的活动系统,集项目管理、活动发布、参会邀约、签到验票、现场互动、会后数据统计分析等功能于一体(如图 3.3.6 所示),为会议展览行业提供一站式数字会展管理运营服务。

图 3.3.6　励象

在国内市场上，关于数字会议软件开发的公司并不少见，但励象团队母公司励翔会展本身就具有会展业务的基因，拥有大量实操经验，能够洞察会议数字解决方案的难点、痛点，独立研发出了包括移动演讲台、座次编排系统、项目全流程管理系统等在内的具有核心竞争力的数字会议功能，建立了自己的系统壁垒。

目前，励象已可以大力支撑如论坛峰会、国际会议（多语言）、发布会、政府会议、培训沙龙、学术会议等多类型应用场景。在实践运营中，励象产品效果良好，也逐步取得了各类客户的深度信任。

（三）头部资源链接，共创会展生态

通过商协SaaS及数字会展工具，励创科技深入链接产业与会展，将数据、资源、项目重新整合，为自身带来了更多的产业会展机会，打造了励翔会展在垂直领域的"护城河"。同时，发挥会展平台经济的优势，赋能供应链平台，带动产业良性发展，为会展生态构架了完整闭环。

四　产业生态：从会展产业到产业会展

励翔会展深耕会展行业十余年，积累了1500场以上会展活动经验，足迹踏遍4大洲、50余座城市，与多个行业、多家企业开展深度合作，在不断精进业务水平的同时，也在持续探索会展跨界融合与创新发展的新路径。

2020年以来，会展业面临着巨大的冲击与挑战。面对复杂的经济环境和不可预测的未来趋势，励翔会展在原有主要业务逐步进入稳定期后，将企业自身资源和专业优势与宏观环境相结合，重新做了一次聚焦，把主要精力放在会展及与会展相关的一些领域，以产业会展为切入口，积极探寻企业发展的"第二曲线"。

如今，会展业与相关产业之间的融合进一步加强，会展企业结构更加多元，如何把会展的价值发挥到更大？励翔会展有了产业会展的一个战略：依托传统会展服务业务的根基，结合会展业产业链特点，推动会展业与特色产业深度融合，以特色产业为基础，以会议论坛、节事活动、展览展示为抓手，助推特色产业转型升级与高质量发展。

在这样的契机下，励翔会展与四川春天花乐园投资有限公司结缘。2021年，励翔会展携手Cityneon Holdings主办国际IP特展"复仇者联盟互动体验站"，春天花乐园携手Cityneon Holdings主办"阿凡达：探索潘多拉"主题展览。两大经典IP落地成都，两家企业文化碰撞，埋下了励翔会展与春天花乐园合作的引子。

四川春天花乐园投资有限公司，是一家致力于花卉产业整合运营的现代化企业集团，成立于2011年4月21日，总部设立于四川成都。作为成都市农业产业化经营市级重点龙头企业，春天花乐园立足现代农业，植根花卉产业，已形成花卉产业园投建、市场运营管理、花卉终端销售、园林园艺景观工程、花卉文旅运营、现代花卉贸易、花卉新零售等专业服务体系，以国际化视野，带动花卉产业升级革新，助推花卉产业发展与公园城市建设同进共荣。

春天花乐园以现代花卉产业为中心构建全产业链发展体系，开拓出花卉与科技、文创、文旅、商务、教育、康养等关联产业齐头并进的"花+"集成发展模式，孵化了春天到家、春天花坊、地隆环艺等花+美好品牌。

从2020年开始，春天花乐园通过自主IP设计与跨界合作等方式，开启了花卉文旅文创的探索之路。这与励翔会展寻求跨界融合新模式、积极探索产业会展新生态的理念不谋而合。

2022年9月30日,励翔会展和春天花乐园正式签约,与其旗下公司共同注资成立成都天励会展有限公司(见图3.3.7),开启花卉园艺特色经济与会展平台经济深度融合的产业会展新篇章。

图3.3.7 励翔会展与春天花乐园签约成立天励会展

目前,天励会展涵盖展会活动、园艺会展、IP打造、文创开发、场馆运营五大板块的业务,广泛整合"产、学、研、商、科、文、创、旅"资源,联结花卉产业生产端、流通端与消费端。公司以"花＋"为核心战略,以"会展＋"为实施路径,推动花卉产业"交流合作模式创新"和"消费应用场景创新",提升花卉产业资源利用程度,拓展花卉产业价值链延展。

成立天励会展,深入垂直领域,是励翔会展从服务会展产业到打造产业会展的一次全面升级。如今会展业快速变化且竞争激烈,励翔会展从会展＋科技、会展＋文创,到积极探索"会展产业"到"产业会展"的转变,逐步构建起了完整的会展传播生态雏形,现阶段已在积极部署文旅、文娱、文商等领域的会展IP打造,以多元化经营模式积极创造企业发展的新动能。

当然,在新的发展时期,励翔会展的生态版图还处于不断的积极探索与开发阶段。在未来的日子里,励翔会展仍将持续深耕会议及展览等传统业务内容,同时以科技突破、产业会展等领域为裂变盘,提升企业的价值链,更大程度地赋能企业发展、赋能行业发展、赋能城市发展。

第四节 励翔会展未来发展展望

会展业是先导性现代服务业,是能够引导其他产业发展的产业或产业群。中国经济处于全面恢复期,会展作为平台和桥梁,是恢复主体产业链、供应链过程中不可或缺的重要环节,是传播新理念,展示新技术、新产品、新服务,促成交易和合作,推动产业转型升级和进步的重要载体。未来,会展行业一路向好,励翔会展也将保持战略定力,为成为世界级会展生态标杆企业而不断努力。

一 励翔会展未来发展思路

励翔会展力争通过创新技术和服务、文化创意输出、产业生态整合,为城市及区域品牌营销和产业发展提供以会展为支撑的整体解决方案,助推中西部地区会展业持续高质量健康发展,为培育区域经济新的增长极做出积极贡献。

（一）企业文化是集团发展的基石

1.使命

为产业的发展、行业的创新、用户的价值、团队的幸福不懈努力。

2.愿景

成为世界级会展生态标杆企业。

3.价值观

敬天爱人,利他至诚,明智创新,联结分享。

4.行为准则

为社会创造财富,为用户创造价值,为客户节省心力,用态度致敬专业。

5.文化进化

从家文化到精义文化（做事求精,对人讲义）。

6.励翔人标签

使命精进,正直担当,高效创新,团结分享。

(二) 目标战略是集团发展的指引

1. 中期目标：证券化

完善企业发展认知，从能挣钱，到能赚钱，最后升级蜕变成为一家值钱的企业。通过证券化，最终实现"两条腿（经营管理＋资本运作）"走路的目标，做到人才、资源、资本三者螺旋型正向均衡，保障企业的可持续发展。

2. 战略

用治理和管控保障，组织和机制优化，经营和管理升级，流程和制度创新来实现战略的实施和目标的达成。

二 励翔会展业务发展战略

励翔会展正在探索业务新路径，寻找新增长点，在横纵坐标系中，上下做通产业链，横向拓展左右岸，最终实现平台效应、生态闭环。

目前横纵发展已初具形态，励翔会展探索出了"会展＋科技＋文创赋能产业"的新路径。这里的产业是指各行各业。励翔会展会去判断具备未来发展优势的产业，并参与其中，比如文旅产业、数字文创产业、花卉园艺产业、游戏动漫产业、大数据人工智能产业等方面，项目案例见图3.4.1。未来，励翔会展还会开辟更多的产业战场。

图 3.4.1　项目案例

现阶段，励翔会展在商协SaaS、平台打造、城市新空间、消费新场景、toC的IP打造、品牌营销、产业会展等板块深度发力并取得了阶段性成果，完成了以"事业群＋股份公司"到"子公司＋集团公司"的组织转型升级，旗下有4家子公司。

（一）成都励翔智合会展有限公司

成都励翔智合会展有限公司为客户提供以会展活动为核心的整体解决方案，致力于成为全国顶尖的会展整体服务商。

（二）成都励景文化发展有限公司

成都励景文化发展有限公司以创意呈现为核心、以商业价值为导向、以城市升级为追求，致力于赋能各类场景，助力文化传递，为打造中国多元空间全新样本提供解决方案，项目案例见图3.4.2。

图3.4.2 项目案例

（三）成都励合创联科技有限公司

成都励合创联科技有限公司致力于产业互联网模式创新及探索，专注于数字会议、数字营销、协同管理等领域的产品研发与运营服务。其核心产品见图3.4.3。

图3.4.3 核心产品

（四）成都天励会展有限公司

成都天励会展有限公司以"花＋"为核心战略，以"会展＋"为实施路径，推动了花卉产业"交流合作模式创新"和"消费应用场景创新"，提升了花卉产业资源利用程度，拓展了花卉产业价值链，项目案例见图3.4.4。

图 3.4.4　项目案例

三　励翔会展人力资源发展战略

励翔会展坚持从人力资源到人力资产，最后到人力资本的人才发展战略，以"组织创新、事业合伙、励翔榜样、人才储备"四个维度的建设为目标实现路径。

（一）内部人才战略机制

通过考察、选拔、培养、任用、淘汰等一系列程序，为企业储备德才兼备、具有良好职业素养的优秀人才战队。选拔坚持公平、公正、公开的原则，确保过程透明化，同时建立全员参与过程监督的工作机制。任用以满足企业当前发展需求为前提，坚持将合适的人选到匹配的岗位，为企业构建要素齐全、运行良好、健康有序的人力资源体系打牢基础。

（二）人才生态发展战略

在产业链的上下游、左右岸，通过投资、培育、孵化等方式建立励翔会展外圈层友谊团队，构建立体的人力资源生态战略，如图3.4.5所示。

图 3.4.5　励翔会展搭建校企合作平台

四　11年长足发展的感悟

（一）会展企业如何保持战略定力？

1. 正视会展业助力城市经济、文化、产业发展的重大价值

城市营销、产业发展必定需要会展平台；面对面交流是商业信任千年不变的铁律；政策、市场的需要倒逼会展业向前迈进。

2. 坚持长期主义，不要浅尝辄止，才能把道路越走越宽

做战略规划时，3年太短，5—7年的规划才能超越很多竞争对手；只要按自己的方式行事、勇于探索、承担适度的风险以及长线规划，领导者就能展现他人所不具备的价值，同时也有机会发展个人所向往的事业，创造个人所期待的生活。

（二）企业及个人如何保持状态稳定？

1. 调整心态，放弃幻想，承认并接受时代的"波浪式"发展规律

从来没有一帆风顺，时代的波浪式发展规律在历史中循环往复。作为个人与企业，既要尊重时代的规律，也要调整心态，有逆流而上的勇气。

2. 降低预期，迎接微利时代

从高利润时代走进微利时代已是大势所趋。降低成本、保证质量、坚持创新、提升服务是微利时代赢得市场的唯一出路。

3. 练内功，续动能，保存团队战斗力

有仗打仗，无仗练兵，不能闲下来，要让团队坚持学习，坚持贯彻每年年初的目标；特别要注意保存骨干团队的精气神，他们才是企业的基本盘。

（三）励翔会展先行先试，一些思路可供同行们参考

1. 组织机构改革，发力市场端

在各级财政削减开支的大背景下，要加强商业市场的开发能力和拓展能力，确保在总体营收中财政资金占比降低的情况下，商业市场不断增长。

2. 增强风险防控，重视资金管理

现金为王，现金流是企业的生死线，务必守住；要规避人员缩减过程中造成的法务、财务风险，采取多种措施加快应收账款收款进度。

3. 培养复合型能力，应对线上线下融合、会议展览混合的市场新需求

会展企业必须研究"线上"；会议、展览两种能力都必须具备；人才建设倾向于培养综合性人才；往前跨一步，满足客户更多需求，如品牌、传播、营销等。

4. 思考从会展产业转变为产业会展

从形式打造到内容生产；从乙方服务到合作伙伴；从节点配合到常态运营。

道阻且长，行则将至。"企业跟人一样，不可能一辈子顺风顺水，前进的路上总是有许多坎坷。疫情我们挺过来了，现在很多人都觉得黑暗已逝，光明将至。但是我认为，一切都刚刚开始。会展行业仍然站在大风大浪的顶端，风浪将我们拍打至谷底，我们又会努力地向上攀爬。我们始终相信，一切都会过去。在全球经济的漫长历史里，无数企业无论是面对98年亚洲金融风暴，还是2008年全球金融危机，都挺过来了，且越来越好！无论是企业还是个人，往往只要挺过了这一波低谷，整个企业、整个人从上到下都经过了一轮洗礼、一轮反思，到了春天，经济真正复苏的时候，这样的企业、这样的人一定会爆发出比以往更巨大的生命力！"（摘自李军董事长在2022年公司年会上的发言）

专家点评

在许多行业发展进程中,北上广深总是遥遥领先显得不可撼动。但成都作为新一线城市榜首,与杭州等主要城市在当前中国会展业发展进程中充当了新兴主力军角色。在成都会展业蓬勃发展的二十多年里,励翔会展是相关企业中的佼佼者之一,无论是在与政府对接还是与行业的上中下游企业合作中都具有很好的口碑。

在成都,励翔会展挺有名气的。它从一家从事产业链下游服务的民营企业起步,逐步向产业链上中游延伸甚至跨界多行业融合,发展成为今天的集团公司。在每一个发展阶段,包括疫情阶段,主要创始人李军始终关怀和激励所有员工,带领团队积极创新突破,主动走出去与更多其他城市众多同行深度互动,不断探究会展产业和产业会展的发展新规律和新机遇,在携手同行的过程中走过了富有发展特色的11年。

在会展经济复苏的2023年,励翔会展再度奋勇当先。"机会总是留给有准备的人的。"行业的强劲复苏同样会给那些有想法的企业带来更多的大好机遇。在会展业成为先导性现代服务业的良好背景下,始终怀有远大目标、明确"自己从何方来,又将到何方去"的励翔会展人,仍将继续朝着世界级会展生态标杆企业的目标努力奋进。

点评嘉宾:
成都世纪城会展集团有限公司董事 左霖

Chapter 4

第四章

华墨集团：
布局四大赛道创新展会生态

历经十四年的时间，华墨集团从无到有，目前已构建了十分鲜明且相对有机的多元化企业生态体系。尽管在很多年的发展过程中，华墨集团始终基于"华夏家博"这一产业连锁品牌精心耕耘，此时却已经特别清晰地建设了"华夏家博""华机展""华食展""华车展"四大赛道，正在富有特色地在中国会展业发展中谱写格外精彩的全新篇章。

第一节 华墨集团发展简介

一、华墨集团的主要发展历程

华墨集团成立于2009年，是一家主要从事专业组织和承办国内外大型品牌展览与会议的现代服务性集团公司，拥有十多年的展会运营管理经验。集团公司总部在上海市徐汇区漕河泾高新技术开发区，至今在全国有近40个分公司与子公司，各大品牌展览项目已遍布全国主要的一、二线城市。公司旗下主要有"华夏家博"（家装展览）、"华机展"（机械系列机床展览）、"华食展"（餐饮食材展览）、"华车展"（智能汽车类别展览）四大品牌连锁展会，即公司常说的"四大赛道"。

华墨集团，一直坚持会展互联网信息化的研发与变革，是会展业数字化创新运营的先行者，并努力争取代表中国成为世界三大会展公司之一。华墨集团有一个500多人的精英团队，日常开展技术研发、市场运营、商务拓展等工作。华墨集团在近20年专业会展运营中积累了丰富的管理经验，并在实践中总结了三大运营手段：平台化的商业模式设计、总部赋能的中台系统和共享事业合伙人机制，以真正地实现降本增效目标。

本部分主要针对公司最早的"华夏家博"这一产业连锁品牌的运营进行深入介绍。

2009年，在上海起步的"华夏家博"开创一站式家装采购的"家博会"模式。当时，国内还没有真正意义上的"家博会"，消费者一直深受传统家装采购多重弊病的困扰。正是在这样的背景下，华夏家博会作为一种相对高效率、高性价比的一站式集中采购模式全新亮相，在很短时间内就促成了异常火爆的消费行情。

此后，在并不算很长的时间内，公司就从上海启程，开始往国内更多的城市进行精准布局：北京、广州、武汉、天津、重庆、郑州、青岛……至今，公司围绕"华夏家博"品牌已在全国63个城市开设了分公司。显然，这早已成为众多一、二线核心城市消费者装修采购的主流选择，也形成了相对健全的"华夏家博"的生态网络。在华墨集团的发展中，"华夏家博"品牌化建设是最早的，也相对特别成功。

（一）"华夏家博"品牌化发展历程

"华夏家博"品牌坚持自身的运营风格，在十多年的行业发展中始终可圈可点。

（1）2009年，入驻上海，成功举办第一届上海家居博览会（"华夏家博"前身）。

（2）2011年，商业模式全国战略拓展复制，北京家博会正式启动。

（3）2012年，"华夏家博"品牌正式注册，完成北京、上海战略布局。

（4）2013年，华夏家博会全国战略拓展至5大城市，汇聚家居装修全品类知名品牌。

（5）2014年，全面实施O2O互联网模式转型，全国战略拓展至11个城市。

（6）2015年，顺利完成二轮融资，实现平台数字一体化管理。

（7）2016年，签约知名演员为形象代言人，全面启动品牌化战略。

（8）2017年，首届红8月装修狂欢节正式启动。

（9）2018年，全国战略版图拓展至17城，重点向二三线城市下沉。

（10）2019年，品牌VI视觉体系战略升级。

（11）2020年，企业文化升级：不凡文化。

（12）2021年，百城计划、"三怕三诺"售后升级。

（二）华墨集团运营"华夏家博"的核心理念

华墨集团在主办华夏家博会的10多年间，拥有鲜明的办展理念，力图构建中国最值得信任的装修采购平台。较多的核心理念，尽管可能产生于较早的时候,但即便是现在重新回头看,都具有明显的前瞻性,因而也始终在支撑着公司奋勇前行。

1. "60天买贵就退"承诺保障

为更好地免除消费者的后顾之忧,消费者在"华夏家博"平台成交的商品自交易日起在60天内享受全城价格保障。华夏家博会承诺展会期间商品不高于同期门店价,若有差价,以三倍赔偿(最低赔1000元)。凭统一销售单,可享60天无理由退换与先行赔付。如果消费者购买的商品有质量问题,商家未能履行相关承诺,"华夏家博"将实行平台先行赔付。另外,"华夏家博"规定送货超时享受补偿,让消费者不用在买完单以后在家苦苦等待,给消费者吃下定心丸。

2. "三怕三诺"保驾护航,售后有保障

"装修采购有三怕,'华夏家博'有三诺"。这三个承诺是针对顾客的担忧采取的相应对策。在实际生活中,装修消费者一怕价格买贵,二怕质量不合格,三怕买了之后退货不方便。对此类常见的顾客担忧,华墨集团富有针对性地采取了以下措施:

(1)装修怕价格买贵,吃冤枉亏。"华夏家博"承诺60天买贵就退,消费者举报奖励500元。

(2)装修怕质量不合格,环保无保障。消费者如在华夏家博会现场发现购买到不满意商品,一经核实,商家会无条件退货。消费者举报商家拒绝退货行为的,奖励1000元,同时,"华夏家博"将取消与商家的合作。

(3)怕买了之后想退货不给退。"华夏家博"承诺60天无理由退货,为消费者保驾护航。

3. 力争保持规模与效率领先,行业第一

在多年的发展历程中,华墨集团经过不懈努力做到了很多方面的第一,其中包括:

(1)参展家装品牌数量行业第一:华夏家博会与超过4000个国内外一线家装品牌建立起长久战略合作关系,帮助品牌商户省去商场进场费及实体店必须支出的各项相对繁杂的费用,在源头上压缩成本,实现利润最大化。

(2)年均500万人次精准用户邀约数量行业第一:有效观众的数量和质量是决定展会成功与否的关键因素,有效观众的组织一直以来就是华夏家博会系列筹备工作的重中之重。华夏家博会的顾客以"80后""90后"为主,个性化需求相对突出,大部分处于装修前期阶段,采购各类家装商品需求旺盛。截至2021年,华夏家博会年均用户邀约已达500万,为展会效果夯实了基础。

（3）媒体投放数量行业第一：华夏家博每年斥资上亿元进行媒体投放,通过"传统媒介＋互联网"新媒体结合的投放形式保证精准、有效的全方位渠道覆盖。

（4）展会举办场次第一：从2009年首场家博会,到目前每年258场家博会,截至2021年底,华夏家博会已经累计举办了400多场。

（5）城市布局数量第一：2009年华夏家博从上海启程,到北京、广州、天津、武汉、重庆、郑州、青岛、苏州、昆明、昆山、西安……2022年"华夏家博"家装全产业链采购巡回展拓展至63个城市。

（6）服务用户数量第一：从2009年第一届家博会的1万—2万人到2019年上海国庆展的12万人,华夏家博会所提供的高品质、高效率、高性价比的家装采购体验受到越来越多消费者的信赖与拥护,13年来已累计服务1800万用户。

（7）成交金额年销售第一：2013年"华夏家博"平台销售额达12亿元,2014年达25亿元,2015年为40亿元,2019年突破150亿元,截至2021年底累计成交金额高达490亿元。

（8）13年成熟运营经验与全面销售保障：从前期精准用户锁定,到现场有效促单,再到家博会效应的延续,"华夏家博"有13年以上成熟的消费展运营经验,为现场参展商家提供全面的销售保障。

4.百城战略,连锁产业展引领大未来

根据中装协数据,随着"新中产"人群的扩大,装修行业总规模已超过了4万亿元。新一轮的购房热形成的增量与旧房翻新的循环存量,将进一步扩大装修市场的规模。如果能在这个市场中脱颖而出获得较高市场份额的话,企业则可能成为行业"独角兽",成为一个百亿千亿级航母企业。基于这样的办展理念,华墨集团在全国性的市场布局中取得了积极进展。

对"华夏家博"这一品牌的城市拓展,华墨集团一直没有停止,并且是稳步沉着向前。

1）上海站

从2009年到2019年,华夏家博上海站累计举办了40届家博会,几乎场场爆满人气爆棚。"在上海装修去华夏家博会采购"早已成为消费者主流的消费习惯。80%的参展品牌都是持续不间断合作8年的深度战略合作伙伴，在"华夏家博"平台的年销量均破千万，更有甚者像三菱电机等在单届展会的销售量都突破了700万。

2）北京站

2012年4月，华夏家博会首次登陆北京，时至今日，已有将近8年的历程。华夏家博北京站至今累计举办了30届家博会。从北京展览馆到国家会议中心，华夏家博北京站的规格、档次每一年都在不断升级，华夏家博会正在受到越来越多北京消费者的热捧。

3）天津站

"九河下梢天津卫，三道浮桥两道关。"天津市场从2013年开创，到2019年在全国市场名列前茅。5年的成长让华夏家博天津团队逐步走向成熟。华夏家博会天津站协同天津市家居商会，长期以来以服务消费者、服务展商、直面终端消费的家居全产业链，秉承高品质、低风险的思维模式，已将华夏家博会打造成津城一站式家居采购第一展。

4）青岛站

"人心齐，泰山移。"从2014年到目前，华夏家博青岛站已成功举办16届家博会。尽管山东家装市场区域竞争激烈，中团网、潍坊家博会、齐家网等纷纷抢滩山东市场，但华夏家博会青岛站以"全规模＋大品牌＋巨实惠＋好保障"四大利器，高开高打，在山东家装市场迅速树立了一面家博会至高的标杆和旗帜，在激烈竞争中杀出重围。

5）重庆站

华夏家博重庆站组织的家博会，从2014年的第1届延续到2020年第22届；地址从陈家坪重庆展览中心到悦来重庆国际博览中心。华夏家博重庆团队以火锅般的热情、山一样的坚毅、水一样的灵性，顽强拼搏，从未放弃，从最初的"只叫好不叫座"，到现在的"艳惊四座"。目前，"华夏家博"已成为重庆装修采购行业最厚积薄发的一股新生力量。

6）苏州站

"上有天堂，下有苏杭。"华夏家博苏州站在"天堂"苏州已成功举办20届家博会。苏州，人杰地灵。华夏家博会的苏州团队创意满满，除了将"华夏家博"大规模、一站式、大牌低价的核心理念带到了苏州之外,每届展会几乎都是新意不断、创意不止。2016华夏家博苏州站的青年设计周活动、现场边看边买的直播模式等创意活动都引发了消费者的热切关注,受到了当地年轻主流消费人群的欢迎。

7)广州站

北上广一直是品牌商家的必争之地。继2009年上海、2012年北京战略布局之后,2015年"华夏家博"进军华南市场,成功开拓广州分站。面对一年有"八个月夏季"的广州,华夏家博广州团队同样拥有着火一般的热情与激情。目前,华夏家博广州站已经以每年四届展会的规模迅速在华南市场打开发展局面。

8)郑州站

2015年,是"华夏家博"全国战略布局最重要的一年。"华夏家博"在华南、华中同时开疆拓土。2015年7月14日,中国华夏家博会郑州站新闻发布会的顺利召开,预示着"华夏家博"正式进军华中市场。华夏家博郑州站从2015年至今已累计举办了10届展会。无论从展商层次还是规模档次等多个层面看,目前郑州站操办的华夏家博会都是中原地区最大的一站式家装采购展会。

9)昆山站

昆山,中国百强县之首。昆山站,是"华夏家博"开拓的唯一一个县级市场,同时也是"华夏家博"尝试向经济繁荣的三四级市场下沉的一个试验和尝试。2016年,昆山站的成功落地,足够鲜明地验证了"华夏家博"实现规模成长的另一种可能,仅两届展会昆山站就成功实现了盈利,这也是很不多见的家装市场。

10)武汉站

2016年,华夏家博武汉站组织的两届展会几乎可以用"妇孺皆知"来形容。连路边摊卖包子的阿姨都知道"华夏家博"来了。这不是广告的力量,而是"华夏家博"整体成熟运营团队的完美亮相。让华夏家博会成功的不仅有模式,还有强大的团队接力。显然,武汉团队正蓄势待发,在后续必将取得更为明显的进展。

11)无锡站

2014年8月22日—24日,华夏家博无锡站在太湖国际博览中心成功举办无锡的首届华夏家博会。长三角地区是我国经济发展的先行区域,无锡被誉为

"太湖明珠",自然也被"华夏家博"纳入了重点布局城市。近年来,无锡经济发展迅速,人民生活水平居于全国前列,家装需求十分旺盛。目前,"华夏家博"在无锡的知名度已打开,获得了广大商家与消费者的认可,也有望在今后继续发力。

12)杭州站

2017年2月24日—26日,华夏家博杭州站正式启动工作。这又将是"华夏家博"一次大胆而细致的尝试。杭州是阿里的大本营,线下实业已经处于阿里的最后一公里范围内,但是家装行业的多样性、非标性、不透明性却是电商始终无法解决的痛点。在阿里"新零售"的趋势下,杭州的华夏家博会主打体验优势,未来将成为"华夏家博"全国各家博会中一颗与众不同的闪亮之星,在城市家博会发展中甚为耀眼。

13)南昌站

2017年,南昌地区最大的全新现代化展馆——绿地国际博览中心启用。同年5月,华夏家博会正式入驻南昌。同年8月,华夏家博会南昌站首次开展,其间恰逢地铁2号线开通,展会三天取得预期之外的超高人气,办展期间人流不断,订单络绎不绝,参展商户均给出满意的反馈。华夏家博会从此成为南昌当地颇具示范性的家装采购展会。

14)沈阳站

2017年8月,华夏家博会首次入驻沈阳,取得订单、业绩双丰收,展商反馈这是以前从未有过的一次业绩大爆发。在东北地区,华夏家博会的到来犹如一针强心剂的注入,为沈阳会展带来新力量,并拉动相关产业的发展,而且得到了沈阳当地政府的大力支持。2018年,华夏家博沈阳站继续举办季度系列展会,持续为当地家居消费者带来质高价优的商品服务。

15)昆明站

2018年3月,华夏家博会在春城昆明的首展如期举行。作为位居祖国西南的重镇,昆明新房的房价在一直不断攀升,新房业主的家装消费预算正变得愈加紧凑,这正给了华夏家博会一次重要的机会。华夏家博会联络当地家居、建材展商,各大商户积极响应,提供最具竞争力的家居商品促销政策,结合华夏家博会的引流能力,共同为昆明业主带来了一场家装采购盛宴。

16）东莞站

2019年，是具有里程碑意义的一年。公司华夏家博会及DME机床展同步成功地落地华南市场，成功地为公司开拓未来的深圳市场奠定了坚实基础。

17）南京站

2019年的铺垫是为了2020年的腾飞，华夏家博南京站在有"天下文枢"之称的南京扎根，并在2020年6月12日—14日成功举办首届展会，并结合展前云逛展体系，顺利打开南京市场，获得当地商户的高度认可。

18）深圳站

2020年的疫情没能阻止华墨人开拓深圳的决心。"海纳百川"的深圳，对华夏家博会敞开怀抱。华夏家博会在深圳顺利落地。2020年9月18日—20日，2020年华夏家博（深圳站）首届展会开启。

在这样的产业基础上，南通、绵阳、贵阳、台州……都在2020年开启了新篇章。

之后，2021百城战略继续在全国布局。华夏家博会在福州、绍兴、徐州、唐山、九江、泰州、成都天府、大连、潍坊、常州、宁波、厦门、芜湖、南宁、盐城、义乌、淮安、沧州、镇江、柳州、淄博、泸州、襄阳、珠海、台州、邯郸、宿迁、连云港、玉环、中山、宜宾、海口、烟台、临沂、呼和浩特、佛山、廊坊、太原、长沙、石家庄、江门等城市均逆势起飞！

正是在这样的发展节奏中，"华夏家博"致力于"让家居采购更省心、更省钱、更便捷"，源头合作家居建材品牌有4000多家，至今累计举办了400余场大型展会，年展总面积200万平方米，为1800多万用户解决装修难题。截至2021年底，华夏家博会累计交易额突破490亿元。据悉，"华夏家博"2023年办展数量预计将达到258场。

二　华墨集团的企业文化

（一）华墨集团的使命："以不凡之心成就客户更大的价值"

在每个华墨人的内心，都藏着这样一股力量——不甘平庸，敢于不凡，想去挑战，想要获得成就感。正是这份特别的不凡之心让华墨人明白，这是一个有着共同信念体系的组织。明白了这个点，华墨人就找到了今生要为之奋斗的一个方向。

在华墨人看来，组织存在的意义不是利己，更是利他。利他，其实就是利客户，就是要成就客户。为了成就客户，华墨人先调整好了自己的状态，把想要赢的不凡之心激发出来，更好地为客户服务。概括地说就是，华墨人要"以不凡之心成就客户更大的价值"。这一句话很重要，是所有华墨人都必须承担的一份责任，这就是华墨人的使命（见图4.1.1）。

图4.1.1　华墨集团的使命

（二）华墨集团的愿景："世界会展·中国华墨"

几十年以来，华墨人见证了越来越多的国产品牌在各地不断崛起。显然，这些知名民族品牌的不断崛起，在特定的阶段与时代充分表征了国民的民族自信和文化自信。同样，华墨集团也始终在做关乎中华文化复兴、民族振兴的事情，只不过华墨集团是用会展形式来着力推动中国会展走向世界。而且，从这个目标上看，华墨人坚定地认为需要设定一个时间节点，不然这样的愿景的实现将遥遥无期。华墨人希望，经过十几年的奋斗，到2040年，华墨集团能代表中国成为世界三大会展公司之一（如图4.1.2所示）！

图4.1.2　华墨集团的愿景

（三）华墨集团的价值观："用户思维、坦诚互信、实干高效、开放进取"

价值观是所有员工在企业长期发展过程中逐步形成的行为准则。华墨集团的价值观主要体现为"用户思维、坦诚互信、实干高效、开放进取"十六个字，具体如下。

1. 用户思维

用户思维是华墨人决策的原点，是其他一切成长的根基。对用户思维，华墨人是这样理解的：第一，要让用户感知到华墨的用心。华墨人将通过自身的用心赢得更多忠实客户以及客户的尊重，以此增加公司与广大客户的黏性。第二，要持续改善体验标准。要做正确的事情。正确的事情就是符合内心标准的事，有了标准才能体现专业性，所以才可能体现用户思维。第三，聚焦业务驱动成就客户。华墨人通过业务模式重组，改变了行业的用户价值，为用户和行业赋能，从而成就用户。所以归根到底地说，华墨集团提倡的用户思维就是让用户感知到用心，持续改善体验标准，聚焦业务驱动成就客户。

2. 坦诚互信

坦诚互信，是所有工作的基础。第一，所有华墨人组成一个华墨，拥有一个共同的信念体系和决策体系。华墨人相信自己能够把事情做成，信任团队能够把事情做好。真正的成事是团队的成事。第二，真诚沟通反馈，有效沟通几乎能够解决90%的问题。第三，"我"是一切的原点。华墨人要成为真正的成年人，要为自己负责，要掌握主动权，做左右这个环境的创造者，而不是被环境所定义。华墨人始终坚信"因为信任，所以简单"。

3. 实干高效

在华墨人看来，实干高效是要持续传承的朴实价值观。第一，奋斗为本。工作与生活中，人很容易有惰性，而懒惰是对组织最大的伤害，因而一定要保持奋斗的良好状态和激情。第二，执行力第一。执行力要求个人从华墨人的战略、文化去思考，从具体某件事到顶层战略都进行有相当高度的思考，所以执行力是一种重要品质。第三，对结果负责。因为只有拿到结果，对自己才是真正的激励，所以华墨人一定要善于打胜仗，必须要为结果去负责。

4. 开放进取

一个人的持续成长离不开"自我激励与自我超越"。第一,华墨人要打破固有思想,突破自我。所有的事情经过之后,最终要收获的自然包括自身的成长。华墨的每一个伙伴每年都要有变化,要不断地打破自己,要开放性地吸收不少自我超越的东西。第二,正能量走正道。在团队里,正能量非常重要。因为,每个人都要有成长型思维。正能量能够带动个人、团队走向信任,团队因此才会越来越有凝聚力。只有团队具备好状态,才能全力以赴地工作。第三,力争第一。这应该是华墨人必备的魄力和气势。华墨既然有"争第一"的愿景,每个伙伴自然也要有"争第一"的闯劲和激情。这是华墨人进取之心的重大表现,不可缺失。

以上是华墨人需要共同遵守的行为准则,最终形成大家的一个习惯共同体,一个相互绝对信任的成长型组织。基于以上关于华墨集团的使命、愿景、价值观的主要表述,我们可以十分清楚地看见,华墨人是一群"以不凡之心成就客户更大价值"的人,要去的地方是"世界会展·中国华墨",共同的行为准则是"用户思维、坦诚互信、实干高效、开放进取"。

三 华墨集团的主要成绩

华墨集团的主要成绩包括两大方面,分别是华墨集团的社会贡献、华墨展览的行业影响力及竞争力,具体如下。

(一)华墨集团的社会贡献

华夏家博会自成立13年来,拓展了30多个城市,累计降低渠道交易成本40%,帮助中国超2000万用户完成了新家梦想,为用户节省近49亿装修采购费用。

华夏家博会先后荣膺多个行业奖项:2017年度家居业消费者品牌奖、上海地区电子商务——综合类信息平台行业TOP 5企业、2017磁云科技卓越业绩奖、2019年70家品牌会展主办机构金手指奖、2021年最具影响力绿色展览主办金手指奖。

2021年办展面积在全国排名第四,在民营企业中排名第一。

（二）华墨展览的行业影响力及竞争力

如今，华夏家博会基于中国家博会行业，在覆盖城市（63城）、年均展览场次（258场以上）、年均展览面积（200万平方米以上）、年均展位销售（70000个以上）、集团营收等多个方面，均一直处于行业领先地位。

中国建筑材料流通协会（CBMCA）是经国家民政部批准登记的国家一级协会，华夏家博会现为中国建筑材料流通协会副会长单位，是家居行业指导服务的重要风向标之一。

四 华墨集团主要领导人的工作业绩

这里主要介绍华墨集团创始人兼CEO王国平先生。王国平是"华夏家博""华机展""华食展""华车展"四大品牌创始人。本部分内容主要包括其创业经历及主要社会活动。

（一）创业经历

早在2000年，王国平就进入了会展行业。2003年，他白手起家，积极创办台州玉环机床展。在短短的5年内，该展会迅速成长为台州最大的机床展会。

在公司早些年的运营基础上，王国平在2009年正式进军上海，成功创办上海华夏家博会，正式运营家博会项目。2012年，"华夏家博"品牌，经商务部门批准注册为国家工商商标，确立了其在装修会展行业的地位。

2013年，公司在国内一、二线城市成功开办5个分公司，汇聚知名商家近万，积累消费者近千万。

2014年，公司的商业模式进一步整合创新，转型为装修采购一体化的互联网企业，立志打造中国装修领域O2O平台第一品牌。同时，公司的全国战略布局拓展至11城，平台年营业额超30亿元。

2015年，王国平主导华夏家博网完成B轮融资，实现平台O2O数字一体化管理。就在同一年，第一届CME中国机床展成功举办。秉承"为强大中国制造而生"的使命，公司致力推动中国制造业的发展进程。

2017年，公司的事业版图拓展至全国18个城市，红8月装修狂欢节拉开大幕，掀起全国性的家居行业热潮。同时，华墨集团独立客服呼叫中心成立，基于CTI技术和云计算技术实现呼叫业务在B端及C端领域的飞速发展，市场份额稳步提升，成为集团新的增长极。

2018年，华墨集团旗下中国机床展的城市版图成功拓展至苏州、深圳、东莞，正式启动"连锁产业展"的概念。

2019年，王国平担任中国建筑材料流通协会的副会长，同时迎来华夏家博会成立十周年纪念。当年，公司的品牌VI视觉体系全面战略升级，开始引入统一品牌形象。

2020年，公司的企业文化再次全面升级，进一步提升软实力，并且实现了双线融合，启动线上云展与线下展会相结合的办展新模式，同时正式推行百城计划。这一年，华墨集团第三大赛道——华食展横空出世，并成功举办。

2021年，公司全面布局百城战略，以"连锁产业展"逻辑推动华墨展览走向全国；推动"三怕三诺"售后服务升级，打造会展行业服务新标准。

2022年，华墨集团旗下第四大品牌——华车展，于9月落地苏州。这也是国内首个智能汽车&自动驾驶以及产业链的大型行业展会。

（二）主要社会活动

华墨集团创始人兼CEO王国平先生，在近些年特别是近五年的业界发展中相对活跃，曾出席多个重要活动并担任演讲或者对话嘉宾，在业界积极发挥着重要的影响。

2019年6月，出席中国东盟会展业论坛，代表华夏家博会担任对话嘉宾。

2020年10月，出席中外会展品牌大会，代表华夏家博会担任论坛对话嘉宾。

2020年11月，出席中国西部会展产业融合创新大会，代表华夏家博会担任论坛对话嘉宾。

2021年3月，出席第十八届中国会展行业年会（CCEIM），代表华夏家博会担任论坛对话嘉宾。

2021年9月，出席中国国际会展业创新发展大会高峰论坛，代表华夏家博会担任主题演讲嘉宾。

第二节 华墨集团主要领导的生态情怀

多年以来,华墨集团一直专注于会展业发展。在很早的时候,华墨集团创始人王国平先生就注意到世界十大国际会展公司中没有中国企业的身影。出于一种职业的敏感,王国平在其中看到了机遇和挑战。在王国平看来,在中国,外资集结的行业就意味着中国该行业处于发展弱势、发展空间不足。当然,任何一次创业,除客观的市场外,都有需求市场的支撑和解决需求的价值意义。基于这样的敏感思维,王国平领导的华墨集团整体取得了飞速发展。

13年过去了,目前华墨的全国业务布局已达到30多个城市,拥有专业会展人才500多人,年均展览数量达到200多场,年均展览面积超200万平方米,服务的商户超8000家,服务的用户数量超1800万!这样的会展发展生态体系,都是王国平带领核心团队步步为营、精心完成的。没有企业高层团队相对优越的战略布局,集团公司不可能在会展界能拥有这么好的声誉与足够的影响力。可以期待,华墨集团的四大赛道将在2023年大放异彩,持续取得良好的经济效益与社会效益。

一 第一赛道:华夏家博会

2009年,王国平先生决定开拓上海市场。于是在2009年,他多次来上海观展,希望能选出一个欣欣向上的行业,确定一个展会赛道。然而,经历多次出差奔波后,面对魔都的繁华,其内心却显得更加彷徨:行业的壁垒,陌生的市场,启动资金的匮乏……在上海,创业者似乎很难找到着力点。

一次偶然的机会,王国平参加了浦东在一个酒店举办的一场家居建材联盟活动。现场人气爆棚,完全出乎他的意料。在现场与不少商户沟通后,王国平先生敏锐地发现了传统家居行业存在的一些普遍问题:①国内家居市场集中度低,服务质量差;②家居采购服务链条较长,企业成本高;③家居市场品牌混乱,用户体验差。

眼前，如此小规模的联盟活动能展示的家居样品显然十分有限，消费者的选择余地自然就很小，根本无法满足他们的差异化需求，更没有所谓的平台保障。"那么，我能为此做些什么？"这是当时王国平立马想到的一个问题。于是，很快就确定了"上海家居展"赛道。"上海家居展"即"华夏家博会"前身。

2010年，第一届"上海家居展"横空出世。那时，公司刚刚设立，实际上也就6个人，而且所有岗位都是销售，同时都兼任了职能岗位。在7月初的一个星期二晚上9点多，刚结束了一天工作的王国平正准备休息，前台电话却响了起来。这里需要特别说明，为节约资金，办公室是一个三室一厅的房子，客厅改成了办公区，主卧是会议室，次卧为财务室，最后的一间非常隐蔽的小书房就是王国平先生的卧室，他每天需要在员工来上班前洗漱好，等所有人下班了才准备休息，因而很少有人知道他卧室的存在。

他接起电话，礼貌地问："华墨展览，请问有什么可以帮您？"没想到，电话的那一头，却响起了一个相对哽咽的声音："我儿子下个月结婚，婚房装修委托我来完成，但是，家居供应商却联系不上了，刚好在报纸上看到你们这周末的活动消息，我想能不能请你们帮我设法赶上新房进度，我联系了很多商家，都说时间太短了。"然后，电话中随即就传出了这位母亲的哭泣声，这让王国平深刻地感受到了母亲对孩子最伟大、最无私的爱。在第一时间，王国平在电话中承诺，让这位母亲周五来展会现场直接找他，并破例给她留下了自己的私人电话。

离开展的日子越来越近了，这几天王国平在筹备展会搭建的同时，心里却一直惦记着这件事，他一直向参展商打听家具制作周期及送货周期。约定的日子如约而至。这位母亲来到展会现场，王国平全程陪同，确定送货时间，最后协助她如期顺利地完成了孩子的婚房布置。

尽管事情解决了，但这位母亲的举动，让王国平陷入了更深层次的思考：为什么办展？展览能为客户带来哪些价值？能为行业重塑哪些标准？也正是基于这样的反思，"华夏家博"一站式家居采购平台正式诞生。这也是华夏家博会创立的初衷。

华夏家博会是家居装修行业的全国连锁展，是中国办展城市多、整体规模大、非常具行业影响力的家装一站式采购平台之一，坚持以"60天买贵就退"的服务承诺，为用户提供高效、放心、省钱的装修采购服务，截至2023年，已在全国63个主要城市举办。

二 第二赛道：华机展

王国平认为，华墨集团一方面立足中国，另一方面则要着眼于世界舞台。因而在2015年，华墨集团就开拓了第二条赛道，那就是面向国际市场的专业展——华机展。上海CME中国机床展是华机展的第一站。它作为国家会展中心竣工后的首展成功落地。公司仅花了3年时间就打造了CME品牌。目前，公司已经获得全球展览业协会颁发的UFI认证。

华机展是立足于机床装备行业的全国连锁展，目前已在上海、东莞、苏州、天津等全国10个城市连锁举办，形成了重要的品牌联动效应。其中，玉环国际机床展（YME）创办于2004年，是浙东南地区非常具有影响力的机床专业展会之一。创办于2015年的上海国际机床展（CME），是华机展一年一届的旗舰大展。

华机展为强大中国制造而生，是制造业领先的全国机床产业连锁展。历经7年的积累与沉淀，华机展已服务专业展商超4000家，服务专业参展观众超100万人次，布局的城市数量达到10个。自在玉环成功举办第一届机床展以来，华机展经历了近20年的飞速发展，已成为装备制造业前沿信息交流的国际化窗口，更是全球机床设备最新技术产品集中采购的交易平台，也为促进行业经济发展贡献了重要力量。2020年，会展业受疫情影响被迫停下脚步，华机展的苏州SME和上海CME率先启动，完美复展，在全国会展业复苏中起到引领作用。

三 第三赛道：华食展

2014年，国家对"中国制造"品牌的重塑，让制造业有了契机和觉醒的平台，拥有了更多中国制造的故事。民生问题，是制造业发展的经济基础，是每个国家的发展重点。华墨创始人王国平则更主动地从这些维度深入思考公司的业务体系。因此，王国平在思考，集团在"住"这一层面开设华夏家博会，在"大民生"角度开辟华机展赛道，那么在"食"的层面是否可以开启华墨的第三条赛道呢？

在2020年，华墨集团启动华食展。从整体布局来说，华食展是华墨倾力打造的中国食材行业连锁展的新版图，以上海为起点，以数字化全新会展模式重塑中国食材行业会展价值，致力于打造中国食材行业会展新标杆。

首届华食展和618食材订货节于2021年6月在上海国家会展中心成功举办。在第一届华食展上，6万平方米的展览面积在食材展领域格外亮眼。显然，华食展主要致力于帮助食材产业链的上下游企业创建一个低成本、高流通的平台，提升全行业的供应能力和配送能力，为客户创造价值，释放食材行业新活力。这些成绩的取得，自然是全体员工的共同努力，也反映了王国平高远的视野。

四 第四赛道：华车展

2019年，随着生活水平的不断提升，"衣食住行"在更大程度上得到高度重视。通过以上的介绍可以知道，在"食""住""大民生"层面，华墨集团开辟了三条赛道并取得了较好的运营成效。2021年，基于"行"这一层面，华墨集团正式开启了第四条赛道——华车展。

华车展的全称是"ICVS中国智能汽车及自动驾驶博览会"，是华墨集团重点打造与推进的战略级会展项目。显然，华车展并不是简单的车展，它高度聚焦行业专业领域（智能汽车领域）。在华车展这个赛道，华墨集团特别期待能携手智能汽车领域的创始企业，共同创办国内规模最大、专业性最强的智能汽车及自动驾驶产业的专业展。

华墨集团取得如此辉煌的业绩，和创始人王国平干练的管理风格与敏锐思维密不可分。在作者与王国平不算频繁的沟通与交往中，无论是私下交流，还是演讲现场，始终能感受到王国平先生为人处世的恬静、语言看似平凡却很有哲理、做事善于把握机遇而善于大胆决策等多种为人处世的优秀品格。换句话说，"领导人不凡的生态情怀造就了集团科学的生态体系。"在当今相对浮躁的社会中，能有这样的心态与作为，十分难得。

第三节 华墨集团的主要生态作为

基于华墨集团创始人王国平先生的生态情怀及其对集团公司总体业务的精心擘画，华墨集团用连锁产业展的逻辑，改造会展价值，构建数字化的信息技术平台，使后者成为行业开拓市场的重要营销渠道。这是华墨集团多年以来的经营理念与运营模式。正是在这样的优化模式之下，华墨集团创办了四条产业展赛道：吃、住、行、制造业。以下以这四个赛道的思路阐述华墨集团在会展业发展方面的主要生态体系。

 第一条赛道——"华夏家博"：家居行业的引领者

华墨依托中国市场，于2009年创立了"华夏家博"，开创了中国家装一站式采购的新模式。目前，华夏家博会（见图4.3.1）已成为国内规模相当大的消费型展会平台，并一直力求以更优质的服务让家居采购更省心、更省钱、更便捷。

图4.3.1 华夏家博会

（一）华墨集团"华夏家博"的主要特点

1.首创家博会模式，改变行业传统运作模式

在很长时间内，家装领域的传统模式呈现了行业集中度低、市场极度分散、行业效率较低的特征。而华墨公司却颠覆了传统"坐商"模式而首创家博会模式，通过一站式集中采购的方式（见图4.3.2）大大提升了行业运营效率，让消费者在短时间内就能较迅速地完成采购任务。同时，展商在短时间内可以提升销量、宣传自身品牌。从2009年首次家博会的成功举办，到目前全国30多城的布局，华夏家博会已经成为除卖场、电商以外的第三大流通通道。

图 4.3.2　华夏家博会采用的一站式集中采购方式

2. 与 3000 个家装电器品牌进行源头合作

此前，传统消费者装修时面对的市场模式是装修建材行业壁垒高，从业者鱼龙混杂，产品价格、材料质量、施工流程复杂且不透明。有些消费者平时上班较忙，因而没太多时间专门跑建材市场，网上找的一些产品又不敢放心购买，同样图片的产品价格几百、几千的都有，价格十分悬殊且无法明显区分质量，合理消费变得难上加难。

而华夏家博会与 3000 个家装电器品牌开展源头合作，从源头把关，层层甄选，持续给消费者提供品质好和价格实惠的双重体验，满足中国消费者对美好家居生活的追求和向往。在行业内，华墨集团是首个推出最高标准的售后服务保障——"三怕三诺"政策的企业。这无论在以往还是现在都很不容易。

3. 运用数字化营销，赋能展会行业及家居建材行业

家居行业属于传统行业，以前的营销以经销商模式为主，获客难、营销难、信息化程度低、缺乏有效工具，致使营销的转化和服务困难重重，这是品牌持续增长的绊脚石。就在这样的关头，基于数字经济迅速发展的背景，华墨一直都紧跟时代发展的步伐，不断以数字化创新驱动中国会展产业的发展。

（二）"华夏家博"数字化转型的背景、挑战及相关举措

1. 市场背景

1）会展业的危机及数字化变革的趋势

2020 年疫情，使会展行业及相关上下游企业受到极大冲击。在当时，根据

国际展览业协会（UFI）发布的评估报告显示，全球因延期或取消展览造成的负面影响正在不断升级。500多场贸易展览无法如期举行，全球经济总产值损失达165亿美元，全球订单损失达263亿美元。我国44个城市、600余个展会延期或取消。国家贸促会调查显示，110余家组展单位直接损失约2.3亿元，间接损失约2.65亿元。中国展览馆协会调查，会展相关企业营业损失预估在100万以上的达66.15%。此外，会展的关联行业，如装修业、广告业、运输业等，也将遭受连带的损失。会展行业上下游企业都面临着前所未有的困难及挑战。

因此，从2020年到2022年，全国会展业有一个加速淘汰和加快服务细分升级的过程，会展业的全面数字化至少在认知和发展层面加速了。作为现代服务业的重要组成部分，会展经济的运营状态和创新发展趋势不仅与国家市场经济转型密切相关，更对国家市场经济的创新驱动有着重要意义。

2）家居行业数字化运营模式的创新需求

根据中国建材家居材料流通协会发布的全国建材家居景气指数BHI，2020年3月份数据显示，全国建材家居景气指数为71.92，同比下降32.99点。全国规模以上建材家居卖场3月销售额为328.5亿元，同比下降63.84%。2020年一季度累计销售额为934.6亿元，同比下降53.45%。疫情加剧了家居建材展会行业的优胜劣汰。

此时，家居行业只有洞悉展会观众及参展商需求，精准发力，利用数字化数据分析，打通营销到生产、到服务的整个数字化链接，才能真正了解客户、提升客户满意度，甚至引导新趋势、创造新市场。而不断打造独具特色的展会，在为家居建材行业发展提供更有品质的展会的同时，亦助推企业及行业的发展。展会以强大的实力为家居建材行业不断赋能，从而与行业形成良性循环，互为依托，不断反哺。

3）传统家居行业存在的普遍问题

国内家居市场集中度低、服务质量差。我国家居行业集中度低主要有以下两个原因：一是，我国城乡、东中西部地区发展的不平衡形成了多层次的需求结构，单个企业的产品难以满足不同层次的消费需求，大多数企业都只专注于某一个消费层次。二是，消费者品牌意识薄弱，同时行业标准欠缺，这直接导致我国中小型家具制造商数量繁多，集中度低，质量及服务无法得到保证。

2. 行业挑战

1）如何缩短家居采购服务链条，降低企业成本

家居行业尤其是定制行业的非标属性较强，整个服务链条包括营销、获客、设计、量尺、出图、确图、下单、生产、安装、售后服务等多个环节。如何构建一个服务平台，降低从获客到销售的高额营销成本，缩短服务链条周期，降低企业成本？

由于门店成本高——家居行业是一个注重体验的行业，所以门店的配置是必备的，店面租金、水电、样品安装、员工工资等开销都是一笔很大的成本，再加上传统家居行业的销售习惯处于相对被动的状态，订单的转化率低、成交周期长、效益极低。传统家居行业一般是以门店为核心，受到地域及空间的影响较大。

在电商快速发展的今天，很多线下企业一度受到线上消费冲击而不得不关门，就算能存活下来，也有大批客流在前端被拦截。传统的线下实体店，灵活性差，标准化建设无法满足消费者个性化需求。同时此次全球性的卫生事件更是令实体店雪上加霜，亟需灵活多变的业务模式。

2）如何解决家居市场品牌混乱、用户体验差的问题

在传统家居市场中，建材市场、家居市场、装修公司都是孤立的，整个市场混乱且不透明，消费者的购房喜悦被挑选家居的烦恼给冲淡。行业整体效率低下，价格标准不透明、材料选择不透明、用户需求不统一、行业集中度低、行业区域性强、服务质量不统一，这些都导致用户体验差。一般家居行业的门店规模是有限的，能展示的家居样品也有限，对应的是客户的选择较少，差异化需求无法得到满足。

此外，还有如何突破线上与线下相结合的技术难点，如何改变用户习惯等问题，都对行业发展提出了严峻挑战。

3. 通过数字化营销进行展会赋能

针对会展行业面临的考验及家居行业存在的问题，华墨集团建设的"基于双线融合的一站式家居采购数字化服务平台"，通过数字化服务、互联网运营、产业链整合、用户共享数据、系统管理五大赋能，利用"线上云展/直播＋线下会展＋App＋PC端商城＋小程序"的多端齐发、数字化运营模式，协助家居行业实现全球供应链数据互享。华墨集团通过线上线下的流量互通，大数据精准

营销，提高家居行业抗风险能力，进一步打造全新的数字化新零售商业模式。

数字平台可以很好地解决家居领域的痛点。数字化平台的建设，能在打破信息的壁垒，提高行业间的相互渗透和融合，带动行业的整体联动，减少家居业务的营销成本的同时提高企业集群销量。平台能够提供一站式家居购买和全屋整体定制服务，满足消费者个性化需求，同时降低家居行业的不透明度，缩短装修周期，提高消费者体验。

互联网家居借助互联网思维和互联网工具，解决了传统家居存在的问题，通过去中介化、去渠道化及标准化，优化并整合装修产业链，颠覆了传统装修的用户体验。"互联网家居"是家居行业从中介模式到垂直模式的主要代表趋势。iiMedia Research（艾媒咨询）数据显示，2018年中国互联网家居市场规模已达到3441.9亿元。未来，"互联网＋数字化"家居的市场将会更加广阔。

家居行业很特殊，包括设计板块、零售板块、制造板块、物流板块、安装服务板块，只有这五大板块都进入数字化，才能实现家居行业全链条端到端的服务。在全链路数字化中，设计是重要的一环。设计所驱动的交互体验数字化是实现这个链路的关键，也是帮助众多商家实现营销数字化的重要环节。利用"互联网＋数字化"等技术为家居行业赋能，能促进家居产品供求两端对接效率的提升。对家居行业进行数字化升级，可以打通线上线下的障碍，满足消费者不同户型、不同消费需求和个性化偏好的需要。

家居会展需要升级的功能有整合上下游供应链资源，形成良好闭环；对市场进行数据分析，并给出指导方向；工程集采；提供跨界链接渠道四种。展会通过功能升级，能够丰富参展品类，加强与终端消费者的互动，优化观展观众，分类需求。而在展会现场，可以有针对性地举办招商活动；有针对性地提供行业从业人员培训活动；举办设计师相关的活动，帮助企业建立设计师渠道。

云直播有两个场景：一是以展会为落地场景的直播，目的为展会引流，内容以展会流程、SVIP权益、低价引流商品介绍等，引导用户到展会现场成交；二是以门店或卖场为场景，引流到店或到卖场实现成交。

所以，"线上数字化＋线下场景化"的双线融合是家居会展的一个重要的升级，让消费者不仅可以提前看到大量参展商的产品，而且可以到展览现场看到更加生动的家居场景，感受到企业的服务。这样创新的展览方式，将为参展企业带来更多的实效，为经销商带来更多的帮助，满足消费者多样化、个性化需求。

疫情加速了会展行业的数字化进程，这是特殊时期不可预测的偶然，也是数字经济发展到一定阶段的必然。数字化创新得到的"基于双线融合的一站式家居采购数字化服务平台"，是以"线上线下双轮驱动"的新型会展模式，延展出更多创新服务，带来了跨产业融合升级。数字化创新利用互联网＋数字化经济，帮助家居行业，重新定义销售渠道，整合现有渠道和未来渠道，重铸一条集"营销策划、双线参展、定制采购、售后监督、数据分析"的家居采购一站式数字化平台，对推动家居行业向新模式的发展具有十分重要的意义。

4.满足用户追求个性化定制和时效趋势

在家居行业的激烈市场竞争中，劳动力成本、原材料价格、加工方式等方面的透明化使企业在生产、价格、促销、渠道等方面的竞争优势与空间被无限压缩。与此同时，消费者对家居的要求也发生转变。消费者不再单纯地满足于购买产品或服务，产品或服务所带来的心理效益开始占据越来越重要的位置。随着消费需求从单一向多元演变，消费者对家居行业的服务和整体解决方案能力提出了更高要求。简单的单品组合早已无法满足消费需求。个性化需求对于互联网家居平台的要求更高，需要平台不仅有完善的供应链，还要有专业的设计、全方位的服务。

消费者"家居恐惧症"多年未解决，企业亟需规范化、品牌化和数字化赋能。数字化创新通过打造"产品＋空间＋人"，打通和协调各个环节，从前端的客户服务、产品设计、生产制造，到终端的物流配送、产品安装及售后服务等，为消费者提供数字化的一站式服务，能够清晰地为消费者提供家居采购流程，让消费者获得良好的消费体验。

5.平台建设的主要意义

1）赋能商家

在低频次消费的家居行业，用户不会像快消品那样冲动消费，线上模式通过"生活体验＋销售购买"的方式优化了平台的整体消费行为和结构。华夏家博会熟悉各大线上平台流量运作模式，能为线上项目策划高质量的云展内容，帮助商家将线上活动栏目化，形成品牌效应。各品牌商家以线下门店为体验依托，通过数字化平台，形成本地化的线上门店。在这里，品牌、产品、服务，随时随地通过视频、云展等各种内容形式展现,通过精准的信息匹配,触达目标消费者。同时,通过直播建立起的社群精准锁定了粉丝用户,能大大提升营销的转化率。

数字化平台将依托"华夏家博"集团生态和大数据资源,围绕IP授权,从家居行业衍生品的创意设计、供应链支持、营销玩法、传播途径、渠道铺设等多个方面为品牌商家提供全链路服务,以更好地赋能商家,助力产业发展升级。

2) 赋能消费者

数字化创新的赋能是立体的,不仅对商家赋能,也对消费者赋能。对于商家,赋能体现在精准信息的匹配、节省营销费用和获客成本。对于消费者,赋能体现在通过精准匹配推送,让消费者更省时省力地找到心仪的品牌。其次,对消费者的赋能体现在降低商家的营销费用,提供足够的利润空间让消费者享受最大程度的优惠和更优质的服务。同时华夏家博会也为消费者提供了大量平台补贴,包括打车报销、门店转单返现等。社群内商家的干货分享、福利裂变活动,也让消费者享受了收益回报。

多元多层次的赋能构成了华夏家博会良好的互动生态,在为消费者创造价值的同时,有效推动了家居行业营销模式的升级和发展。

3) 赋能品牌

云展家居产品的形式将成为革新家居销售链路的一次重要探索。不难看出,在资源整合、内容创作、全域引流、组织运营等方面,上海、北京的成功实践不仅彰显了华夏家博会超强的全域用户运营能力,更突显其布局数字化战略的高瞻远瞩。平台建成以后,将形成"线上直播+线下逛店+线下逛展"的常态化运行机制,"华夏家博"将联合各大家居品牌通过多种形式的展会展现给更多的消费者,提高消费者的品牌认知,扩大商家的品牌效应,进一步打造国内知名品牌。

数字化创新建设的功能可针对商家(商品供应商)、施工企业以及消费者等多个客户类别使用,包含数据传输系统、信息增值服务系统、电子商务应用系统、辅助决策系统、后台管理系统、安全管理系统、订单管理系统、营销管理系统等。总体设计以垂直型平台为出发点,以实现线上和线下应用为导向,根据每类用户子领域的服务对象与服务内容,进行抽取、综合,并进行设计(平台架构图见4.3.3)。

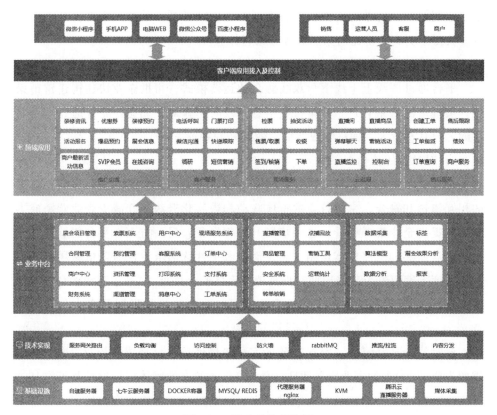

图 4.3.3　平台总体架构图

4）社会效益

数字化创新"基于双线融合的一站式家居采购数字化服务平台",运用大数据分析、云计算等技术,集线上展示、供采对接、直播营销、洽谈交易为一体,实现数字化虚拟展馆、实时互动交易、智能商贸洽谈、全链路参会体验、展会生态服务等功能,并能够与线下展位及活动实现互动互融,为展商及专业观众提供创新的参展体验。它将帮助家居行业,重新定义销售渠道,整合现有渠道和未来渠道,对推动家居行业向新模式的发展具有十分重要的意义。这种意义具体体现在以下三个方面:

1）对消费者的价值

平台凭借强大的资源整合能力,减少了消费者与诸多材料商接触所产生的交易成本,规避了回扣、返点等行业不良现象,项目的实施可使整体装修价格降低10%—15%。随着项目的不断完善,节省比例还将进一步提升。平台通过批量定制及产业链整合为消费者省去了大量中间环节，效率大幅度提升，使消费者获得了更高性价比的家居服务和家居体验。

2）对家居企业的价值

平台通过"线上＋线下"双线融合的运营模式，帮助企业快速构建营销渠道，实现广泛联系客户、搜集行业信息，及时掌握对手动态。企业通过平台联系的客户具有量大、面广、成本低、效果好的特征。

3）对社会的价值

一方面，数字化创新的实施，可以打破家居行业的信息壁垒，提高行业间的相互渗透和融合，带动行业的整体联动和数字化升级，在减少企业营销成本的同时提高企业集群销量，进一步提升品牌形象；另一方面，平台能够提供一站式家居购买和全屋整体定制，满足消费者个性化需求，同时降低家居行业的不透明度，缩短整个装修周期，提高消费者体验。因此，"基于双线融合的一站式家居采购数字化服务平台"对推动家居行业向新模式发展具有十分重要的意义。

此时的华夏家博会，拥有13年的客户邀约经验，已经成为行业内数字化营销的先驱。200人的专业服务团队、年均3亿元的有效媒体广告投放及年均1000万人次的精准用户邀约机制为家居、家装、建材行业品牌获客提供了永不枯竭的蓄水池。

"华夏家博"深耕中国主要城市，通过砍掉多余的物业成本、整合营销，将所提升的效率价值回馈用户，打造了中国主流的家居交易平台；十多年来，众多国内外一线知名品牌与华夏家博达成战略合作、实现强强联合！未来的5年内，"华夏家博"将实现百城计划，拓展下沉至二、三线市场。华墨人坚信：在未来中国的每一个城市、每一个县，都会有他们的家具采购服务！

二 第二条赛道——华机展：为强大中国制造而生

华机展是华墨公司在2015年继"华夏家博"之后开辟的第二条赛道。华机展的出发点在于，展会不仅要立足中国，更要着眼于世界舞台。

华机展隶属于华墨集团子公司——上海华好会展有限公司。这是一家专业从事大型展会策划、组织及运作的会展公司。公司目前在全国有10多家分公司，涉及机床、汽车、建材、铝材、农业机械、轴承、泵业、家装、食材、食品设备、新能源装备、智能工厂等多个领域。

华机展作为机床展主营赛道，目前已在全国布局10城，华东市场有上海CME、苏州SME、宁波NME、台州TME、玉环YME、绍兴KME，华南市场有东莞DME、佛山FME，华北市场有天津JME、青岛QME，如图4.3.4所示。华机展年度办展规模已达60万平方米左右，其中，上海CME、东莞DME单场展会规模均超10万平方米。随着展会的市场地位和影响不断提升，华机展已成为先进制造技术交流与贸易的重要场所，且汇集了最先进的机床工具产品、新能源装备、智能工厂，助力推动中国制造企业国际化、全球化进程。

图4.3.4　华墨集团旗下的华机展

华机展目前已在10个城市落地。上海CME是华机展的第一站，并已经获得国际会展协会颁发的UFI认证。2020年，CME克服了重重困难，于2020年7月1日作为建党99周年献礼在国家会展中心进行复展首秀，也为后期进博会的顺利举行奠定了基础。2022年，SME苏州机床展攻坚克难，依旧打出了复展的好成绩，获得了展商和行业的一片称赞。

三　第三条赛道——华食展：中国预制菜，重塑食材会展价值

华食展诞生于疫情之下，有着非常显著的逆势生长的特点。向阳而生，是华食展团队的一个标签，一如华食展的品牌色——黄色，代表着明亮光明与温暖，如图4.3.5所示。

图 4.3.5　华墨集团旗下的华食展

华食展是由商务部外贸发展事务局及华墨集团主办，以全新模式打造的B2B餐饮食材展，通过数字化新会展模式重塑中国餐饮食材会展，为连锁餐饮酒店、食材流通批发、新零售平台等搭建高效率的食材订货通道，是中国食材供应链发展水平和前沿信息的国际化窗口，同时也是华东地区及全国食材全产业链最新产品集中展示平台。

2020年，服务性的行业均受到很大影响。华墨利用数据化运营与平台操作的新模式，逆势之下创办华食展。2021年6月18日，首届华食展展会成功在上海虹桥国家会展中心落地。首届展会规模达到60000平方米，且成功举办618食材订货节，共吸引全球1000余家品牌企业，涵盖预制菜及调理品、水产、肉禽、调味品、火锅食材、冷冻食品、米面粮油、食品机械等食材全产业链产品，展出总面积近60000平方米，参观游客达到54550人次。华食展也一跃成为食材行业的高效采购平台。2022年，华食展克服种种困难与阻碍，抓住市场风口打出了"中国预制菜，就看华食展"的品牌定位，不仅9月在苏州国际博览中心逆势办展，更不负众望取得圆满成功，现场的火爆程度，当时一度传遍食材与会展行业！在当下市场环境下，华食展助力行业恢复信心，为客户创造更大价值，用实际行动为中国食材行业赋能。

2022年9月5—7日，华食展继续肩负使命，依托长三角庞大的市场需求和得天独厚的经济地位，成长为国内领先的专业食材展。2022年，在苏州国际博览中心举办的华食展（苏州），作为年度华东地区首场餐饮食材专业展会及预制菜旗舰大展，势能拉满，在移师苏州和疫情管控的双重考验下，展出面积近40000平方米，参观游客达33561人次，为供应商和采购商提供了高效的链接桥梁，如图4.3.6所示。

图 4.3.6　华食展（苏州）展会现场

2023年7月5—7日，第三届华食展在国家会展中心（上海虹桥）举办。此届华食展由中国饭店协会、商务部外贸发展事务局及华墨集团主办。2023年，华食展（上海）将呈现12万平方米专业餐饮食材大展，涵盖预制菜及调理食品、水产、肉禽、调味品及米面粮油、火锅食材、冷冻食品、蔬果净菜、食品机械等餐饮食材全产业链产品。依托长三角庞大的餐饮市场需求和得天独厚的经济地位，华食展已经成为国内较有影响力的专业食材展之一。

四　第四条赛道——华车展：推动世界智能汽车产业的发展

2021年开启的华车展是华墨集团重点打造与推进的战略级会展项目。它不是一场简单的车展，而是一场只聚焦于智能汽车领域的车展，如图4.3.7所示。华墨集团期待能携手智能汽车领域的创始企业，共同创办出国内规模最大、专业性最强的智能汽车及自动驾驶产业的专业展！

图 4.3.7　华墨集团旗下的华车展

华墨集团主要从三个角度对华车展进行定位。第一，这不仅仅是一场展会或一个秀场，更是一个向大家展示科技魅力、创造科技创新与新出行方式相结合的极致体验场景的展会，要打造出一个有代表性的科技盛宴。第二，要锁定新人群，通过这样一场科技盛会，聚拢智慧出行及场景应用的行业专业人群，提供一个深度行业交流的平台与资源互换池。第三，同期将举办多元化的专业会议与论坛，邀请行业专家与人士来共同探讨未来出行的主要方向，搭建一个技术革新、产品迭代、与行业政策紧密连接的、让用户与展商实现长期链接的新会展生态。

华墨集团坚持去做智能汽车及自动驾驶博览会（ICVS），是要设法推动世界智能汽车产业的发展，让每个人都能体验到科技与汽车带来的乐趣，如图4.3.8所示。通过若干年的努力，华墨集团将让华车展成为引领出行革命的风向标，并打造出智能汽车行业的一个里程碑。

图 4.3.8　华车展的办展使命

在业界看来，华墨集团抓住机遇在不同时候陆续推出第一、第二、第三和第四赛道（见图4.3.9），充分显示出了战略性，打造出了华墨集团的相对有机的会展生态。

其实，在14亿人口的庞大市场下，许多采用中国模式运作的行业翘楚早就诞生了，比如，分别在电商领域、技术领域和社交领域的阿里巴巴、华为和腾讯等。由此，王国平坚信，中国市场必然会诞生出代表中国模式的新会展企业。这也是所有华墨人为之努力的奋斗目标。"世界会展·中国华墨"，成为百年世界级会展集团是华墨的终极梦想。

在现实中，华墨展览积极拥抱创新，以连锁产业展的逻辑改造会展价值，在全国范围内共享人力、物力与财力资源，集中分摊展会运营成本，用布局打造规模，用规模倒逼运营效率，将提升的价值和效率回馈展商及用户，帮助企业降低参展成本30%以上。如今，华墨集团与全国各地的大型会展中心、国家级行业协会等均建立了长期良好的合作。当下，华墨展览会持续走在行业发展前端，以数字化技术和连锁产业展模式继续开拓更为宽广的市场，为中国会展业和中国经济发展贡献力量。

图4.3.9　华墨集团的四大赛道

华墨集团能取得当今的成绩，实现对企业内、外部客户的降本增效，主要依赖于以下三大手段：

（1）平台化的商业模式设计。华墨集团运用连锁办展逻辑，以平台服务模式大大降低了商户的营销成本，同时也为用户提供全方位的服务和保障。

（2）总部赋能的中台系统。这种系统以总部为核心，实现了标准化复制和资源集中化分配，大大提高了运作效率。

（3）共享事业的合伙人机制。这种机制提高了企业内部员工的内驱力，也为企业持续发展提供了不竭动力。

第四节　华墨集团未来发展展望

应用连锁产业展逻辑，改造会展价值，构建一个数字化的信息技术平台，并令其成为行业开拓市场的重要营销渠道，是华墨集团多年以来的经营理念与运营模式。华墨集团也将继续长期坚持这样的理念与模式。

此时此刻,回望过去的三年,华墨与疫情共存。这场疫情,对经济社会、世界格局、政治格局都产生了极大的影响。同时,疫情对大环境下的各类组织和个人产生了分化影响,并形成了两种截然不同的结果。一种是,组织和个人变得消沉,对未来失去希望和信心,到最后最大的可能就是被社会淘汰。另外一种则是,组织和个人对自身不断反思并形成了更深刻的认知,随之激起了人们内心的激情与雄心,从而选择进化升级并更上一个台阶,因而也就更能适应当下及其未来的各类竞争。这两种不同结果,本质上就是物竞天择的过程。

那么,华墨集团最终会选择哪一条路呢?当然,一定是选择进化思维,设法让自己变得更强大。此时,华墨人对相关问题的思考越发清晰。"华墨要真正去打造一个什么样的组织?""怎样才能打造一个对得起伙伴押注最好青春年华的组织?"因而,华墨人不仅要明白"物竞天择,适者生存"的基本逻辑,更要懂得"世道必进,后胜于今"的科学道理。华墨人应该在历史发展和社会进步的车轮中顺势而为,借势而进,以便能更适应当下的社会发展形势。

在未来,华墨集团将以"正心明道"为主题去构建一个充满信仰和理性的组织。正心就是信仰系统,是坚定态度,明确信念,是使命愿景价值观;明道就是理性系统,是清晰方向,制定战略,是明确战术。以下从"我们是谁""我们要去哪里""我们怎么去"和"我们共同的行为准则是什么"四个方面勾勒华墨集团的未来发展。

一 "我们是谁?担负着怎样的使命?"

"我们是谁",这是创始人王国平先生经常发自内心问自己的一句话。最终,华墨人在多年发展之后找到了答案。在华墨每个人的内心里面,都藏着这样的一股力量:不甘平庸,敢于不凡,想去挑战,想要获得成就感。这一份不凡之心让华墨人明白,公司是有着共同信念体系的人的组织。由此,华墨人在今后工作中更有方向感。显然,认清自身更适合长远发展。

华墨人始终明白,组织存在的意义不是利己,而是利他!换句话说,华墨人的视野不能局限于自身,而是要善于成就客户!善于成就客户的组织未来将更有前途,拥有稳定的客户才能拥有更值得憧憬的未来。在这样的思维中,华墨人始终在不断调整自身的状态，把想要赢的不凡之心充分激发出来。"以不凡之心成就客户更大的价值"，是全体华墨人的神圣使命。

"我们要去哪里？我们的愿景是什么？"

我们要去哪里？什么样的愿景才能匹配一群拥有不凡之心、要成就客户更大价值的人呢？经过长期的碰撞交流，华墨人得出一个结论：一群人要做成一个世界级的公司，就要有能够让大家更感兴趣、更兴奋的事情，这是大家的共识。

首先，华墨人从全球经济大环境来提升认识，中国在新能源、5G通信、高铁、无人机、移动支付等多个领域都处于领先水平，而会展行业在多个层面却落后于世界会展强国，这就造成了中国会展产业的发展与经济总体水平明显不符的怪异现象。华墨人坚信在10—20年，作为世界第一大经济共同体的中国，一定会出现更多代表中国经济实力水平的公司，会展行业同样如此。

其次，要考虑到华墨人的强项是什么。2009年华墨创立，一路艰辛地走过来，最强的基因和特长还是在会展。会展是华墨人的阵地。这个阵地不能仅在中国，更要面向世界。此时的华墨就在做一件复兴中华文化、民族振兴的事情，那就是用会展形式推动中国会展走向世界。

在创始人王国平看来，在华墨没有员工，大家都是同事，都是伙伴，都是战友，因为大家是以不凡之心去实现"世界会展·中国华墨"的这样的一群人。很显然，这样的一种人员结构更有利于群体作战并取得卓越的成效。

"我们怎么去？我们的战略定位是什么？"

"怎么去"，其核心就是要明确战略。明确战略主要有两个维度：第一，整个集团要有明确构架。既然要做到"世界会展·中国华墨"，那么公司在规模上就一定要再上一个高度。

第二，整个集团要有步骤地前进。当下，集团先聚焦中国市场，把中国这个全球最大的单一市场做好做大。走完第一步后，集团再去考虑"一带一路"沿线或东南亚国家。所以，华墨集团的定位就是要单聚焦、多赛道、建标准。就好比一个平台，需要有很多项目来做支撑。其中，所谓"单聚焦"，主要指的是要深耕会展业，先国内再国际，把华墨打造成世界会展集团。"多赛道"，指的是不断开创品类，选择大市场，比如家具、建材、制造业、食材、新能源、老龄化等，并成为第一。"建标准"，指的是公司要做第一或在做第一的道路上，要成为主角或打造一个成功的形象，塑造行业权威，建立行业标准。

在进入新赛道之时，华墨人要牢牢把握三个原则，那就是"市场是不是足够大""五年后行业会变成什么样""我们能不能让行业变得更好"。在华墨人看来，制定战略要关注两个前提。一是世界百年未有之大变局与中华民族伟大复兴的历史交汇节点。这些大节点背后形成了一个新思潮，未来消费者会追求三个字——"心价比"，所有的商业模式会形成一个心价比。二是中国式现代化正式起航。乡村振兴、共同富裕、"一带一路"战略等重要内容都是华墨人要思考和结合的点。顺势而为是整个集团和各个赛道商业设计去思考的原点，每个赛道都要有明确的品牌战略。其中，品牌战略的核心就是"告知用户，我们是谁"。在这方面，华墨集团还要不断地加强，要设法在客户的心智当中形成对华墨的更多、更深刻的认知。

那么，如何才能有效地占领用户心智呢？①打造不同。公司要设法打造差异化，塑造与别人的不同。②成为主角。公司一定要打造成功的企业形象与展会品牌。③建立权威性。公司以专业性和标准化塑造行业权威性。④符合常识。公司的诸多决策与经营行为要符合社会、经济、行业的发展规律和常识。

因此，占领用户心智就是要让客户能够记住我们，能感受到我们，或者用户在有需要时能考虑到我们，所以华墨要"开创品类，成为第一"，把烙印深深地留在用户心中。明确了集团品牌战略定位的出发点，企业就要把所有的资源围绕战略定位来配置。而且，这套逻辑也是分析各项目的战略定位的基础。

在未来，基于原先的赛道发展基础，华墨还需要更加明晰四大赛道的准确定位，具体如下。

（一）华夏家博会：家博会模式领导者

华墨在最早的时候就开创了家博会模式。家博会是华墨公司的底盘，也最能真正反映出整个公司的实力，是检验华墨展览整个市场最好的试金石。面对家装行业4万亿的大市场，中国一定会出现一个代表家居行业未来消费模式的平台或者通道。代表未来的一定不是卖场，那是不是华墨呢？也不一定。但有一点是肯定的，华墨集团至少在前行的道路上比其他参与者领先了10公里。我们完全可以畅想，以后有没有一种可能，人们装修采购时既不去电商平台也不去卖场，而是选择来华夏家博会。毕竟，华夏家博会的家居价格更低、服务更好、都是大品牌，是一年超1000万业主的选择。

那么如何凸显家博会在"效率、成本、用户价值"维度的优势呢？第一，要突出家博会的规模化，不单单有国内城市的规模化，还有单个城市办展的规模化，集团的百城计划一定要达成，这才是家博会模式领导者的规模，这是一个必须完成的目标。第二，要打造一个代表未来趋势的消费模式，树立"家博会＝家居新消费"的成功形象。华夏家博会跟传统卖场不一样，是一个创新的形象和模式，而这个模式和形象将由华墨人和华墨人要做的事情来定义。当华墨人把这条路开辟出来，让它变成阳光大道的时候，就又开创了一段历史！所以说，华夏家博会的战略定位是"家博会模式的领导者"，我们要树立"家博会＝家居新消费"的成功形象（见图4.4.1）。

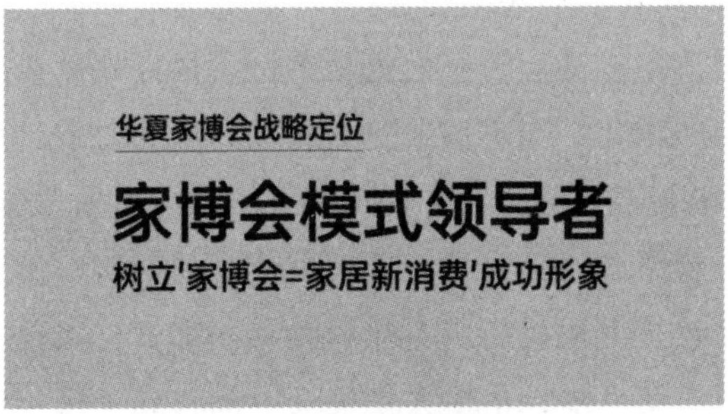

华夏家博会战略定位

家博会模式领导者

树立'家博会=家居新消费'成功形象

图4.4.1 华夏家博会的战略定位

（二）华机展：国际影响的机床连锁产业展

2004年的时候，机床展只有100多个展位，现在华墨人做了两三千个展位。这样的数据足够表明，坚持的力量很重要，也很强大。在华墨做该项目的初期，华墨人提的是"为强大中国制造而生"。但是现在，华墨人提的是"有国际影响的机床连锁产业展"。这是为什么呢？

第一，华墨集团要去的地方是"世界会展·中国华墨"，所以要站在全球角度来定位机床展的方向，要打开更大的格局，塑造国际化品牌形象，打造团队面向国际化的能力。第二，机床从国外引进来，有很多世界性品牌，这些品牌有开拓中国市场的需求，华墨集团要设法满足它。第三，中国的制造业及中国机床在全球范围内占的市场份额很高，未来也要走向国际化，塑造国际影响力。

"国际影响"的核心就是企业形象,企业要对标国际展会继续努力。

未来,华墨集团的展会将会变成制造业买卖机床的一个通道,并伴随中国制造业走向国际化(见图4.4.2)。以后,客户买卖机床,在华墨的华机展就可以轻松解决。

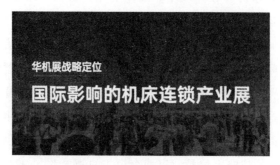

图 4.4.2　华机展的战略定位

(三)华食展:中国预制菜第一展

华食展是华墨在探索路上的一大成功案例,很好地诠释了"开创品类、成为第一"的逻辑。2019年,当华墨要进入食品行业的时候,市场上已有了很多食品行业的展会。在这样的背景下,华墨要怎么做?着重从哪里入手?

当时跑市场、看展会,公司骨干进行了大量的调研,最后集团决定先进入一个细分品类,那就是现在我们所专注的食材。那么,在这个领域要做什么才能占领用户心智呢?第一步,华墨人把展会时间移到了每年的6月18日,告诉用户华食展不单单是一个展会,而是一个订货采购节,相当于电商"双十一"。第二步,抢占预制菜的这个机会。所以华食展的定位是成为中国预制菜第一展(见图4.4.3)。

图 4.4.3　华食展的战略定位

确定定位后,公司还要用关键战役来强化定义,强化战备者的组织能力。

华食展案例就是让消费者明白公司的战略结构。这个逻辑引用《孙子兵法》里面最经典的一句话表述就是"凡战者，以正合，以奇胜"。

（四）华车展：自动驾驶行业会展专家

2021年底，公司开始组建华车展团队，从召开全球招商发布会，到2022年12月15日举办行业论坛，ICVS在短短的一个多月时间做了七八百万的收入，而且还摸索出了一套新模式。所以，华车展承担了华墨新商业模式的构建。集团背后押注的是新能源这个领域，集团的切口是新能源在自动驾驶的这个板块，当然要确保能把这个板块做好。

所以，ICVS的战略定位就是自动驾驶行业会展专家（见图4.4.4）。然后，它会逐步摸索出"会＋展＋奖＋新媒体融合"的全新模式。这是华墨对未来整个会展能够做出一些新探索的一个商业模型。

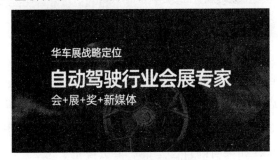

图4.4.4　华车展的战略定位

四　"我们共同的行为准则是什么？"

华墨人要时刻记住华墨必胜法则，即黄金圈法则。不管是家博会、华机展、华食展还是华车展，华墨集团的品牌、营销、价格、服务、体验都要围绕一个核心点，这就是华墨人的初心——不凡之心。华墨人所有的策略动作需要跟战略定位保持一致，做项目的时候，要牢记"以不凡之心成就客户更大价值"，搞清楚定位并围绕这个点去积极发力，然后再形成"世界会展·中国华墨"！

所以说，公司任何的一个项目，要体现出价值，体现出我们华墨人的不凡之心，要把华墨集团的格局和气质通过市场行为不断地传递出去。

当然，过程任重而道远，华墨人一定要有足够耐性，要坚持长期主义。在这里，华墨人也要思考一个话题，"作为华墨人，不要简单地问华墨为你做了什么，也要多问问你能为华墨做什么！"诚然，现在的华墨尚不完美，它需要成长，需要鼓励，需要不断完善。而作为华墨的一员，我们要像真正成熟的、合格的成年人一样，成为这个组织的贡献者和创建者和最终的命运决定者，如图4.4.5所示。

图 4.4.5　华墨集团开春第一讲

怎样才能做到呢？这就需要华墨人统一思想、统一方向、统一力量，一起去积极行动，然后一起拥有精彩的华墨人生。因为个体的一辈子，真正可做事业的黄金时间就30年，这30年恰恰是人生最宝贵的青春年华。从理性角度思考，作为一个组织，如果明确自己是谁、要去哪里、怎么去，以及在去的道路上要遵循什么样的共同行为准则，未来将会有5倍、10倍甚至20倍的增长，每个个体也将在这样的过程中同步成长。华墨人身处这样优秀的组织，只要共同创造，形成共同的价值观，那么任何结果都不会太差。在这个长期过程中，华墨人习得的不是战胜之法，而是不败之法。这就是华墨人常说的一生不败，是最小的目标，但也是最大的成功！另外，华墨人在的精彩旅途中，能够顺便修己达人。华墨人要修养好自己的德行，用自己良好光明的德行，去影响他人，奉献社会。

世界会展，看中国！中国会展，看华墨！华墨人坚信，在不久的将来，华墨将一定能代表中国会展走向世界舞台，这样的目标一定要设法达到。

专家点评

在中国会展业发展进程中,华墨集团的发展具有鲜明的代表性。之所以这么说,这是因为一个民营集团经过短短的14年时间,足够鲜明地形成了独具特色的四大赛道(即业界熟悉的"华夏家博""华机展""华食展"与"华车展"四大品牌项目)以及由此形成了集团会展项目生态体系。

历经多年耕耘,"华夏家博"在该集团展会项目中首屈一指。华夏家博会自亮相之后一直是同类展会中高效

点评嘉宾:广西国际博览集团有限公司副总经理 邓诗军

率、高性价比的一站式集中采购模式的重要代表。"华机展""华食展"与"华车展"尽管常被认为是后起之秀,但随着业务的不断推进,它们同样表现出了强劲动力与不凡业绩。

集团主要领导人王国平,始终对市场足够敏感,注重把握大好机遇,敢于迎接严峻挑战,以相对优越的战略思维坚定地带领全体员工"以不凡之心成就客户更大的价值",此时正在朝着"世界会展·中国华墨"的美好愿景继续奋勇向前。高调做事,低调做人,王国平在行业发展中取得了卓越的管理成效,善于在相对恬静的处事心态中有效决策、大胆作为,赢得了业界的高度评价。

在未来,华墨人自当继续不甘平庸,敢于不凡,在大胆挑战中收获更多的时代成就感!

Chapter

5

第五章

博乾国际会展：
着力构思测绘地信展会生态

北京博乾国际会展服务有限公司（简称"博乾国际会展"），前身为"北京博乾会议服务有限公司"，成立于2000年，是一家专业提供"会""展"项目服务的公司。至今，博乾国际会展的业务主要涉及组织展览、承接会议、主场服务与管理、展馆运营、智慧展馆解决方案等多个层面，主要服务行业涵盖测绘地理信息、疼痛医学、园林工程、房地产、远程教育等。

"诚信为本，服务至上"，是博乾国际会展运营20多年来的发展宗旨。多年来，博乾国际会展一直活跃在中国会展业发展的最前沿，并以踏实、专业、细致的服务赢得了广大客户和众多业内同行的高度认可。千帆过尽，初心不改！在未来，博乾国际会展将依旧秉承发展宗旨，紧跟时代发展步伐，续写属于未来博乾人的会展之路！

第一节　博乾国际会展发展简介

一、博乾国际会展的主要发展历程

历经23年的时间，博乾国际会展主要经历了三个阶段，分别是摸索阶段、成长阶段和厚积薄发阶段。

（一）摸索阶段

2000年，伴随着中国经济体制改革的逐步深入和对外开放局面的不断扩大，中国会展业迎来了蓬勃发展时期。在这样的特别年份里，博乾国际会展的两位创始人——白正玄和柏艳准确把握时机，在北京市宣武区（现在的西城区）成立了一家会议公司：北京博乾会议服务有限公司（简称"博乾会议"）。当时，中国会展业正处于起步阶段，整个行业的规模相对较小、水平相对较低、市场规模有限，大多数展览还只是局部性的。2000年，全国仅有20多家国家级的展览经营机构，会展行业协会等组织远远还没有真正建立起来。会展人才的培育机制不够完善，行业的专业技能和管理水平相对较低。

在博乾会议成立之时，绝大多数人对"会展"的概念十分模糊，对"会展服务"所涵盖范围的理解也很不准确。在这种市场竞争并不算特别激烈的状态下，博乾会议凭借自身良好的社会关系、丰富的酒店资源、完善的会展产业供应链体系以及专业化的服务，在当地迅速打开了局面。因而，在每一年，博乾会议接待不同行业、不同规格、不同类型、不同规模的会议活动近百场。尽管在现在看来，这样的活动数目并不算多，但在当年已经很不容易。就这样，博乾会议以相对稳定的发展节奏与运营方式走过了近十年的时间。

（二）成长阶段

2010年，是会展经济概念被正式提出的第10个年头。上海世博会成功举办后，中国会展业进入了快速发展时期。对博乾会议来说，2010年也是具有重要意义的一年。2010年，经过公司高层慎重思考和综合衡量，"北京博乾会议服务有限公司"正式更名为"北京博乾国际会展服务有限公司"（见图5.1.1），服务范围也由最初的"会议接待服务"发展为提供"一站式会展活动服务"，在原有接待服务的基础上，增加了会展策划、设备租赁、展台搭建、活动宣传等多项内容，而且开始带领国内企业参加境外会展活动，积极而沉着地迈出了国际化发展的第一步。说起来，这样的高层思维与业务突进即便在当前看来也十分难得。毕竟，在当下，国内仍有大量会展公司与国际元素几乎绝缘，更谈不上更深层次的出国参展与出国办展。

图5.1.1　北京博乾国际会展服务有限公司

与此同时，博乾国际会展的高层开始主动对公司多年的业务范围及主要业绩进行深刻的反思。毋庸置疑，每年近百场的各类活动，确实给公司带来了相对丰厚的利润，但公司显然已经不再满足于这些直接能感知的"利益"。公司领导者深知，随着会展业的深入发展，竞争必然会愈加激烈。如果做不到居安思危或者不设法积极形成公司自身的经营特色，公司在未来极有可能在短时间内被行业淘汰。

经过若干次的积极探索和主动尝试，博乾国际会展渐渐找到了自身的精准定位，开始在每年近百场的活动范围内进行细致筛选，逐步择优，最后保留了以往仅10%的活动项目，然后选择在这些行业里继续深耕。也就是说，博乾国际会展从现实出发主动做出选择，舍弃了一些可以带来经济效益的业务与客户。这样的思维现在看来是很超前的，因为这样的"艰难"抉择最终可以让公司的客户更为聚焦、项目资源更为集中、运营重心更加明确。即便发展至今，公司的老员工们在闲暇回顾往昔之时，仍然觉得公司这一步的决策十分关键。

"有所为有所不为""有所不为才能有所为""有所为才能更有地位"。在这样的运营思维中，博乾国际会展逐步完成了阶段性的观念突破与思维提升，也让全体博乾会展人更有理由憧憬美好的会展未来。

（三）厚积薄发阶段

至今，博乾国际会展已服务测绘地理信息行业20余年，与测绘地理信息行业共同成长与壮大。多年来，博乾国际会展凭借丰富的会展接待经验，经过不断的创新、融合与发展，深耕测绘地理信息产业，不断为产业发展寻找更好的机遇。也正是基于独特的发展理念，博乾国际会展也由最初的会展服务商发展成为如今的国际性展会组展单位，在测绘地理信息产业中逐步成为不可或缺的支持力量。

2015年，博乾国际会展及多家测绘装备生产商和经销商共同倡议发起成立中国测绘地理信息技术装备交流平台（以下简称CHINTERGEO）。这是一个为企业服务的公共平台，它代表参展企业的共同利益。保持展会继续良性发展是诸多平台企业的共识和责任。平台以CHINTERGEO品牌形成行业凝聚力和群体竞争力，通过开展多种行之有效的活动，在行业内倡导更多的正能量，营造平台成员之间互相尊重、公平竞争、诚信经营、取长补短、共同发展的良好环境，不断提升我国测绘地理信息技术装备产业的整体影响力。

2017年，换届后的中国地理信息产业协会装备工作委员会秘书处设立在博乾国际会展，由总经理白正玄担任秘书长（见图5.1.2）。多年以来，该职位首次由非地信行业的从业人员担任。该协会的装备工作委员会秘书处之所以会在企业着落，主要因为博乾国际会展多年以来的坚定作为与高精度服务。

2018年，北京博乾国际会展服务有限公司正式成为UFI会员，由博乾国际会展主办的CHINTERGEO展览会也成为UFI认证的国际展会。这标志着博乾国际会展的自有IP真正得到了行业认可。

图 5.1.2　中国地理信息产业协会王增宁秘书长为白正玄总经理颁发证书

自此以后，公司各方面的业务得到了深入拓展。除了在地理信息行业取得积极进展与卓越业绩之外，公司的知名度与美誉度不断提升，在与业界同行的深度合作与沟通中拥有了更大的影响力。公司的主要负责人频频亮相各类论坛，与会展业界频繁互动，取得了积极的沟通效果（见图 5.1.3、图 5.1.4、图 5.1.5）。

图 5.1.3　白正玄总经理（左一）出席 2019 中外会展品牌发展大会

图 5.1.4　柏艳副总经理（左三）应邀出席 2023 厦门国际会展周

图5.1.5　柏艳副总经理在"2023第二届中国会展场馆运营管理论坛"演讲

二　博乾国际会展的企业文化

（一）企业精神：厚积薄发、砥砺前行

宝剑锋从磨砺出，梅花香自苦寒来。习近平主席指出："我们处在前所未有的变革时代，干着前无古人的伟大事业，如果知识不够、眼界不宽、能力不强，就会耽误事。"这句话时刻提醒着博乾会展人，任何事都不是轻轻松松就能干成的，唯有像宝剑和梅花那样在成长时经历磨难、挫折，不断厚实知识储备、拓展工作能力、磨砺意志品质，方能取得成功。

博乾人始终坚持学习，积极参与行业活动，努力扩大知识储备，不断将理论与实践结合，在实践中摸索和前进，以便更专业、更高效地服务于每一位客户。只有坚持学习，凭借保持学习的"饥饿感"，不间断地给自己"充电"，博乾人跟上了时代前进的步伐。除了会展专业知识的学习之外，博乾人还坚持向下扎根，了解所服务客户的行业，深入行业以专业会展人的视角帮助客户制定营销方案和更快速地开拓市场。

博乾会展人一直认为，只有静心沉淀、深度积累，才能不断拓展自身的工作能力。不怕苦、不畏难、战艰难，才能厚积薄发。

（二）企业宗旨：诚信为本、服务至上

诚信为本，是人类社会进步的规律属性。没有诚信作为基石，不能诚信相待供应商、客户、用户，只求眼前利益，那这样的企业必定会被市场所无情淘汰、被社会所残忍抛弃。

服务至上，意味着企业需要倾注全部心血和精力全心全意地为用户服务，实心实意地替客户着想。变被动、生硬服务为主动、微笑服务；变一般的服务为多样的特色服务，把优质服务形式落到实处。心为客户所用，情为客户所系；急客户之所急，想客户之所想；想于客户未想之先，做于客户未做之前。

多年以来，博乾会展人在企业高层的积极引领下，始终能将客户需求放在重要的位置，并且始终对客户们坦诚以待，主动而执着地开展精准的专业化服务。对客户，博乾会展人十分用心而且注重精度，因而也通过实实在在的卓越服务得到了客户持续的高度认可。在多年发展中，公司品牌也不断地得到认可。

（三）服务理念：用户至上、用心服务

博乾人秉承专注于服务本身的理念，竭尽所能地为广大客户提供最优质的服务。"用户至上，用心服务"是博乾国际会展最重要的企业文化，体现了博乾国际会展以人为本、以客户为中心、用心服务客户的宗旨。当然，这早已深入每一位博乾会展人的心。多少年以来，博乾人一直用心地服务，力求客户满意，实现企业效益最大化。

博乾国际会展秉持这一服务理念，帮助每一个小微参展企业制定参展宣传计划：如何做展前宣传、如何吸引观众驻足、如何发放小礼品、如何找出潜在的客户、参展后如何跟进潜在客户……通过这一系列的耐心指导，博乾人一直在"刻意"帮助客户，使其参展受益最大化。

博乾国际会展的每一位员工，始终在将企业的服务理念转化成客户对我们的高度信赖，使其在客户心中扎根。也正是由于多年以来点点滴滴的积累，博乾人的形象不断在提升，公司品牌得到了成功塑造。

（四）经营理念：科学管理、诚信经营、与时俱进、奋楫笃行

经营理念是企业管理的核心，直接关系到企业的生存和长远发展。博乾国际会展，长期以来坚持运用科学的方法来加强企业管理，全面提高中层管理者的管理水平和效率，实现公司的高效运作和经济效益最大化。通过工作分析、职责分配、工作制度、经验总结、标准化操作、管理流程、绩效评估等，公司在科学管理中有效地提高了员工的工作效率、降低了公司成本、提升了服务质

量、增强了公司的核心竞争力。

在经营中，博乾国际会展始终遵守商业道德，依法诚信经营，坚持不搞欺诈、不做虚假宣传、不参与恶意竞争，逐步建立良好的社会形象和商业信誉，赢得了广大客户的充分信任和大力支持。博乾国际会展也随时关注市场变化和新技术的发展，针对行业变化和客户需求及时进行战略调整，以保持公司较强的综合竞争力和发展活力。同时，博乾国际会展具备开放的心态，敢于尝试、勇于创新，善于阶段性地拓展公司的业务和领域，使公司始终在行业发展中保持领先优势。

在实际操作中，博乾会展人认为，只有形成团结协作、高效紧张、不断创新的氛围，才能快速地适应市场变化而解决问题，实现公司长期稳定的发展。

三 博乾国际会展的主要业绩

2001年，是公司成立之后的第二年，公司逐步接触测绘地理信息行业。对公司而言，这是一块新领域。在那时，该行业内的活动还不能称之为真正的展，充其量只是一场行业内的交流订货会。这也就是CHINTERGEO中国测绘地理信息技术装备展览会的前身。在当时，整个订货会在一个酒店里就可以举办，会议规模仅300人，展位仅40—50个。

博乾国际会展是唯一一个服务于测绘地理行业长达20年的会展公司。通过这些年的努力，公司已经将CHINTERGEO展览会打造成为全球第二、亚太地区第一的专业展会。长期的辛勤耕耘，终于修成正果。如今，博乾国际会展与CHINTERGEO展览会几乎密不可分，展会也取得了越来越好的经济效益与社会效益。

2015年，公司创立"CHINTERGEO"品牌。在那一年，CHINTERGEO展览会成为北京博乾国际会展服务有限公司的自办展。通过若干年的努力，该展会的展览面积逐年递增，专业观众涵盖城市规划、道路交通、林业、农业、电力等应用领域。而且，CHINTERGEO展览会逐渐步入国际化，不仅每年去国外参加地信行业的相关活动、通过国际媒体进行展会宣传，还和FIG（国际测量师联合会）建立了长期的友好合作关系。几乎每年，FIG的领导层均会莅临CHINTERGEO展览会现场，在高峰论坛上进行有深度的主旨演讲（见图5.1.6、图5.1.7和图5.1.8）。

图 5.1.6　FIG 副主席 Orhan Ercan 出席 CHINTERGEO 展览会 2018（成都）开幕式并进行主旨演讲

图 5.1.7　荷兰 FIG 工作周共同主席 Paula 先生出席 CHINTERGEO 展览会 2019（长沙）开幕式

图 5.1.8　智展当下·勇拓新途——2019 年 CHINTERGEO 展览会开幕式

2016 年，公司出资成立"北京韩济生疼痛医学研究院"。博乾国际会展最早是在 2004 年开始接触疼痛医学的。当时，疼痛医学的研究在国内还没有广泛开展。直至 2007 年，卫生部（现国家卫生健康委员会）发文在全国三甲医院建立疼痛科，疼痛学科才正式发展起来。

博乾国际会展一直伴随着疼痛医学事业在中国的发展，与疼痛医学行业建立了良好的合作基础。经过一年的筹建准备，"北京韩济生疼痛医学研究院"终于正式挂牌成立，并在中华医学会、中国医师协会、中国中西医结合学会等专业机构的指导下，开展以下工作：负责组织基层医护人员的培训，编写《全国疼痛科建设产品手册》，召开全国性学术论坛（见图5.1.9），负责世界疼痛日、中国疼痛周科普活动的相关组织工作，以及定期组织青年医师PK赛，以不断选拔优秀的人才。

图 5.1.9　中国医师协会 2021 年疼痛科医师年会

2017年，凭借博乾国际会展在国内地理信息产业的良好"口碑"和卓越影响，也由于博乾国际会展有着会展行业的特殊优势，中国地理信息产业协会将装备工作委员会秘书处在博乾国际会展公司设立，主要负责工委会的日常运作、发展新会员、定期组织会员单位召开工作会议、组织企业编制地理信息装备相关技术标准、承办"中国地理信息产业大会"等。

2018年，博乾国际会展正式成为UFI会员，加入到UFI大家庭中，同时由博乾国际会展主办的CHINTERGEO展览会也成为UFI认证的国际展会（见图5.1.10、图5.1.11）。

图 5.1.10　UFI 颁发的国际展会证书　　图 5.1.11　公司的 UFI 会员证书

作为国内地信行业极具代表性的行业活动，自2020年起，CHINTERGEO展览会持续得到包括CCTV 1、CCTV 4、CCTV 13等央视媒体的关注，地方台也频繁报道（见图5.1.12和图5.1.13）。

图5.1.12　CCTV 4报道CHINTERGEO 2020（青岛）

图5.1.13　CCTV 1报道CHINTERGEO 2023（南昌）

四　博乾国际会展高层领导的主要业绩

博乾国际会展总经理、创始人白正玄在2000年创立北京博乾会议服务有限公司，任法人兼总经理。随着中国经济进入高速发展期，公司业务能力得到了快速提升。2015年，公司联合中国测绘界领军企业数十家，成立了"CHINTERGEO中国测绘地理信息技术装备展览会交流平台"。白正玄荣任平台秘书长一职。此平台旨在更好地服务于企业、服务于展会。2017年1月，白正玄被中国地理信息产业协会破格聘请担任装备工作委员会的秘书长。2018年4月，公司旗下CHINTERGEO中国测绘地理信息技术装备展览会成功通过

BPA审计,并得到UFI全球展览业协会认证,成为唯一的一个得到UFI认证的同类型国际展会。此外,白正玄还担任中外会展校企合作联盟副主席、中外会展主办者俱乐部首届轮值主席等(见图5.1.14和图5.1.15)。

图5.1.14　白正玄总经理作为首届轮值主席出席中外会展主办者俱乐部理事会

图5.1.15　白正玄总经理担任"第十五届全国商科院校会展策划、展示设计大赛"评委

博乾国际会展联合创始人、副总经理柏艳,从事会议展览行业20多年,参与了多个大型会展项目的策划与实施,拥有近千场活动组织经验。"细节决定成败",是柏艳女士在会展经营活动中笃信不疑的重要理念。经过多年的深入摸索和不断实践,柏艳总结出了一套完整的会展执行体系及表格应用体系,并在多项会展活动中得到广泛的应用和提升。目前,柏艳女士担任CHINTERGEO中国测绘地理信息技术装备展览会交流平台副秘书长、中国地理信息产业协会装备工作委员会办公室主任、南京会奖旅游行业特邀顾问等(见图5.1.16和图5.1.17)。

图 5.1.16　柏艳副总经理受聘"南京会奖旅游行业特邀顾问"

图 5.1.17　柏艳副总经理担任"第十二届中外会展投资合作洽谈会"开幕式主持人

显然,博乾国际会展能坚挺地走到今天,凝聚了两位创始人无限的心血。尽管疫情对会展业的冲击甚为明显,但是博乾国际会展不仅没有在严峻的疫情中迷失方向,甚至还走出了一条符合自身持续发展的特色道路。当下的博乾国际会展,正在新的发展阶段不断焕发新的生机与活力。

第二节　博乾国际会展主要领导的生态情怀

会展是一个竞争激烈的行业,那些能经历风雨生存下来并拥有良好的发展前景的会展公司，都是行业内相对优秀的企业。博乾国际会展从零开始发展至今，其间难免遇到过数不胜数的挫折和各种各样的复杂问题，但企业高层的生态情怀决定了企业向前发展的高度。博乾国际会展的总经理兼创始人白正玄、副总经理兼联合创始人柏艳，既是企业的主要领导者，也是精神领袖。企业在他们的带领下从激烈的竞争和困难的行业环境中脱颖而出，但过程并不容易。基于经济形势和行业发展的不断变化，任何企业都无法保证能一直稳步前行，唯有始终怀有会展生态情怀，坚持本心、用心耕耘，企业才能取得长足发展。相信在往后的日子里，博乾国际会展仍然可以在行业内稳步发展，更上一层楼。

成立于2000年的博乾国际会展，是一家综合会展策划、会议接待、展示展览，以完全市场化运营为核心的专业公司。公司专注于"微·专"展，专注于精细化、定制化服务，以独特的跨界融合经营的模式，带动着行业的发展。

创始人白正玄在大学时期就曾经参与多项社会实践，丰富的实践经历塑造了他雷厉风行的态度以及不拘一格的风格。大学毕业后，白正玄积极深入地了解服务行业，并得到了更多的灵感。那时，会展业在我国还处于初级发展阶段。然而白正玄认为，会议活动在人们的日常工作、学习、生活中相当频繁，任何行业都离不开会议。不过，当时会议的主办者大都习惯于自行组织，对供应商的信息获取度不足，且组织者往往要付出较大的成本。试想，如果有一家公司能够为会议组织者提供较为专业的会议相关服务，那该公司一定会受到企业的欢迎，在今后一定也能大有可为。于是，抱着这种想法，白正玄找到了另一位联合创始人，也就是柏艳。

柏艳在大学毕业之后就开始从事展览方面的工作，北京展览馆是她最早接触的展览场馆。后续她也曾在旅游和酒店行业深耕，这一段经历让她接触到更多的会议活动，也更加了解组织者的痛点、洞悉客户的需求。同样，她十分认可会议活动的潜力。所以，两人的想法不谋而合。两人经过详细的磋商和周密的筹划之后，成立了北京博乾会议服务有限公司（博乾国际会展的前身）。当时，博乾国际会展提出了"三专"：提供专业的会议服务，让客户可以更专心组织会议，更专注于会议内容（不被繁杂的会务工作干扰）。

博乾国际会展顺利成立之后，白正玄作为主要负责人，多年服务行业的经历磨炼出的直觉使其牢牢把握住了行业的风口。对于看起来有些许前景的项目，白正玄总是不介意深耕挖掘一番。"能做的事情就要尽量去尝试，我们要抓住一切机会。"白正玄经常这么说。博乾国际会展的业务范围因此得到了迅速拓展，由刚开始的单一会议服务，不断扩张，成为当时行业内少有的综合性展会服务公司。

在行业中，白正玄干练的做事态度颇受客户的认可。对于客户，白正玄从来都是以诚相待。他曾说："对我而言，我希望客户不仅仅是客户，也是朋友；我要做的也不仅仅是从客户身上获得利益，我希望有了博乾的服务加持，我的客户能够变大变强、发展得更好；我们互惠互利、合作共赢！"公司初入地理测绘行业时，白正玄总经理每天都要跟客户进行电话交流，定期前往客户所在的城市与客户面对面沟通合作。就这样，白正玄走遍了大半个中国，他诚挚而热情的态度为博乾国际会展赢得越来越多的客户。他不仅仅为客户提供专业的会议服务，也真正做到所说的那样，"把客户当成朋友"，帮客户解决了会务之外的很多问题。很多客户在交流中都戏称白正玄总经理为"白老大"。对这个称呼，白正玄说："客户能这么说，代表他认可我，但是我更要清楚自己的身份和角色，做自己应该做的事情。"服务公司的本质就是为客户提供高质量的服务，白正玄深以为然，所以即便客户再熟，他也依旧不会有任何松懈，依旧要诚心诚意、全力以赴。

作为深耕于展览和酒店行业多年的从业人员，柏艳对于会议服务同样有着自己独特的看法。她常说："对待客户，我们就是要无微不至。如果客户把项目交到我们手上，我们要做的就是让客户从信任到信赖，再到依赖。我们要努力做到，看懂客户的每一个示意，大到一个动作、一句话语，小到一个眼神、一个表情。"相对于一个项目的盈利，柏艳更看重的是项目合作的可持续性以及发展潜力。在她看来，能够为客户的单一项目服务不是什么特别值得炫耀的本事。能把客户服务到位，让其自身满意，达成战略性合作，那才是公司的真本事。在这样的情况下，基于高度的信任，对方就会把几乎所有的活动都让这个企业来"操刀"。等到那个时候，企业根本不需要为业务发愁。更重要的是，在高度的信任中，双方的合作特别愉快。在这样的时候，往往项目的灵感与创意会明显增多，将更好地促进项目的优化。

每一个会议项目，无论规模大小，柏艳总是尽可能亲临服务第一线。她常说，承办会议不像拍电影，错了可以"NG"，会议现场就像是舞台剧，错了就没有机会纠正。所以，她会在每个会展活动开始前，多次模拟场景，对于每个环节力求做到胸有成竹。"我要在最显眼的地方，以便在突发状况时，我的客户一眼就可以看见我。"无论我们的计划有多完美、无论我们的筹备工作有多周密，都很难阻止意外的发生。因此，无论看起来多么简单的活动，都要有预案。这是柏艳一直以来面对举办活动的高度觉悟。"很多时候一开始是小事，但是如果一直无法解决，等到事情发酵起来，小事也会成为大事，到最后可能根本没法收拾。客户之所以选择我们，是因为看中了我们的专业素养。而如果在客户感受到之前，我们就能发现并立即解决问题，无疑是一种更专业的表现。"这样的做事态度，使柏艳所带领的博乾会展公司深受广大客户信赖。很多客户都说，有柏总在，总是会觉得很安心、很踏实！正是因为这份特别的"安全感"，博乾国际会展的客户们总是不吝于向更多的朋友和同行推荐。这才是"金杯、银杯，不如客户的'口碑'！"来自客户的认可和信赖，让柏艳觉得既感动又温暖，同时，她更是暗自下定决心，要继续努力，不辜负大家的信任。因为，唯有这样，公司才能持续拥有更多为他们服务的机会。

"我们是会展公司，但是我们要做的却不止是会展，任何利好的事情，我们都要去做。"白正玄和柏艳对公司的发展一直秉承这样的看法，博乾国际会展并不拘泥于某些条条框框的内容，而是由内而外地如同苍劲的树木，向外延伸枝丫。如果说什么能够代表博乾，跨界和多元化应该是最合适不过的了。博乾国际会展由最初的会议服务商，逐步成长为多元化的综合性会展服务公司，并且在地理信息装备、疼痛医学、风景园林（见图5.2.1）、远程教育等行业内深耕多年。"我们不仅仅为这些行业提供服务，也在其中成长。"白正玄说道。这就是博乾国际会展独特的跨界融合经营模式，也是博乾国际会展能稳步发展至今的重要生态理念。

每个巨大成功的背后，似乎都有一些脍炙人口的故事，博乾与测绘展的相互成就也是如此。很多人或许都津津乐道于博乾令一个几百人的小会议一举成长为几万平的国际展览，而不知道当初这小机缘的生根发芽，离不开博乾领导人的坚持、诚信、认真，以及同行业共存亡的特别情怀。

图 5.2.1　2019 年中国风景园林学会园林工程分会年会

2000年，中国营养学会《营养膳食宝塔》的编审会在香山饭店组织了一场为期两周的会议，柏艳副总经理作为代表受邀出席。接连高强度的工作让人不免身心有些疲惫。有一天，参加完晚间会议的柏艳准备回房间休息，经过走廊时无意中发现有些纸张散落于地。柏艳下意识地弯腰，将纸张捡起来，准备投入一旁的垃圾箱内。而就在这一瞬间，柏艳似乎看到了"协会""委员会"等字眼。她赶紧收回了手，将纸片捋平，赫然映入眼帘的便是：中国仪器仪表行业协会财务工作会议通讯录。要知道，在那个信息还相对闭塞的年代，这样的一本通讯录，对会展公司来说就是个十足的"宝贝"啊。柏艳把通讯录带回了房间，随即进行相应的整理，准备拿回公司挨个联系，试试是否可以做一些业务拓展。真可谓，"机会是留给那些有准备的人的"。

当白正玄总经理看到这本通讯录后，为了不浪费这珍贵的信息资源，竟然亲自一个一个地电话拜访。一下午的时间悄然而去，晌午的烈日恍惚间已成黄昏，此时正是到了下班的时候，白正玄看着手中还剩的四五个电话，不禁深深地叹了口气。本着善始善终的想法，白正玄拨通了倒数第四个电话，谁知在简单寒暄过后，电话的那一头竟然深有感触地说了声："请问可以当面聊聊吗？"电话那头是时任中国仪器仪表行业协会测绘仪器分会秘书长的梁卫鸣（见图5.2.2），此时的梁秘书长刚参加完在重庆的测绘仪器订货会。当时的那届订货会的办公室内只有两个人负责分会的全部工作。因为人手紧张，所有的会议通知发出后，只能被动地等待回执，无法主动联系代表。结果，出乎意料的是，前来参会的人数远超预期，许多代表到了现场后竟然遇到无房可住的尴尬情形。

现场的工作人员，显然也没有什么实务经验，也没有能力临时协调相关资源，造成了部分人直至深夜才最终在酒店入住。这样的"无序"局面，自然让很多参会代表非常不满意，也给梁秘书长及其他工作人员的工作带来了极大困扰。完全可以想象，此时的梁秘书长是多么需要专业的会务人员来为他排忧解难！

图 5.2.2　中国仪器仪表行业协会测绘仪器分会秘书长梁卫鸣（左一）

在那时，得到对方回应的白正玄可谓深受鼓舞。于是在第二天一大早，白正玄就来到了梁秘书长的办公室。没想到，两人见面后一见如故。梁秘书长将在此前会议中遇到的诸多困难与尴尬一一对白正玄诉说，白正玄也深为没能早点与梁秘书长相遇，从而避免会议现场混乱发生而感到十分遗憾。就在一来二去之间，两人便敲定了新的合作，决定第二年在海南的全国测绘仪器订货会由博乾公司来承办，而这也让博乾国际会展人迎来了公司成立以来一次全新的挑战。

2001年的全国测绘仪器订货会，定档11月份，预计参会人数500人左右。协会要求博乾全权负责会议的接待工作，包括场地选择、代表邀约、现场接待、会场布置、会后旅游等。为了不辜负这份沉甸甸的信任（首次拜访就达成合作意向），2001年4月，博乾人带着使命感第一次来到了海口。当时的海南，以旅游业为主，酒店虽多，却很难较好地满足订货会需求。因为订货会需要搭建几十个标准展位及两个特装，需要面积至少2000平方米的会场。前往海口考察的博乾团队，在当时显然有点犯愁了，没有合适的场地，就无法往下推进工作。

但光"犯愁"显然解决不了问题，博乾人也不会轻易被这个局面困住。功夫不负有心人，在博乾团队寻找合适地点的途中，发现有个酒店正在装修，也就是当时三星的"华侨宾馆"。该酒店的茶艺馆之前专为旅游所用，而当时刚好因合同到期需要进行腾退。该场所大概2200平方米，可分成四个隔断，既可满足整体会议召开，也可保证分论坛的同步进行，同时也可以利用空闲场地搭建展位。考虑到部分参展企业可能有召开同期会议的需求，博乾又设法协调了附近的两家酒店，全力确保会场的面积、数量，以及房间数量能够满足会议所需，以期在最大程度上消除预期隐患。

解决场地问题后，博乾人随之迎来了第二个挑战：展具怎么办？在当时，博乾还只是一家做基础会议接待的会议公司，对这种既有标展又有特装的会议显然没有太多经验。然而，没想到正是这样的新业务，让员工们有了一种莫名的兴奋感。几番思索下，他们来到了海南海口展览馆进行沟通，希望可以从展馆租赁展具。当时，还很少有会展中心开展展具对外租赁这项业务。海口展览馆的工作人员对外租展具自然也完全没有经验，但没想到他们同样对这种经营方式充满了兴趣。在经过几番商讨之后，博乾国际会展和海口展览馆确定了合作方案，这也算是开创了海南展馆展具外租业务的先河。回到北京后，博乾团队向梁秘书长进行了工作汇报，秘书长对该方案赞不绝口，也对这次会议的成功举办充满信心。

忙起来的时候，几个月的时间几乎一闪而过。打电话、做预备、登记、演练，经过几个月的筹备，作为服务方，博乾会议公司终于在11月份迎来了当年的展会。没想到新的事情又出现了，而且还真的有些棘手。在2001年，笔记本电脑还很稀缺，虽然经常出差，但博乾在当时还未能拥有一台属于自己的笔记本电脑。开展前，现场工作人员租赁好了电脑主机、显示器与打印机等相关设备，并且进行了认真调试，以确保顺利进行。不曾想到，在报到当天，电脑显示器竟突然罢工，无论怎么调整显示器就是不工作。于是，工作人员马上设法联系供应商进行更换，但更换后的电脑在当天下午再次出现问题。在那个主要依赖电脑进行信息录入、打印与查询的年代，电脑瘫痪了，工作就会立即受到了影响，可以想象场面是怎样混乱。

当时，天色已晚，公司人员再次联系供应商，得到的回复是"即使以最快的速度更换，可能也要到深夜"，但这样将严重影响第二天的会议。为了信守承诺，也为了保证会议的顺利进行，博乾人毫不犹豫地在酒店附近的电脑城中花费一万七千余元购置了一台电脑，直接在现场安装软件进行办公，最终保障了此次会议的完美举行。这一看起来很小的举动，过程中得到了现场参会代表以及协会工作人员的高度赞叹。这一次并不容易的合作让梁秘书长确信，这就是他要一直想要长期合作的忠实伙伴：不追求眼前利益，一切以会议为重。这样的经历自然就增强了协会与博乾会展公司长期合作的信心，也才能成就多年的合作佳话。

此次会议结束后，博乾与测绘仪器分会开启了长达十余年的精诚合作，而那台电脑也随着活动的结束被运回北京。虽然这台电脑早在很多年前就不能继续服役了，但至今依然留存着（见图5.2.3）。它不仅仅是公司的一个办公设备，更是博乾人对行业生态信守承诺的一块金字招牌。秉承着这种精神，博乾在二十余年的工作中从未让客户吃亏分毫。这也成为了在公司多年发展中经常被员工谈起的美好故事。显然，这样的运营故事一直深深地影响着博乾会展人的做事态度与精度，也为深入了解客户需求和开展高精度服务奠定了坚实的基础。

图 5.2.3　博乾国际会展公司古董级的台式电脑

当然，也有可能有些人会认为这一切仅仅是机缘巧合，但是，博乾人却十分明白，正是对行业生态环境的一份忠诚，才真正造就了博乾在测绘行业的"生根"和"发芽"。

博乾国际会展的发展，靠的是跨界的创新多元化发展。跨界是一个厚积薄发的过程，跨界的行业与主业是完全独立的，但是它们又有关联性，相辅相成。博乾国际会展用会展的形式或者手段去运营新的产业，但新的产业又反过来提升了博乾国际会展活动的数量和质量，它们可以达到资源共享，最终实现合作共赢这个目的。这些，显然离不开两位创始人对博乾国际会展发展方向的准确把控。

至今，在企业运营的20多年来，博乾国际会展累计服务各类规模行业活动千余场，并以专业和优质的服务博得了众多客户的广泛称赞。

"诚信为本，服务至上"是博乾国际会展20多年来的发展宗旨。多年来，公司一直活跃在中国会展业的最前线，并以实际行动和成绩获得了客户和众多业内同行的认可。今后，博乾国际会展仍将一直秉承着公司的发展宗旨，为行业内提供更多更优质的服务，"路漫漫其修远兮，吾将上下而求索"。对今后会展行业如何发展，其实谁也无法给出准确的答案，但是博乾会展人坚定地认为，在两位创始人的正确带领下，公司将继续有能力在会展及其相关行业创造新的辉煌。

第三节　博乾国际会展的主要生态作为

融会贯通，优化资源，厚积薄发，砥砺乾行。博乾国际会展从创立之初便有着相对宏远的规划，持续肩负社会责任等使命。若干年来的事实证明，倘若不能一直深耕行业，会展公司的前景或许就很难预料。多年来，博乾国际会展与多个行业达成了深度合作，在地理信息、疼痛医学、风景园林等领域等层面皆已获得稳定的合作伙伴。尤其在地理信息领域，博乾国际会展自创展会品牌CHINTERGEO中国测绘地理信息技术装备展览会，已具备行业"风向标"的功能，成为行业生态圈内必不可缺的一环。

近年来，"绿水青山就是金山银山"的口号在国内响彻各个行业，博乾国际会展相对以往愈发注重绿色发展理念，注重"加强资源整合，降低环境污染"。每一次展会可谓都是在自然馈赠下的盛典，应注重科学搭建，建成绿色展装，保护环境，节能减排。博乾国际会展将运用数字化、智慧化的手段保证环境生态的可持续发展，保护环境生态。

一　博乾国际会展的"生态会展"发展背景

所谓"生态会展",在博乾人看来,简单而言就是将会展公司的生存和发展状态看作一个相对协调的生态圈。在这个生态圈中,所有供应商、制造商、分销商、零售商相互竞争也相互依存。公司深耕其中,从中积极主动地斡旋又与之共同成长。在博乾国际会展成立后的二十余年中,公司多次强调,假设公司只是仅仅寄生于某个行业之上,那总有一天会在摇曳中飘散如风,随风而去。但是如果公司将自身看作行业生态圈中相对有机的一部分,无疑将更有生机与愿景。

几十年来,中国会展业一直处于高速发展之中,对各行各业的发展有很大的促进作用。然而,随着市场的扩大以及行业产值的不断增长,大家越来越多把目光聚焦在了会展生态的视野中。尤其在近些年,一次性、浪费、铺张、形式主义,一系列相对负面的字眼逐渐与会展行业有更多关联,对会展业深度发展也形成无形的挑战。辉煌的几日,一瞥背后是如山的垃圾堆焚。环境问题日益突出,绿色会展的倡议更多进入议事日程。

在这样的背景下,业界试图尽可能杜绝一次性不可重复的耗材及其电力、水资源方面的层层浪费;在环保、可再生、可持续性等方面不断努力,减少碳排放,保护自然环境和人居环境。业界正在逐渐清醒,我们只有将会展从头至尾的组织、设计、实施和管理展览活动过程中的各个环节加以深入梳理,才有可能减少对环境的负面影响,展览活动与自然环境才真正有可能和谐共处。

在长期发展中,博乾国际会展的生态化思想与之不谋而合。自2000年以来,公司几乎每年基本上会参与近百个大大小小的项目。虽然公司的规模在日益壮大,而最终选择长期合作的不足10%。其中最主要的一个原因就是对绿色与生态化的考量。着重于少数的几个行业,利用可再生资源扎根行业内再生,有着与行业共存亡的气魄,这便是博乾国际会展长久以来的生存之道。二十多年中,不论大展还是小会,在保证项目完美进行的情况下,博乾国际会展严控资源输入,谨防废弃物输出,以最大的诚意与足够的执着大力推进行业成长。

（一）公司成立之初,懵懂开创绿色会议之旅

2000年的盛夏,一家会议公司悄然入驻魏染胡同旁,作为那个黄金年代宣

武区的第一家会议公司,短短数月便收到几十场不同规模会议的需求,奔波、扩招、忙碌,预示着公司壮大的一个个词语都与博乾息息相关。在一片欣欣向荣的发展氛围中,公司在开季度会议时却发现了一个明显的问题,那就是,每次开会累积起来的耗材费用,远远超乎公司预料的数目。造成这种情况的原因主要在于,那个时候,参会代表的信息收集还处于依靠"回执"的阶段,大多数时候,我们只能根据回执数量加上经验去预估参会人数,而为了保证物料数量,通常对于宣传单、纸张、笔记本、茶歇、纪念品等,都会按上浮20%的数量进行制作。如果参会人数不理想,这些物料因为印有专属logo与年份日期,往往在当次会议结束后就无法再次使用,每每只能沦为按斤计费的废品。很快,这一令人痛心的现象在一次专业峰会论坛上得到了最大程度的体现。

一次,某个专业峰会召开。当时,我们针对服务对象按1500人进行物料准备,其中包含大会手提袋、参会手册、笔、本子、大会特制玩偶手办、纪念品、证件,以及茶歇和自助餐食等。没想到的是,最终这次会议却在开会前遭遇了滑铁卢。由于一些未曾预料到的因素,最终参会人员竟然只有600余人,致使前期精心准备的物料足足浪费了三分之二。一方面,公司要妥善安抚各方赞助单位的不满情绪,另一方面则要处理大批废弃下来的物料。眼睁睁看着用心设计、精美制作、精心准备的物料,最终变成了几乎一文不值的一堆"废品",公司管理层曾经一度陷入沉思。从那时开始,博乾国际会展就下定决心,今后要更多推崇绿色会议,将环保理念切实融入办会宗旨中。自那次专业峰会后,公司推出了"三绝"政策:污染性材料绝不使用,铺张会议绝不承办,宣传力求精准、绝不浮夸。

1. 污染性材料绝不使用

在往期展会中,为了追求成本,许多展架、包装袋等物料都会使用一些具有污染性的原材料,如塑料制品。众所周知,塑料制品无法降解,污染万年,虽说大家在日常生活中不可避免地会依赖它,但作为组织者,避免大批量使用一次性材料是一个良心企业应该做的。

首先,我们选择用纸制品代替部分一次性塑料包装袋,而无法代替的成分则会更多使用淀粉塑料、聚乳酸等进行代替。这些材料可以被微生物降解,避免对环境造成过多污染。

其次,针对会议的搭建环节,我们坚决抵制现场刷漆行为,毕竟油漆在涂抹过程中会产生大量废气，液态油漆在气压作用下形成的雾化粉尘颗粒物，呈黏稠状，极易吸附在所接触的人或物体上，也是潜在的致癌物质，对整个大气环境造成严重污染。而且，作为有机溶剂，三苯（苯、甲苯、二甲苯）主要被用来稀释油漆以达到物件表面光滑美观的目的，但有机溶剂极易挥发，不能长时间随油漆附着于物件表面，在喷涂及晾干过程将全部释放出来，从而形成有机废气，其特点为无色、极具刺激性。而若想解决喷漆中所产生的废气，最有效的办法就是找到可以有效解决废气处理问题的厂家，通过专业的技术人员提供高效解决废气的相关设备。然而，这对于一次为期几天的会议来说，几乎是不可能实现的奢望。所以，博乾国际会展对所有搭建商在管理上进行统一要求，禁止现场一切涂漆行为，关心健康、关心环境。

2. 铺张会议绝不承办

对众多会议公司来说，财大气粗的客户是可遇不可求的首选客户。他们越铺张越浪费，承办方便越兴奋，因为随之而来的便是高昂的服务费提成。许多会议公司为了高额利润，会给客户撰写"高、大、上"（实则假、大、空）的策划方案、制定数目庞大的预算。明明五百人的会议，偏要冠之以"宽敞、舒适"之名，租用可以容纳近千人的会议室；明明是一顿简单的会议午餐，偏要冠之以"体验感"，活生生地抬高标准；或者是明明很有经验，知道如何预订餐饮数量，却偏要冠之以"保证充裕"超量预订。格调是高了，面子也充裕了，随之而来的却是短暂霓虹后的一片狼藉。

这样的事情，博乾做不出来。在跟客户合作的过程中，博乾总是把自己当成其中一员去考虑问题。按照实际情况出发，制定合理的方案和预算。有时候为了保证会议效果，也担心会议成本过高，博乾人甚至会向客户提出建议，适当减少部分支出。所以，凡是博乾国际会展的老客户，从来不用担心博乾提供的预算中会有"坑"，因为这些预算比他们自己制作的还"抠门"。博乾更倾向于在真实的会议效果上下功夫，包括协助客户策划受关注的会议主题、合理安排会议日程、在会议中融合举办地特色、注重会议现场的视听效果、收集并反馈参会者的意见及建议（以期办好下一届活动），等等。这些举动促使博乾国际公司成为主办者坚定的合作伙伴。

3. 宣传力求精准、绝不浮夸

在那个网络还不发达的年代，没有微刊、公众号、抖音等新媒体的宣传，想要扩大会议规模，绝大多数只能借助于各种纸媒，印发宣传单、宣传册、海报，等等。约翰·沃纳梅克曾说过："我知道我的广告费有50%是浪费的，但我不知道是哪一半。"而在那个年代，漫天发放的海报传单可能仅有不到百分之一投送给了真正需要的人，而更多的可能是随手就被无情丢弃。在这种无目的性、无针对性投放的背后，博乾看到的是无数参天大树的应声而倒。博乾国际会展更加注重广告宣传的精准投放，即使不得不借助海报或者宣传页的形式，也会按需制作，绝不浪费。这是博乾国际会展绿色会展的开始，也是一个未来将走向国际化的会展公司之责任所在。

（二）开始迈步生态会展，中国人要有自己的测绘展

2010年，在北京博乾会议服务有限公司成立十周年之际，公司正式更名为博乾国际会展服务有限公司。在这一年，博乾会展不只是仅仅承接会议，开始以更雄厚的实力竞标各类展览。次年，全国测绘仪器信息交流及订货会（交流会开幕式见图5.3.1）正式更名为全国测绘地理信息技术装备展览会。

图5.3.1 2010全国测绘仪器信息交流会开幕式

该会议的改革，是深思熟虑后的决定，也是时势造就的成果。自2001年以来，全国测绘仪器信息交流及订货会便一直由公司承办。可以说，该项目多年来一直伴随着博乾的成长。而偌大的测绘行业与市场，这么多年来竟然没有自己专门的展会，无疑有些让人心痛。在此时，博乾国际会展在多年深耕的基础上决定向行业生态圈迈出坚定的一步，"中国人也要有自己的测绘展"。担当着这样的历史责任感，从几十个标准展位的行业交流及订货会，到近两万平的专业测绘展览，博乾国际会展整整"熬"了十年。试问，现实有哪个服务型会议公司在结果不明确的情况下，愿意将自己"捆绑"于某个行业，进行长期的积累？当然，也正因为如此，博乾国际会展长久以来的生态化发展终于得以回报。

捆绑于行业，是博乾国际会展迈向良好会展生态的第一步，也是至关重要

的一步。这十年间，博乾国际会展高层领导走访了不计其数的相关企业，逐一"笼络"北京、天津、深圳、上海、武汉、衡水等地的测绘装备圈的无数个测绘装备群体，攒了数十万里的行程，从基层开始建立行业各级的信任。有人说，一个展会的每个展商不可能都是亲自跑出来的，然而，对博乾会展而言，测绘展的每一个客户或者每一个展商，还真是博乾会展人特别是白正玄一个个亲自跑出来的。从流水线的慰问，到开发商的研究所，再到经销商的办公室，最后跑到直销商的小卖铺。一步一个脚印，就像测距仪的丈量，最终绘好了这幅独属于博乾人的生态画卷。

在第一次全国测绘地理信息技术装备展览会开展当晚，白正玄董事长带着博乾全体员工走到了白天开幕式的舞台之上，地上还有零星几片碎彩带没有清扫，白天的熙攘过后仍屹立着无数特装展位的磅礴，一点一滴打拼来的展览会带给了众人无限的慰藉与骄傲，笑容洋溢在了每个博乾人的脸上。挥斥方遒间，白正玄董事长十分郑重地说了一句将一直照亮博乾未来的话，"我们努力了十年，让中国有了自己的测绘展，我们感激于此，也更应当回馈于此。再给我们一个十年，我们便理应带领着中国测绘装备走向世界"。这言语是何等地感动人，也将更好地激励更多博乾人奋勇向前，在未来取得一个个新的胜利。

（三）CHINTERGEO 联盟成立，博乾盘活行业生态冲向世界

为了让展会既旺人又旺财，2015 年初，博乾国际会展做了一个大胆的决定，那就是改变展会原有的体系，改走市场化道路。为此，白正玄总经理和柏艳副总，多次邀请地信行业同仁座谈、商讨细节，确定将"全国测绘地理信息技术装备展览会"正式更名为"中国测绘地理信息技术装备展览会"。至此，CHINTERGEO 展览会联盟雏形建立。2015 年 11 月 7 日至 9 日，首次以 CHINTERGEO 展览会联盟和北京博乾国际会展服务有限公司为主体举办的 CHINTERGEO 2015（中国测绘地理信息技术装备展览会），在美丽的沿海城市宁波举行，吸引了国内外约 250 家参展商，近 15000 名专业观众前来参观。

2016 年 1 月 15 日，CHINTERGEO 展览会联盟成立并在钓鱼台国宾馆召开了第一届理事会。近三十家测绘地信企业参加了理事会，中国房地产业协会常务副秘书长杨卫江、中国风景园林学会园林工程分会副理事长兼秘书长商自福作为见证嘉宾应邀出席（见图 5.3.2）。第一届理事会，确定了以下重要内容：

第一，联盟以"CHINTERGEO中国测绘地理信息技术装备展览会"为基础，以联盟成员的利益为根本，在此平台上，相互交流，共同发展，专注于测绘地信行业发展。

第二，联盟要以国际同类展会为目标，学习他们的长处和发展模式，同时又要体现中国特色，走符合中国测绘地理信息行业的发展道路。

第三，联盟将加强与相关行业协会和社团组织之间的联系、合作，拓展测绘地理信息行业市场。

第四，联盟将引导展会良性发展，抵制不正当竞争行为，保护知识产权，维护展会生态环境。

图5.3.2　CHINTERGEO展览会联盟第一届理事会合影
（中国风景园林学会园林工程分会副理事长兼秘书长商自福（一排左三）、
中国房地产业协会常务副秘书长杨卫江（一排右五））

博乾国际会展将展会与行业内龙头企业紧密联系在一起，以市场发展为导向，集思广益，尊重参展商和观众的意见，业内人士都亲切地称CHINTERGEO中国测绘地理信息技术装备展览会为"咱们的展会"。专业的服务＋良好的效果，令参展企业积极性高涨。有的企业甚至放话，CHINTERGEO展览会参展一次获得的客户，够其"消化"整整一年。随着展会面积逐年增大，参展企业逐年增多，在展会现场门庭若市的同时，众人再次回想起了那句"我们感激于此，也更应当回馈于此"。博乾国际会展决定要更加彻底地融入测绘装备行业生态圈，真真切切地做些实事。

2016年，博乾国际会展开始以CHINTERGEO展览会的名义不断接触国外相关行业组织，以自身论坛为出发点，结合百强经销商的特色和良好的展会效果等特征，陆续吸收更多的国外展商加入其中，并以CHINTERGEO联盟为团体多次造访国外各大相关展会，与无数外商专家结识并逐步达成深入合作（见图5.3.3和图5.3.4）。展会引发了全球展览协会UFI的目光关注。UFI在往后几年中多次派人实地探考，终于在2018年成为了全世界唯一一个获得UFI认证的国际测绘展品牌。没想到，此时距离那句"带领中国测绘展走向世界"，只过去了八年。

图5.3.3　柏艳副总经理在2017FIG（芬兰）展位上与FIG主席合影留念

图5.3.4　2018FIG（土耳其）与会代表对CHINTERGEO展览会表现出浓厚兴趣

二　博乾国际会展对"生态会展"的独特理解

生态会展，是指以保护环境为宗旨，倡导低碳、环保、可持续的理念，在会展活动的各个环节中注重环境保护和资源利用的可持续性，实现经济、社会、生态的协调发展。

（一）博乾国际会展对会展环境生态的理解

对会展公司来说，针对生态会展的理解和实践对其未来发展至关重要。其一，生态会展可以提高公司的品牌形象和社会声誉，增强客户和业界对公司的认可和信任。其二，生态会展也可以降低公司的运营成本和风险，通过低碳环保的方案、优化的物流和供应链等，实现节能减排、资源循环利用，从而降低成本和环境风险。同时，生态会展还可以创造更多的商业机会，满足不同客户的需求，扩大公司的市场份额和业务领域。毕竟，和一个将环保常年挂在嘴边并付之于行动的展会相关联，那企业不就也会更趋环保吗？

作为一个会展公司，博乾会展积极践行生态会展的理念和实践，加强绿色环保意识，促进了可持续发展。具体而言，公司是从以下两个方面入手的。

1. 采用低碳、环保的设计、装饰和建材材料

博乾会展在二十余年的搭建材料方面积攒了许多宝贵的环保经验，如运用竹制品进行展台搭建、展具设计等展览园林建设。此材料在博乾所承办的风景园林会议中受到极大的追捧，以展位自身进行成果展示，很好地体现了此类材质的优越性。此类展位的搭建，为竹制品的深入推广做了很好的宣传，自身也十分牢固可靠，同时唤醒了人们对古代篾匠手艺的遐想。在展会过程中，公司有意识地为竹制建筑展位吸引人流，以身体力行的实践行为大力支持和助力生态展会成功。

此外，公司运用了很多石墨烯材料。其由碳纳米管经超高温处理后制成，具有轻质、强度高、导电性好的特点，可用于展台、展馆结构加固或防火材料等。这是公司在展会中积极倡导的材料，每次有搭建商用这种材料搭建都会受到公司的倾情赞赏。运用石墨烯搭建而成的展位高科技感十足，外表轻盈却又坚不可摧。在公司展会的高科技加持之下，越来越多的企业争相效仿，形成了良好的绿色循环。

在一些元器件的展出中，公司会使用到米兰多玻璃，其由回收的玻璃饼干制成，可用于制作各种展览场地的隔板、墙壁、地板、家具等。这种玻璃的透明清晰度效果很好，公司经常会为元器件厂商进行推荐，展商对此赞不绝口，认为环保材料就是靠谱。

2. 优化物流和供应链管理

物流管理是会展公司能否顺利开展业务的关键环节之一。在传统的物流管理模式中，往往存在许多不必要的环节和流程，会导致资源浪费和碳排放增加。因此，在物流管理方面，博乾会展公司主要采用以下措施来优化运作。

1）选择绿色交通工具

传统的物流管理模式往往需要大量使用汽车和卡车等交通工具，导致碳排放增加。会展公司值得选择使用绿色交通工具，如电动车、自行车等，减少对环境的影响。在一些周期较长的展会中，博乾会为员工配备多辆电动自行车使用，一是方便快捷，不受堵车的因素干扰；二是以身作则，带动低碳生活。

2）建立配送中心

建立配送中心可以将物流运作集中管理，减少不必要的运输环节和流程，降低碳排放和成本。同时，配送中心还可以提高物流运作的效率和准确性，提升客户满意度。在多年中，博乾公司举办大型会展都会与当地物流供应商进行合作，以此大大提高效率，并减少浪费与污染。

3）使用智能化仓储设备

智能化仓储设备可提高物流运作的效率和准确性，同时还可以减少人力成本和资源浪费。博乾公司计划在未来全面推行使用自动化货架、物流机器人等设备，优化物流运作，并在未来进行"博乾小仓"的研发，完美实现仓储中心—会展中心一站式服务。

4）采用数据分析技术

数据分析技术可帮助会展公司更好地掌握物流运作情况，进而制定更科学合理的物流方案。例如，通过数据分析，会展公司可以预测客户需求，优化物流配送路线，减少碳排放和资源浪费。这些年，博乾公司在这方面已经进行了很多有益的探索。

供应链管理是会展公司能否提供高质量服务和产品的关键环节之一。在传统的供应链管理模式中，往往存在许多不必要的环节和流程，导致资源浪费和碳排放增加。在供应链管理方面，博乾会展公司主要采用以下措施来优化运作。

1）选择可持续的原材料和产品

会展公司应该选择可持续的原材料和产品，减少对环境的影响。例如，选择绿色建材和展品，降低对环境的损害。这也是前面所提到的，在环保方面，博乾堪称行业典范。

2）优化供应链

优化供应链可减少不必要的环节和流程，降低资源浪费和碳排放。例如，会展公司可与供应商建立长期合作关系，优化供应链配送路线和方式，减少不必要的运输环节。博乾便是以此为基础，在每个一线城市都有自己的供应商，将运输成本不断降低，从而减少路途中的污染发生的概率。

3）制定环保政策

制定环保政策是会展公司实现可持续发展的关键环节。会展公司应制定环保政策。在现实中，博乾更多地联合供应商就地使用食堂为大家供餐，有效限制使用一次性餐具，提高员工和供应商的环保意识。在必须使用盒饭餐食时，采取提前调查盒饭需求的方式，避免产生大量食物浪费现象。

4）倡导绿色展览

倡导绿色展览是会展公司实现可持续发展的重要举措。会展公司应该采取一系列措施，例如，优化展览布局、注重节能减排、倡导绿色出行等，减少碳排放和资源浪费。

博乾国际会展一直专注于低调、奢华、有内涵的风格装修展会，宛若艺术品一般的展览现场总可以给人以梦幻般的体验。这样的搭建思维在多次展会中得到了参展商与观众的高度评价。

（二）博乾国际会展对行业生态的理解

行业生态是指一个行业中不同企业之间、企业与客户之间、企业与政府之间的关系网络，涉及供应链、价值链、竞争环境、政策法规等因素。会展行业是一个涉及各个领域的复杂生态系统。在这个生态中，有众多公司、机构、政府和个人。它们共同协作，创造出了独特而丰富的合作价值和经验。在会展行业里，良好的行业生态可以提高整个行业的资源利用效率，强化各方面之间的合作，增加整个行业的竞争力、可持续性与稳定性。组织和举办以商务活动为主体的各种展览、会议、活动等，能促进企业间合作和交流，推动产业发展的服务性行业。

这个行业具有高度的多元化和开放性，其服务对象包括国内外企事业单位、政府部门、社会团体等。目前，国内会展业已成为多个城市重要的经济增长点，年均增速超过20%。而全球会展行业的规模也在不断扩大，预计到2026年将达到2.7万亿美元。而针对会展业来说，有几个行业生态特点是重中之重。

1. 高度关注客户需求与满意度

会展行业的核心是客户服务，因此在行业生态系统中，客户满意度至关重要。会展公司需要深入了解客户需求，并针对不同需求提供差异化的服务和方案。同时，公司还需要不断优化自身服务流程、提高服务质量和效率，从而保证客户的满意度。客户的满意度不仅可以促进业务拓展，还有助于企业树立品牌形象和口碑。在博乾公司的季度会议上，必不可缺的一个环节就是客户会后的反馈分享与讨论反思。公司着眼于不足与意见，在精益求精中打造了行业内独树一帜的"博乾品质"。

2. 建立多层次的合作伙伴

会展行业需要依托多种资源和合作伙伴才能够开展工作。这些合作伙伴包括展馆、酒店、旅游公司、物流公司、供应商等。显然，是他们在为会展公司提供场馆、住宿、交通、餐饮、布展、展品运输等服务，从而确保会展活动的顺利进行。因此，会展公司需要与这些合作伙伴建立长期的密切而稳定的关系，不断完善合作体系，从而提高自身的核心竞争力。博乾二十多年来一直在积累合作伙伴，接触的各类供应商数不胜数，相互交织中，以博乾为纽带的复杂商业交际网正在逐步形成。

3. 高度重视技术创新和应用

会展行业是一个充满创新和变革的行业。在生态系统中，创新和技术应用成为了企业发展的重要驱动力。会展公司需要引入最新的技术和应用，如虚拟展览、智能化展览等，积极探索新的展示形式、营销手段和互动方式。同时，公司也需要不断优化管理体系，加强数据分析和信息化建设，以应对未来市场变化和竞争挑战。博乾国际会展利用自身测绘展得天独厚的思维优势，致力构造新一代智能化场馆网络，将三维建模切实地运用到每一场展会、每一个展位、每一位嘉宾、每一次对话及其每一处细节中去。

4. 重视社会责任和可持续发展

会展行业在发展的同时，也需要承担社会责任和推动可持续发展。在生态系统中，会展公司需要制定环保政策、倡导绿色展览，并通过使用可再生能源、选择可持续原材料等方式，降低碳排放和资源浪费。博乾会展一直拥有着极强的社会责任感，在未来发展中，这始终是博乾会展公司肩上不可推卸的责任，只会更好地坚持而不会背离。

三 博乾国际会展在测绘装备会展生态层面的重要作为

博乾国际会展对生态会展最重大的贡献就是深耕于产业生态。博乾国际会展一直为测绘装备领域产业提供精致服务，至今已有二十年之久。在这里，博乾有不少故事可以与业界从业人员分享。

在十多年前，测绘行业运行管理还并不规范。2004年，某代理商声称手握各大企业代理权，各类测绘器具层出不穷，在众多城市中挨个游说，规模之大、行动之迅速令无数人瞠目结舌。众多城市小代理商纷纷信服，愿意做其次级代理，付定金签订合同。短短一个月时间，事件范围便已扩展至数十座城市。一时间各小代理商纷纷觉得占了便宜，情不自禁幻想起光明的市场前景。然而大家收到器物后，都大跌眼镜。无数的低廉器材贴上了标签便送到了各个代理商门口。而当大家准备追责之际，代理商却已全然不见踪影。

这一变故令无数小型代理商的资金链断裂，一时间测绘行业陷入悲鸣之中。当时已经承办测绘仪器订货会的博乾人对此感到异常气愤。如果有一天产业都倒了，那会展人还有什么行业生态可言？带着愤怒无比的心情，博乾开始了对测绘圈子的更深层次的探究。

因为有着一些人脉，从北京开始出发，一路向西南下，博乾开始了对各地测绘装备经销商的逐一拜访，用脚步丈量出了测绘装备行业的第一本黄页——《全国测绘仪器企业信息手册》。这本黄页几乎涵盖整个行业的测绘装备经销商的信息。

仅2011年，博乾国际会展就拜访、调研了数百家国内测绘仪器经销商，并与其上游厂家全部达成战略合作。伴随着展会的召开，第一届全国测绘仪器百强诚信经销商评选同期进行。公司以官方身份赋予了经销商荣誉，也让真正的良心经销商受到了大众的追捧。从这年起，每年博乾国际都会花费大量的人力物力对经销商上一年的各项情况进行统计，并对此展开缜密背调，将博乾认证做到了业内典范（见图5.3.5）。

图 5.3.5　2014 年度中国测绘地理信息技术装备行业"百强诚信经销商"合影

2017 年，中国地理信息产业协会理事单位装备工作委员会换届，北京博乾国际会展服务有限公司成为秘书处单位，博乾多年的努力受到了行业主管部门的认可，在产业中拥有了自己的一席之地。在后续的几年中，博乾国际会展积极推荐业内更多的优秀企业加入中国地理信息产业协会，在协会的指导下更有效地开展工作，拥有了更好的发展契机。

四　博乾国际会展对未来生态会展的展望

随着现代化经济的发展，会展业已成为国家经济建设中不可或缺的重要组成部分。未来的会展业也将继续迎来新的机遇和挑战。博乾会展对未来的生态会展有着无限的展望，主要包括以下内容。

（一）智能化会展

随着科技的不断发展，智能化时代已悄然来临。在未来，会展行业将逐渐向智能化转型。例如，在展厅内加装传感器，通过数据采集、处理和分析，更好地把握客户的需求和参观者的反馈，实现精准营销。此外，在展馆内应用虚拟现实、增强现实等科技手段，打造沉浸式体验，提高参观者的参与度和互动性。

在现实中，展会直播一直以来都是一个敏感话题。它可以省去一大笔的交通住宿费用，省去大量的精力，让人足不出户也可以了解到最新技术，为人民带来便利。然而，对展会主办方来说，展会直播可能是不太好的事情。便利性大大减少人们前往现场观展的热情与动力。在家看直播的人多了，就意味着在展会现场的人数减少了。而当观众在线上直接可以购买，就会因为无法深刻了解到一款展品最切身的作用，而导致交易机会减少，交易质量下降，长久以往对于展会方来说无疑是一种毁灭性的打击。在展会过程中，或多或少会有一些不文明行为出现。它们在视觉化的效果中，很容易被别有用心的人无限放大，从而对展会主办方以及展商都是较大的威胁。

针对未来，博乾国际会展有两个计划。首先，博乾国际会展已经下决心进军元宇宙展会。在超前的新兴理念下，展会规模一定会更上一层楼。博乾国际会展将构建最先进的三维建模模式，将人与人最实质化地展现给予对方，这样既可解放区域限制，又可让人拥有最直观的感受。并且，许多外商在相互交流后，可以直接在元件中转化订单，这样可以大大促进展会的市场化效果。博乾国际会展的一些专业展会将解除对大众的限制，推出专业观众交互模式以及游客用户观赏模式，既不干扰展会，又可让广大消费者及时了解展会内容，感受专业知识与先进技术的魅力所在。

（二）环保型会展

当前全球环境问题日益严峻，人们对环保问题的关注度越来越高。在未来，会展行业也将逐渐向绿色环保方向转型，这是行业内不争的事实。例如，在设计展览场馆时采用可再生材料，利用太阳能、地热能等清洁能源，实现能源的节约和环保目标的实现。博乾国际会展一直在这样的道路上探索，力求早日在展会中降低环保成本，为具有明显可持续发展性质的环保型展会做出巨大贡献。

（三）人性化会展

在未来的会展业发展中，人性化将成为一个重要的考量因素。例如，在展览现场可设置休息区、充电桩等人性化设施，方便参观者的休息和充电。同时，还可设置专门的小型活动区，促进展会与参观者的深度互动，增强会展观众的参与感和体验感。

近些年，博乾国际会展主办的展会越来越注重茶歇区、休息区、充电桩的设置。在多个展会中，茶歇已经成为展会的又一靓丽风景，并且逐渐招揽一些咖啡品牌竞标，通过协商，让这些品牌为展会提供专业的饮品服务。业界人士都知道，只有观众在展会现场的体验变好了，愿意在展会停留的时间更长了，展会效果才会变得更好。同时，在一些特定节日，如情人节等，公司还会为广大展商和观众送上玫瑰花，提升观众的亲近感。博乾人坚定地认为，未来的展会将会更加人性化。

（四）创新型会展

在未来的会展行业中，创新发展将成为主流趋势。创新不仅包括会展设计的创新，更包括营销方式的创新。例如，在展会宣传方面，可采用新兴的社交媒体，运用互联网思维和数据挖掘技术，开展精准的数字化营销。此外，还可以在会展内容上进行持续创新。例如，在展馆内加入更多文化元素，推出主题展览，增加艺术性和观赏性，更大程度上吸引更多参观者前来观展。

一直以来，博乾国际会展都在努力推进展会与各地历史文化的融合。在每次展会的晚宴中，都会有当地富有特色的表演活动争先亮相，但这还远远不够。中华文化是我们每一个中国会展人的脊梁，传播中国文化更是每一个中国人义不容辞的责任，公司要加强自身文化水平建设，将展会与文化相结合。毕竟，每一个中国会展人都要肩负中华民族伟大复兴的重任。因而，从这样的层面上看，博乾国际会展也一直在不断摸索并持续取得积极进展。

综上所述，未来的生态会展是一个不断创新化、人性化、环保化、智能化的会展行业。随着科技的不断发展和社会的不断进步，会展行业只有与时俱进，不断实现自身的转型升级，才能更好地适应未来的市场需求。博乾国际会展一直在呼吁各位同仁携手共进，为中国会展业发展再创辉煌。

第四节 博乾国际会展未来发展展望

三年的疫情，改变了全球经济的发展速度，中国的经济发展也受到一定程度的阻碍。会展业作为经济发展的重要推动力，必将率先复苏并取得快速发展。面对来之不易的全新机遇，各会展企业此时几乎都在施展浑身解数，逐步调整公司未来的发展方向，力争在未来拥有更高的市场占有率。

作为一家从DMC（目的地管理公司）开始，逐渐转变为PCO（专业会展组织者）的会展企业，博乾国际会展从创业至今，始终坚持优化自身发展方向，不断调整企业战略部署，以更好地适应大经济环境的飞速变化，力求在未来将公司打造成在业界具有较强竞争力与良好品牌形象的全案型会展企业。

一　发展目标

公司将通过"会展＋"模式，整合产业资源，赋能产业发展，构建产业生态一体化平台。

二　板块构架

（一）组展

博乾国际会展相信，专业展将是未来展会发展的重要方向。所以，公司要继续坚持"精准定位""在细分领域生根、深耕"的办展理念，用会展的形式赋能产业、服务于产业，与产业合作共赢！

（二）展陈

在传统展陈设计搭建的基础上，更大程度地增加绿色展装及模块式展具租赁服务、提供可移动会议室解决方案，解决部分场馆设施陈旧、场地不足、不能充分满足客户会议需求等痛点。

（三）会展接待

提升数字会展接待技术能力，争取做到每个环节/每个点位可控，甚至可视化，保障每一场会展活动的顺利进行。会展接待要继续专业化，力求提供卓越服务。

（四）智慧场馆

依托地信技术完成对实体展馆的数字孪生，实现可视测量、空间管理、流量分析、工作轨迹引导等智慧场馆解决方案，通过元宇宙技术开拓更多发展空间。

（五）提供行业解决方案

在这个得数据者赢天下的时代，博乾国际会展将通过对展览获得的各种数据进行整理、存储、分析、应用，为企业提供各类个性化服务，增加新的业务板块。

三 组展的生态化与数字化思路

博乾国际会展对行业生态化与数字化发展，有着自己相对清晰的思考。一个企业的发展速度，离不开行业"生态的支撑、数字化的赋能"。谈及意识提升，博乾国际会展认为，主要涉及以下两个方面。

（一）生态化

近些年，会展业在国家经济的大发展形势下得到快速增长。但是，有一些关于生态问题早就已经引起了公司的重视。公司在这些问题的解决上也取得了积极的进展。

1. 知识产权保护

近年来，展览已成为知识传播和经济发展的重要途径之一，更是一个知识产权被广泛展示的重要场合。各种创新设计、音乐、艺术作品、科技发明等都可以在展览中展示给公众。因此，知识产权保护在展览活动中显得尤为重要。

如果知识产权得不到保护，创新者将失去创作和创新的热情，他们的作品将面临挑战和剽窃。更重要的是，如果在展览中没有有效的知识产权保护机制，创造者和企业就会受到伤害，他们的利益将无法得到保障，也无法从创新中获得应有的回报。这会导致创新活动的减少，从而阻碍经济的发展。另外，由于展览行业部分从业人员的职业素养不高、专业性不强、更加看重短期利益，仿冒展会的现象也层出不穷，这种行为极大地损害了原有展会主办、参展企业、观众等多方的利益。

坚决维护自身展会以及参展商知识产权的利益是博乾国际会展一直以来所坚持的。展览主办方、参展单位、创作者以及参观者都应加强对知识产权保护的重视和行动，共同推动知识产权保护工作的落实。只有这样，展览才能发挥出其最大的积极作用，为社会进步和经济发展做出贡献。

2. 避免恶性竞争

恶性竞争的日益严重，已经成为当前会展行业一个十分突出的问题。近年来，一些展览以追求经济利益为目的，几乎不择手段地与竞争者进行恶性竞争，刻意降低运营标的，严重破坏了展览的原有宗旨和社会价值。例如，在恶性竞争中，一些展览主办方或者展商为了吸引观众或者达到商业目的，不惜造假、夸大其词，制造出虚假的展览内容，这种行为会带来负面影响。

首先，这种行为不仅欺骗了观众，损害了他们的权益，还让展览行业蒙上了污点，让观众对展览的信任度大幅下降。在这种恶性竞争的环境下，真实的展览内容往往无法得到应有的关注和认可，导致一些优质的展览难以发掘和深度推广。

其次，展览的恶性竞争对参展方的经济利益造成了极大的损害。一些展览主办方为了获取更多参展费用和商业合作机会，将展位的价格提高，给参展方造成了经济上的巨大压力。同时，一些恶性竞争行为也导致参展方的知识产权遭受侵犯。他们的原创作品被盗用，这不仅损害了他们的创作成果，也打击了他们的创新动力和热情，对整个行业的创新力和发展动力形成了足够的阻碍。

最后，展览恶性竞争还会给观众带来了巨大的视觉困扰。在众多恶性竞争的展览中，观众往往很难区分真假，不敢轻易相信展览内容的真实性。这样的"鱼目混珠"让他们难以轻易选择适合自己的展览，浪费了他们的宝贵时间和金钱。同时，恶性竞争也使得一些优质展览无法得到应有的足够关注，致使观众无形中错过了许多富有价值的观展机会。

总之，展览的恶性竞争不仅对展览行业本身造成了不良影响，还损害了参展方和观众的权益。博乾国际会展认为，要从源头上解决这个问题。这些恶性竞争者与其"伤敌一千、自损八百"，不如踏踏实实做出改变，了解企业和观众诉求。即便是同类展会，也要进行差异化良性竞争，努力为观众提供优质的展览体验，这样才能促进整个行业的健康可持续发展。

3. 绿色搭建、碳中和

绿色搭建是指通过在展览搭建过程中采用环保材料、节约能源、减少废物产生等措施，降低展览对环境的影响。与传统展览搭建相比，绿色搭建能够大大减少用水量、能源消耗和废物产生。通过使用再生材料、高效节能设备和可再生能源等手段，可以减少二氧化碳排放和污染物的释放。此外，绿色搭建还能够提高展览的质量和可持续性，为观众提供更好的参观体验和环境友好的场景。

碳中和是指通过减少、转移和补偿等措施来实现碳排放量净零。通过碳中和，展览的碳足迹能够得到有效的控制和减少，从而降低对气候变化的负面影响。由于展览通常耗能较大，通过碳中和措施对展览的能源消耗进行补偿，可以实现展览的可持续发展。

博乾国际会展（图5.4.1）认为绿色搭建与碳中和是展览产业可持续发展的重要策略，也是今后会展行业不可避免的大趋势。绿色搭建和碳中和措施，可以更好地减少展览对环境的影响，提高展览的质量和可持续性。所以，绿色搭建和碳中和是博乾国际会展一直以来所坚持的，这一点在未来也不会改变。

图5.4.1　博乾国际会展成立20周年庆典（2020年）

4. 打造和谐的会展场景

打造一个和谐的会展场景，既可以提升观众的体验与参与度，也能增强企业形象和品牌价值。而展会内部利益相关的群体很多，如场馆方、主场、物流、参展商、参会观众等，展览内不同群体的利益明显存在差异，平衡各方利益也便成为展会举办过程中的一个重要难题。

其一，建立合作观念是平衡展览各方利益的前提。各方应该在合作的基础上互相尊重，并且共同努力去实现最好的展览效果。作为主办方，博乾国际会展会积极与场馆、参展商、物流进行衔接，深入各方业务交接之处，对于可能发生的问题做到提前通知、尽力解决，努力维护各方的利益，避免出现类似业务不合理定价等问题。

其二，设置公平规则是确保各利益群体平衡的措施。博乾国际会展在展览策划初期就制定了明确的规章制度，避免一些利益不均衡的问题出现，对出现的违规问题严格把控，保证各方利益。只有这样，展览活动才能更具公正性和可持续性，公司也才能为广大参展者带来更好的参展体验，为参会者提供更多的价值，增加展会的影响力，让参会者从内心认可展会，让"新客"成为"回头客"，为展会带来固定的参会群体。

（二）数字化

对于未来，博乾国际会展期待在五年内实现彻底的数字化转型，基于数字手段对企业现有信息加以整合，将其晋升为数字化理念，帮助企业进行营销。在过往的时间里，博乾国际会展着力 BPM 系统（某展览系统）的企业内应用，以及 31 与冰河等线上系统对于观众的画像与资料整理。下一步，博乾国际会展将着重做好营销方面的转化，对不同方面的数据进行整合统计，进一步确保每一步更精准有效地去获客、邀约，以及提供更准确的服务。数字化的不只是企业，亦是思想，每个博乾人都应该养成随时记录可能有用数据的习惯，以此依靠整体数字化达成全方位的行业生态构造。

针对于数字化会展，博乾国际会展坚持的理念从来都是线上线下同步进行。即线上有同步活动，但整体更依赖于线下面对面的交流。博乾国际会展期待在五年的时间中更多地将数字化与线下相结合，即运用数字化更好地得知客户需求、感知客户体验、获取客户反馈。同时针对观众，通过线上数据整理展览内容，让更专业的观众被匹配至更贴切的展商，依赖线上的虚拟特征，给予客户更多娱乐方面的精神力量，并让客户在专业展的过程中感受到乐趣，拥有愉悦的观展体验。同时，博乾国际会展近几年不断接触元宇宙等观念，不断参加相关论坛。相信在不远的将来，博乾国际会展将开展新的线上观展通道，供非专业人士在元宇宙中遨游，感受地信行业的魅力，让人们轻松拥有线上云参展的完美体验。

另外，博乾国际会展针对性地完善了对外宣传方面的工作，运用往期观众参观会后的数据报告，精准地找到了流量投放点，感知对展会有更多关注度的群体，针对其打造了更具吸引力的广告宣传途径。博乾国际会展在每次展会后，都会对展商进行九宫格画像，根据不同信息将客户分类服务。功夫不负有心人，相信在足够的积累过后，博乾国际会展会实现完美的转化，给予会展业各类同行更多新的惊喜。

四、人才储备与提升

对于中小企业而言，人才储备、能力提升都是难以言喻的痛。有能力的留不住、没能力的在培养与调岗方面存在难度、很大一部分老员工相对倦怠、新员工缺乏积极主动性等，都曾经是博乾国际会展在经营过程中遇到过的问题。经过不断的尝试和摸索，此时的博乾国际会展更愿意采用校企合作模式进行人才储备。

1）设立校外实习基地

学校在博乾国际会展挂牌设立校外实习基地，博乾为学生提供就业实训岗位、协助学校相关专业完成相关的产学研活动，如图5.4.2所示。学生在实习期开始进入公司，边培训边工作，通过参与公司会展项目的方式，认识到书本知识与实际操作的区别，真实地体验到由学生向职员的身份转换，同时承担更多的社会责任。在此过程中，博乾国际会展会让学生尝试不同环节的工作，以发挥学生的最大潜能，让他们找到最适合的岗位。在此过程中，公司也更容易了解和评估学生的能力和潜力，便于后续对学生择优录用。

图5.4.2　北京城市学院在博乾国际会展设立校外实习基地

2）创立校企合作共建班

公司联合相关院校，创立校企合作共建班，培养符合博乾国际会展文化和理念，且具备专业能力的学生，建立起动态的人才储备库。

3）高级管理人员担任学校客座教授/讲师

博乾国际会展的高级管理人员担任学校客座教授/讲师，定期去学校授课。课程内容涵盖会展业所需要的最新技术和经验以及就业中所需要的能力。在教学之外，注重将企业文化引入各类高校讲座，通过多种途径有效宣传企业文化与企业精神，增强学生对企业的认同感，让企业的理念和产品在学生这个庞大群体中得到有效的传播，产生积极而深远的影响，从而加强后备人才库的储备。

4）联手校方开拓全新领域或新的市场

对于具有发展前景的会展项目，博乾国际会展会主动联手校方，进行人、财、物等要素的可行性论证，共同开拓全新领域或新的市场。

5）提供"双师型"教师实习实践及培训机会

在未来，博乾国际会展愿意为学校教师提供"双师型"教师实习实践及培训机会。博乾国际会展作为中外会展校企合作联盟发起单位和副会长单位（见图5.4.3），始终致力于为行业培养优秀人才、为学校提供更多优质岗位，竭尽所能为校企合作贡献自己的力量，希望能够进一步推动产教融合、合作共赢。

图 5.4.3　博乾国际会展与《中外会展》杂志社建立合作关系

在在职员工的能力提升方面，博乾国际会展公司也制定了相应的详细培训机制。

培训形式是内训＋外训。

培训内容主要包括：

（1）会展业务技能培训。

（2）销售能力培训。

（3）管理技能和领导力培训。公司针对不同层级的管理人员，进行相对应的培训，使其具备管理者需要的思维、管理技能和影响力，打造高绩效团队。

（4）个人软技能培训。公司根据每个员工的个体优势，及时采取相应的软技能培训，例如：摄影、视频剪辑、主持、写作等，以在更大程度上激发员工的积极性和主观能动性。

此外，博乾国际会展还采用奖金、职位晋升等形式积极鼓励员工参加相关的比赛，与更多同行同台竞技，持续不断地提高专业水平。

　　北京博乾国际会展服务有限公司，作为伴随中国会展经济高速发展而成长的一家民营会展企业，有着对会展业的无限热爱和对未来发展的坚定信心。20多年里，博乾国际会展面对现实，不断提升服务能力，带领全体员工走出了一条富有博乾国际会展鲜明特色的会展之路。未来，博乾国际会展该做的事还有很多，难免会面临更多挑战。博乾会展人自当继续勠力前行，更好地为行业发展做出贡献。

专家点评

在会展业蓬勃发展和会展企业此起彼伏的时代背景下,北京博乾国际会展服务有限公司"诚信为本,服务至上",在运营20多年之后,走出了一条不同于多数会展公司的市场细分道路,在测绘地理信息和疼痛医学等行业的精心耕耘中赢得了行业合作伙伴与相关协会的高度信任,客户结构渐趋合理,服务精度不断提升,发展战略越来越明晰。

公司主要经历了摸索、成长和厚积薄发三个阶段。在发展的每一个阶段,在公司创始人白正玄和柏艳的正确领导与悉心呵护下,博乾国际会展的业务内容逐步多元,人员结构逐步齐整,各类服务精益求精,在多个行业尤其是在地理信息行业取得了相对卓越的业绩。依托博乾国际会展在地理信息行业的良好口碑与持续多年的精湛服务,中国地理信息产业协会装备工作委员会工委会秘书处最终落户博乾国际会展。这是对博乾国际会展的高度认可,也让博乾国际会展拥有了更好的发展契机。

作为UFI会员,博乾国际会展正在迎来更好的国际化发展机遇。公司主办的CHINTERGEO已经进入UFI认证的国际展会的行列。作为一家富有视野、善于创新和勤于耕耘的会展公司,博乾国际会展正站在新的发展起点,向着更高的目标继续奋力向前。

点评嘉宾:
南昌市商贸和会展服务中心主任　胡星

Chapter 6

第六章

苦瓜科技：
精心打造数字会展全新生态

北京苦瓜网络科技有限公司（以下简称"苦瓜科技"）是一家在会展业发展中对数字化技术相对"痴迷"的公司。公司一直以来高度关注客户的需求及其发展，始终坚持创新和卓越的价值观，坚持以可持续发展的思维思考和解决问题。作为一家在会展领域崭露头角的营销科技公司，经过十多年的不懈努力和持续突破，苦瓜科技拥有了令人瞩目的发展历程。从扩展业务到拓宽客户基础，从中台系统融合到云展平台的发布，再到数字营销解决方案的升级，苦瓜科技不断创新，引领着整个会展行业的数字化转型。

第一节 苦瓜科技发展简介

一、苦瓜科技的发展历程

北京苦瓜网络科技有限公司成立于2011年，其十多年的发展历程主要包括三个阶段，其各阶段的实践与过程中的主要发展动态如下。

（一）发展起步阶段（2006—2011年）

早在2006年，苦瓜科技的创始团队就踏入了会展数字化领域的大门。当时，中国经济正处在高速发展时期，国内会展行业的市场化与数字化正处于蓬勃发展的初级阶段。察觉到行业潜力和机遇，创始团队敏锐地意识到了无限的发展潜力和大好机遇。

2011年，苦瓜科技正式诞生于北京。此后，苦瓜科技经历了一段相对富有挑战性的旅程，其核心在于改变和推动整个行业的数字化转型。

2011年底，苦瓜科技迎来了第一个发展的里程碑，正式发布了呼叫中心系统。该系统为公司客户提供了全面的数据营销解决方案，主要包括数据管理、数据分析、观众邀约和数据清洗服务。通过呼叫中心系统，苦瓜科技可以更好地与观众互动，持续提高展会观众的数量和质量，并通过数据清洗服务等途径为客户提供相对准确、可靠的数据支持。

以此为起点，经过多年不懈的努力，苦瓜科技逐渐发展成为国内会展CRM

领导者，在与全球顶级会展CRM产品的竞争中脱颖而出。在接下来的3—5年里，公司专注于创新、打磨产品、提升服务质量。公司致力于理解客户需求，不断优化和升级各类解决方案，以提供行业内最具竞争力的产品和服务。

在当时，公司对CRM的定义是"会展企业的'大脑'"。它相当于企业的"神经中枢"，是内部信息化管理和数据沉淀的核心。这一系列的潜心投入与思考，使公司在会展数字化领域拥有了领导地位，并赢得了广大客户和合作伙伴们的高度认可。一直以来，公司团队始终坚持创新和卓越的价值观，不断致力于推动会展行业的数字化转型，以帮助客户实现更好的业务成果。

（二）快速成长阶段（2012—2016年）

2010年，Facebook成为全球最大的社交媒体平台，其用户数量超过5亿元。在全球智能手机快速普及的大浪潮下，移动互联网呈现了爆炸式发展态势，各种移动应用如雨后春笋般地冒出。2012年，Facebook推出Facebook Exchange（FBX）广告竞价系统。FBX基于实时竞价模式，允许广告主通过第三方广告交易平台投放广告，以实现更精准的广告投放。这是Facebook继2008年推出自助广告平台后的又一重大动作。自助广告平台允许广告主通过自主设置广告的目标、预算和创意来进行广告投放，这显然大大降低了广告投放的门槛，吸引了更多广告客户。而FBX则让广告更加精准可控。

在那时，苦瓜科技公司团队敏锐地意识到，这是国内展会在海外扩大影响力和吸引客商的一个重要法宝。于是在2012年，苦瓜正式推出了海外数字营销服务。当时，中国互联网正在迅速崛起，即将成为全球最大的互联网市场，很多企业已经感受到互联网给行业发展带来的巨大冲击。随着中国经济的增长和对外贸易的扩大，越来越多中国企业开始关注海外市场，展会自然也不例外。一场展会来了多少海外的展商和客商，是展会是否成功的一项重要评判标准。同年，就有数十场国际性展会与苦瓜科技建立了合作关系。例如，业界熟悉的义乌国际小商品博览会（简称义博会）。通过双方合作，义博会的海外观众数量有了大幅提升，为参展企业拓展海外业务起到了积极推动作用。

2012—2013年，中国互联网市场迅速崛起。百度作为中国最大的搜索引擎，保持了市场领先地位。百度搜索引擎在国内的用户数量和搜索量都居于首位。后来，移动搜索开始快速崛起。2013年，官方网站是展会在线上营销最重要的阵地，百度是最主要的流量入口，只是当时专业化去做搜索引擎优化的展会仍然十分有限。2013年，微博是中国相当大的微型博客平台，拥有庞大的用户基础。微博用户通过发布短文本、图片和视频等内容，实现了实时信息的分享和传播。同年，微博增引广告和营销服务以继续拓展收入来源。

2013年，参考海外数字营销的经验，苦瓜科技开启了国内数字营销服务，并与励展、UBM、汉诺威等众多外资展览公司率先展开广泛合作，一举取得了良好的口碑。在中国互联网高速发展的良好背景下，越来越多的会展企业开始关注数字营销，了解到数字营销的重要性。苦瓜科技凭借专业的团队和优质的服务，与众多外资展览公司、行业协会、行业贸促会、国有会展公司、民营会展公司等建立合作，帮助会展企业利用互联网的流量优势在国内市场中更好地推广展会品牌、获取精准流量，取得了良好的业绩。在当时，公司对数字营销业务的定位是"伸向互联网的触角"。公司通过这些触角，设法把互联网上相关性强的流量吸引到CRM中来，成为CRM的"源头活水"。

到了2014年，公司朦朦胧胧地形成了一个内部共识，那就是，软件产品一定要为营销服务，苦瓜科技要成为一家营销型科技公司。

2015年，苦瓜科技发布了微站、票务、数据管理、接待管理一站式系统。这些新产品的推出，为会展活动的"轻场景"提供了全新的解决方案，同时又嫁接了CRM，既能满足主办方大量数据私有化管理的安全诉求，又能解决一些"轻场景"下方便、省钱的SaaS化应用需要。

苦瓜科技的微站系统在会展活动中扮演了重要角色。微站是指针对特定会展活动而设计的网站，可以提供活动的详细信息、日程安排、参展商和参会者的介绍等。传统上，会展活动需要制作烦琐的宣传册和手册，而微站系统却可以通过在线方式展示所有信息，使参展商和参会者可随时随地访问和更新信息。显然，这种轻量级信息展示方式大大提高了办事效率，减少了纸质材料的浪费，并且令参展商和参会者之间的沟通更为便捷。

苦瓜科技的票务系统为会展活动的入场管理提供了便利。传统的票务管理通常涉及人工售票、取票和检票等烦琐步骤，极容易出现排队拥堵和人员流动不畅的情况。苦瓜科技的票务系统则可以通过在线售票和电子票务的方式，使参展商和参会者在预定和购票方面享受便捷服务。此外，电子票务还能实现数据的自动化管理和统计分析，为会展活动组织者提供实时的参与数据和统计报告，帮助他们更好地了解参展商和参会者的需求，及时做出相对更明智的决策。

苦瓜科技的数据管理系统也是该发展历程中的一大亮点。在会展活动中，为了更快捷地给参展商和参会者提供更精准的服务和推广，大量数据需要被收集、整理和分析。苦瓜科技的数据管理系统为此提供了高效的数据采集和处理工具，帮助会展活动组织者更好地了解参展商和参会者的偏好、兴趣和需求。通过对数据的分析和挖掘，苦瓜科技可以为参展商提供更精准的推广目标和策略，并为参会者提供个性化的推荐和服务。

苦瓜科技的接待管理一站式系统在会展活动中扮演了重要角色。接待管理一站式系统能够帮助会展活动的组织者更好地管理会务环节，而数字化的解决方案能够提高效率、降低成本，并提供更好的用户体验。苦瓜科技的一站式系统为企业提供了便捷的会议活动管理工具，使得会议筹备、票务管理、数据统计和接待服务更加高效和专业。

2016年，苦瓜科技成功获得第一轮天使投资。这是公司发展中的一个重要事件，标志着投资者对苦瓜科技的发展潜力和业绩表现持明显的乐观态度。天使投资的资金注入，为苦瓜科技提供了进一步发展的资金支持，使公司能进一步加大研发力度、扩大市场份额，并不断提升服务质量。

（三）持续突破阶段（2017—2022年）

2017年，苦瓜科技迅速扩展业务，在广州和上海成立了分公司。这一举措不仅夯实了公司在两个重要的国内会展市场的地位，还拓宽了客户基础，提升了服务范围和响应能力。

2018年，苦瓜科技进一步扩展分支机构，在西安成立了分公司，进一步拓展了公司的市场占有率，并加强了与当地客户、合作伙伴的合作关系。

2019年，苦瓜科技开始将软件产品融合进中台系统，提升了产品的整体能力和灵活性。同时，公司的营销团队具备了同时交付30个项目的能力，极大地提高了服务效率和客户满意度。

2020年，疫情使会展活动受到了极大冲击。在这种背景下，苦瓜科技迅速反应，并在次月发布了云展平台，为客户提供在线举办会展的解决方案。在同一年，公司开发运营了近50场大型云展会，成功帮助客户保持业务连续性，并在线上展会和数字营销的结合上取得了巨大突破。

2021年，苦瓜科技发布了会展中台系统2.0版本，与主办方合作为参展企业提供线上整合营销服务，帮助企业实现线上线下的融合转型。这样的举措进一步加强了苦瓜科技在会展业发展中的领先地位，令公司能为企业客户提供更加全面和个性化的服务。

2022年，苦瓜科技成功升级了数字营销解决方案，为会展活动提供了独具创意的解决方案，其中包括主动搜索营销、精准算法广告、熟人圈子推荐和私域精细运营四大核心获客场景。为更好地满足客户需求，公司在武汉设立了全资子公司，成为数字营销交付中心。这一系列举措进一步巩固了苦瓜在会展行业中的营销科技公司领先地位，令公司能为客户提供更加全面和个性化的服务。公司的创新和提升，助力企业客户实现了更高效的展会营销和数字化转型。

通过持续创新和积极应对市场变化，苦瓜科技在短短几年内取得了令人瞩目的成就，在会展领域的产品和服务不断升级，为客户提供了更高效、便捷和智能化的解决方案，推动了整个行业的数字化转型，如图6.1.1所示。

图6.1.1 苦瓜科技的主要发展历程

展望未来，苦瓜科技仍将继续聚焦会、展、活动数字化领域，以智慧会展＋数字营销为使命，不断进化和改进工作方案，以满足客户不断变化的需求。苦瓜科技期待与更多合作伙伴携手同行，共同开创会展数字化领域更加美好的未来。

二 苦瓜科技的企业文化

学习、创新、团结和长期主义是苦瓜科技企业文化中核心的价值观。这些关键词十分鲜明地表征了公司内部的共同信念和行为准则，塑造了苦瓜科技独特的企业文化。

学习是苦瓜科技企业文化的首要关键词。长期以来，公司明确鼓励员工不断地学习、成长和发展。在快速变化的科技行业，学习不可或缺。苦瓜科技基于发展的不同阶段，为员工们提供了广阔的学习机会，包括外部培训课程、内部资源共享、技能提升等。公司一直鼓励员工不断探索、研究和学习新知识，以保持足够的竞争力，为客户提供最佳的解决方案。

创新是苦瓜科技企业文化的核心。公司鼓励员工勇于创新、大胆尝试，并为员工积极提供实现创新的平台和资源。苦瓜科技鼓励员工在不同阶段提出新的想法和方法，持续推动公司的技术和业务的进步。创新不仅体现在产品和服务上，也贯穿于公司的各个不同层面，主要包括工作流程、团队合作和企业战略层面等。拥有创新的特色，公司的发展才会更有前景。

团结是苦瓜科技企业文化的重要组成部分。公司鼓励员工在相互之间注重合作、互助和共享。团队精神被视为实现公司目标和可持续发展的关键因素。多年以来，苦瓜科技注重打造一个积极、支持和包容的工作环境，鼓励团队成员相互支持、共同努力，共同实现个人和团队的成功。拥有团结意识，员工的个人发展与公司的长远发展才能找到更好的结合点。

长期主义是苦瓜科技企业文化的重要理念。一个企业需要有相对宽广的视野，要具有可持续发展的格局，因而公司一直强调长期价值观和长远发展。苦瓜科技致力于与客户建立长期合作伙伴关系，并以客户的成功为导向。同时，苦瓜科技注重员工的长期发展和福利，关注员工的工作满意度和个人成长，促使员工与公司共同成长和进步。显然，注重与客户的良性互动，在发展中关注员工的充分发展，公司才能走得平稳、高质量前行。

学习、创新、团结和长期主义是苦瓜科技企业文化的核心要素。这些价值观指导着公司的决策和行为，形成了积极向上、创新进取的工作氛围。在这样的企业文化下，苦瓜科技不断发展壮大，并为客户提供优质的产品和服务。

三 苦瓜科技的主要业绩

作为一家以创新为驱动力的科技公司，苦瓜科技为会展行业提供了多样化且相对全面的产品和服务。从会展活动的全域数字营销、全场景的软件产品、数据闭环模式的签到门禁服务，到参会参展企业的整合营销服务，苦瓜科技在多个层面上充分满足了多种会展场景下不同方面的需求，如图6.1.2所示。

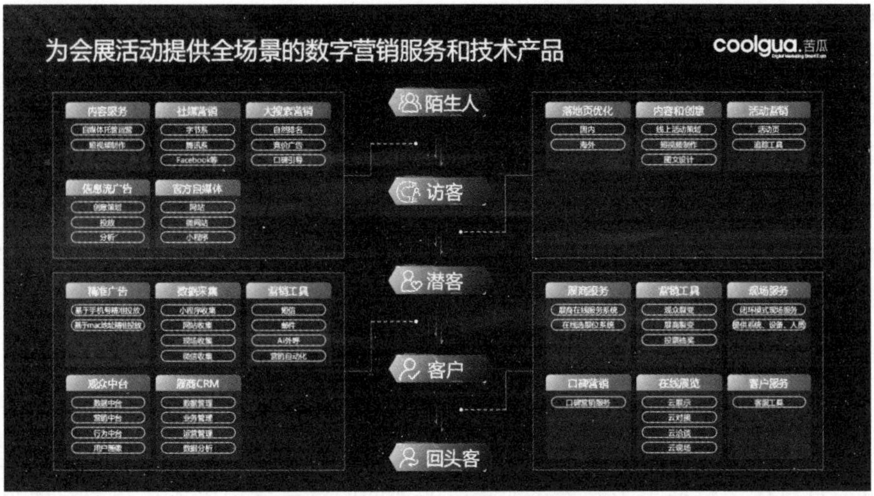

图6.1.2 苦瓜科技的主要业务内容

第一，苦瓜科技提供会展活动全域数字营销服务。通过数字营销手段，苦瓜科技能帮助会展活动主办者在全球范围内提升会展活动的曝光度和影响力，获取线上流量。从活动前期的宣传策划到活动期间的在线推广，再到活动后期的数据分析和营销评估，苦瓜科技为客户提供一站式的数字营销解决方案，帮助客户实现更好的品牌宣传、用户互动和市场推广效果（见图6.1.3）。

图6.1.3 苦瓜科技的会展业务流程管理系统

第二，苦瓜科技提供会展活动全场景的软件产品。通过技术创新和用户体验的不断提升，苦瓜科技开发了一系列全场景的软件产品，包括会展业务流程管理系统、数据中台、虚拟展览平台、票务系统、裂变营销系统等。这些软件产品能够为会展活动提供一站式数字化管理、数字化营销服务。

第三，苦瓜科技提供数据闭环模式的签到门禁服务。苦瓜科技开发了先进的签到门禁系统，结合数据采集和分析技术，实现了数据的闭环管理。借助扫码签到、身份验证和数据采集等功能，苦瓜科技帮助客户获取准确的参会数据，并将其与后续的市场推广、营销活动和客户管理相结合，形成完整的数据闭环，为客户提供精准的参会数据分析和市场决策支持。

第四，苦瓜科技为参会参展企业提供整合营销服务。从品牌推广到线索转化，苦瓜科技通过整合营销的策略和工具，和主办方一起通过营销工具、内容、渠道、自媒体、数据等为参展企业提供非展期的整合营销服务，帮助参展企业实现品牌营销、效果营销的目的，增强参展企业与主办方的黏性，帮助主办方转型成为整合营销服务商。

苦瓜科技在产品与服务提供、资质认可、自主知识产权积累、数据处理量和市场覆盖等方面都取得了十分显著的成绩。

第一，苦瓜科技累计为5000多个大型会展活动提供了产品和服务。其广泛的产品线已经涵盖会展活动的前、中、后各个环节，为各类会展活动提供了全方位的数字化解决方案。无论是对国内外的大型展会、商务活动还是专业会议来说，苦瓜科技的产品和服务都有足够的覆盖范围。

第二，苦瓜科技是商务部重点展览企业，获得荣誉资质100个以上，拥有60多项自主知识产权（见图6.1.4）。

这些资质和知识产权的积累，不仅体现了苦瓜科技在行业中的地位和实力，也彰显了其对技术创新和知识产权保护方面的重视。这些荣誉和权益的背后，是苦瓜科技不断投入的研发和创新的努力，以及对市场需求的敏锐洞察和积极应对。

根据统计，苦瓜科技每年处理的数据条数超过600万，这充分展示了其在数据处理和分析方面的专业能力和规模。通过高效的数据管理和分析，苦瓜科技帮助客户从庞杂数据中获取有价值的信息和洞察，为科学的决策提供充足的依据，以不断提升会展活动的效果和效益。这种数据驱动的理念和实践，为苦

图 6.1.4　苦瓜科技的知识产权与荣誉资质

瓜科技赢得了广泛的市场声誉和口碑，公司的优质客户在不断增加。

此外，苦瓜科技的业务布局也十分广泛，至今拥有北京、广州、武汉和西安等大分支机构，合作会展活动项目已覆盖全国 24 个省和直辖市。如此广泛的市场覆盖，不仅表明苦瓜科技在行业内的足够影响力和市场份额，更为其在地域布局和市场拓展方面提供了坚实的基础。通过与各地合作伙伴的紧密合作，苦瓜科技更充分地了解到了各地区的需求和市场特点，不断为客户提供个性化的解决方案，并进一步巩固了其在行业中的竞争优势。

苦瓜科技大量成绩的取得，离不开公司始终秉持的创新精神和客户至上的理念。作为一家以技术驱动的企业，苦瓜科技不断投入研发和创新，紧跟行业发展的时代脉搏，在不同时期持续推出符合市场需求的先进产品和解决方案。同时，苦瓜科技特别注重与客户的紧密合作，从客户需求角度出发，倾听行业发展的心声，通过解决各类问题持续提供卓越的产品和服务。这种持续的创新和客户导向让苦瓜科技赢得了良好的声誉和口碑，树立起了行业标杆。当然，通过这样的卓越服务，苦瓜科技与客户走得越来越近了。

展望未来，苦瓜科技将继续致力于创新和技术突破，不断提升产品和服务的品质和水平。同时，苦瓜科技还将加强与合作伙伴的合作，进一步拓展市场份额和影响力，扩大公司的业务规模。苦瓜科技相信，通过持续的努力和不懈的创新，公司可以继续引领会展行业的发展，为客户提供更加优质的数字化解决方案。

四　苦瓜科技主要领导的工作业绩

潘涛，北京苦瓜网络科技有限公司法定代表人，UCSI经济学硕士，苦瓜科技创始人兼董事长。

在多年发展过程中，潘涛董事长担任了行业机构的多个职务，主要包括中国会展经济研究会常务理事，中国会展经济研究会新媒体营销专委会主任，中国贸促会智慧会展产业委员会委员，国家级《线上展会服务指南》团体标准主要起草人，会展BEN专栏作家、特聘讲师，《中国贸易报》"会展大咖说"专栏作者等。

此外，潘涛董事长依托精心耕耘的苦瓜科技，取得了以下成绩：

（1）有超过17年的会展数字化和数字营销经验，擅长为会展活动组织者提供全面的数字化解决方案、全面负责公司的战略规划和经营管理，致力于智慧会展和用技术赋能会展数字营销。其带领的苦瓜科技与全球前10大会展集团中的8个有稳定的合作关系。公司在数字化系统、营销自动化、国内数字化营销、海外新媒体营销四大细分市场遥遥领先。

（2）在主办商向整合营销服务商转型思路和实践上，拥有十分丰富的经验。其带领的团队累计合作的会展活动场次已超过了5000场，年处理数据量超过600万条。

（3）深度参与了50多场双线展会融合发展实践，对双线融合曾有过很多深入的思考，虽然走过很多弯路，却也在这样的过程中积累了很多成功的经验。

（4）经过10余年的发展，潘涛带领的苦瓜科技已成为中国优秀的会展数字化技术提供商和会展行业的知名品牌。

第二节　苦瓜科技主要领导的生态情怀

一个会展科技公司的生态化发展，离不开公司主要领导人的生态理解与特定的情怀。要想更全面地深入了解苦瓜科技创始人兼董事长潘涛的生态情怀，可以从一篇题为《2023，产品驱动，中步快跑》的文章着手。这是潘涛在2022

年度内部管理会上的一篇文章。在里面，我们可以读到甚至在一定程度上读懂潘涛，能更加明白这些年他为什么这样做企业，为何会如此积极地构建当下的生态发展系统。

潘涛是一个从业16年多的"老会展人"。作为"一站式"会展活动数字化公司，苦瓜科技在过去这一两年同样面临多重挑战。潘涛认为，这一两年中的不凡经历与积极思考，对会展活动组织者而言，至少在数字化这一特殊维度上看具有重要的参考价值。在文章中，潘涛主要表达六个方面的观点，具体如下：

一 业绩持平，但至少还活着

从整体业绩层面看，苦瓜科技在当时这一年的表现不算亮眼（微增了1%）。公司虽然没有和其他一些同行一样离开这个行业，但多少活得有些"担惊受怕"。

将公司的业绩进行对比可以发现，从2021年8月一直到2022年3月，公司发展势头相对迅猛，发展数据也十分漂亮。然而进入2022年4月份之后，业绩迅速掉转甚至腰斩。有些出乎意外的是，8—9月份数据进一步正常化，10—12月却再次受到"摧残"。仔细算算，2022年的苦瓜科技，勉强干了不到5个月的活，业绩的增长显然没有达到公司预期。

在2022年初，潘涛提出了"修炼内功，以待时机"的理念。在该理念的支撑下，公司上下取得了积极的进展：40多场直播、400条短视频、50多篇文章（包括深度分析的20篇）。这些都是实实在在的数据。在疫情中，很多企业都通过线上手段做了一些事。相对于多数企业而言，这一年苦瓜还是磨出了一些"硬功夫"，在同类企业里面脱颖而出。

在数据闭环、社交营销、现场数据追踪等方面，苦瓜科技公司对线下事业部顺势进行大量的升级工作，至今，在活动数字化全链路服务能力方面，其提升仍十分明显。

二 经历的三个关键字：难、根、势

2022年，世界形势可谓风云变化，对经济发展的影响不言而喻。行业遭受挫折，客户需求逐步收缩，这明显加大了会展科技企业的发展难度。行业企业甚至不时地将面临严峻的生存挑战。

对苦瓜科技而言，这一年同样面临不小的困难。但无论如何，公司不仅没有因此黯然离去，相反坚持到了今天。牢牢地把"根"留住，这本身就很不容易。从现在看，公司的人员结构也很重要。在苦瓜科技，2年以上司龄的有75%，5年以上的有30%，能干两个以上岗位的员工占56%。换句话说，尽管有一些人员进出，但公司在疫情中提升了弹性交付能力，因而员工比以往显得更"皮实"。"人在青山在，不怕没柴烧"，在全新的2023年，苦瓜科技拥有更多的发展底气。

在疫情中，十分鲜明的一个事实就是业务在疫情的不确定性中呈现断档特征，这对于多年以来公司崇尚的"专业精神"（提倡每个人都需要在某项能力上专精）形成了强烈冲击。在这样的特殊时刻，潘涛意识到过于简单和随意的招聘行为会存在很大风险，于是就及时提出"不同业务线上的同事具备交叉交付的能力"。比如，HR不仅要有极强的招聘能力，在特殊背景下还需要具备软件系统的交付能力和现场服务项目的交付能力。这样的要求，放在以往简直有些不可思议，甚至很不科学。可在这样的发展环境中，类似理念却让企业有了全新生机。

潘涛认为，"根"健康才是真正的健康。在疫情中，以中坚力量形成的核心团队让企业发展有了坚定保证。在发展中，公司的业务受到了明显冲击，很多业务没能正常进行，但企业与客户之间的关系却仍旧能很好地维系，甚至出现了充分相信公司"顾问"能力的更多客户，这很不简单。拥有这样的客户基础，公司的发展自然也就更有希望。

因而，在行业强势复苏中，苦瓜科技要以更乐观的心态面对行业发展，依托公司的"执行力强、反应快、与客户的黏性强"等优势不断出击，从"小步快跑"变成"中步快跑"。

三 2022年的功过得失

潘涛认为，2022年对苦瓜科技而言不算成功，但很值得。在总结一年的功过得失的过程中，公司有了新的积累与突破，也有望在后续取得更好的业绩。

在潘涛看来，特别愿看见行业的数字化意识在增强，数字化应用的可接受度在提高。这对数字科技公司而言十分重要，相当于疫情让公司拥有了更多发展契机，使客户对数字化发展更能接纳。更为重要的是，行业头部企业像英富曼、法兰克福展览集团、ARC集团等，都在不断加码数字化并购，布局数字化内容和数字化平台能力，这无疑是对会展科技行业的强示范，也为苦瓜科技创造了新的发展环境。

在艰难的2022年，潘涛一直高度强调未来活动公司更深的护城河在于内容。因而，公司在2022年"重注"内容，倾斜了大量资源用于行业深度的内容生产。基于这样的思维，潘涛会要求员工更深入地思考一些问题，例如：深度内容能来自哪里？没深度的实践和思考可行吗？类似的一些实践倒逼员工变成"顾问"，又反过来能让客户满意度足够"超出预期"。基于内容的市场驱动模式，公司尝到了甜头。公司基于内容的"直播＋社群＋自媒体矩阵"模式，帮助苦瓜赢得了广大用户的更多信任。"痛苦的背后是礼物""风雨背后是彩虹"，在潘涛的积极引领和员工持续作为下，公司持续性地得到了更多发展。

同时，潘涛清醒地意识到，公司仍面临一些问题。比如客户花钱的欲望变低，展会延期和规模缩减，项目直接停办等。这些问题对行业及企业发展的影响十分直接，因而需要认清形势，通过更多途径解决问题，其中包括加大产业研发的力度、加强公司内部伙伴的个人IP打造、公司发展思维的合力等方面。公司在发展时需要有背水一战的决心，要更多地形成矩阵和规模效应，更好地优化产品的体验性。无疑，这些举措都十分关键，容不得太多的松懈。

四 2023年苦瓜科技公司的KISS

在潘涛看来，2023年的关键KISS十分鲜明，主要包括以下核心内容：

（1）K是Keep，即公司要保持的内容。也就是说，苦瓜科技要继续保持"内容＋社群＋自媒体＋行业媒体"的市场驱动型打法。实践证明，这一打法有效，要在新的一年中继续保持并加强。在深挖内容的过程中，建立良好的行业关系也十分重要。

（2）I是Improve，即公司需改进的地方。潘涛认为，2022年执行的内部学习系统、新员工成长计划、培训素材的标准化和工具化等工作的成效，很快就会在2023年见分晓。因而公司在2023年将在招聘和人才培养层面提速。只有这样，公司才能保持团队活性，增强工作战斗力。同时，要通过外部招聘合适的人才和配套对应的内部培养，强化"场景＋SaaS级产品"能力。此外，产研进度和质量管控能力仍需不断强化。

（3）S是Start，即公司要开始的事项。目前短视频已是市场营销的主战场，马化腾在内部大会上把视频号当作微信最亮眼的产品。对苦瓜公司而言，这就是最大的机会。公司要着手打造业内领先的短视频生产团队，先拿自身品牌试错，并且要做到直播全员化、常态化、一切内容视频化，设法把公司自己的短视频内容做到行业前三，等到那个时候公司才有足够底气面向广大客户。另外，公司管理团队使用了几年的OKR，一线的绩效评价还过于复杂。接下来，公司要推行全员OKR，让所有伙伴的目标保持同频。

（4）最后一个S是Stop，即公司需要停止的。"有所不为才能有所为"，2023年苦瓜科技的所有产品要设法轻量化、标准化，第一是要大幅减少给集成商做支持的时间。随着公司新产品的推出，此项活动应全面停止。第二是要停止无效的内部培训，要把一切内容外部化。内部都是成本，外部带来利润。

五 苦瓜科技公司的发展方向

不时地，潘涛会恳请员工们注重思考"我们是谁"，提醒各位始终别走着走着忘记了自身为什么出发。

在长期目标上，公司要做"一站式"会、展、活动数字化提供商。前几年，公司一方面把精力更多地放在展览上，会议和活动方面的开拓还不够；另一方面，"一站式"服务做得也没有那么理想。对大部分行业来说，未来三年不仅是抢收的三年，更是拉开差距的三年。对公司每个员工来说，这同样是大展拳脚、值得期待的三年。苦瓜科技的经营战略是保持"聚焦会展活动、纵向一体化、领先型差异化创新"。

在2023年，公司将坚持八个字打法——"产品驱动，中步快跑"。作为一家技术公司，创新和研发能力是最重要的内核，千万不能被纷乱市场动作迷惑，产品竞争力才是苦瓜科技的根。2023年，公司产品的重点依然是，继续做新技术的及时研究，做好技术储备。其中面向客户的，主要包括产品的场景化升级、体验的优化和轻量化改造及其全旅程数据闭环能力的提升这三个重点。

六　2023年企业高层的努力方向

在2023年，潘涛的精力主要会转向三个方面。

一是产品的打造和打磨。2023年，公司要继续打磨成熟产品，升级一站式会展活动数字化平台，并在社交型营销工具、数据算法、AI内容创作方面再打造两三款明星产品。潘涛深知，自身的优势是和各类用户深入打交道，更能理解客户的需求场景和痛点，所以会把更多时间放到产品打磨上，提升产品竞争力。在线下，会展活动参与者入场后，组织者在馆内生活服务、用算法技术提升对接效率、提升分级服务方面将有很大空间。公司看到这种趋势，得先于客户去做研究、去试错，快速形成能服务客户的产品。

第二，营销产品现在优势主要在渠道价格和经验上。2023年，公司的渠道要继续扩大优势，比如基于抖音、视频号、小红书等的SEO产品要尽快上线。短视频的创意、生产、传播这三个能力，必须自建，无须纠结，该投入的要大胆投入，不应太犹豫。

第三，公司在2023年要花时间打造一个全新的短视频IP，出发点是和公司行业无关的IP，跳出会展活动去做一个新IP。躬身入局，亲自验证。公司自己有个像样的IP了，意味着能力得到了市场验证，再反过来服务行业客户。显然，2022年虽然已经过去，活着仍然是最大的战略，2023年坚决不能放松。在需求回暖前，公司需要多一些冠军能力。这些才是立足之本。就像史蒂夫·乔布斯所说："把每一天都当成生命的最后一天，总有一天你是对的。"

由上可知，潘涛作为苦瓜科技掌舵人，展现了一个坚持长期主义、保持学习和创新，并且热爱会展事业的典范。他在领导团队和推动公司发展方面发挥着重要作用，以身作则地完成了积极的生态作为。

由于潘涛在早期就意识到在会展行业取得长期成功需要持久的耐心和坚定的信念，因而始终坚持长期主义的经营理念，注重建立长期战略规划，并且致力于推动公司持续创新和发展，而绝不仅仅是追求短期利益那么简单。因而，着眼于行业的未来趋势，潘涛为苦瓜科技打造了一个可持续发展的生态系统。

当然，潘涛始终保持学习和创新的态度。由于深知行业竞争的激烈，他经常鼓励团队成员持续学习和跟进最新的科技趋势。他本人也酷爱学习，在不断学习中拓展知识和技能，不断探索新的商业模式和解决问题的方案。就在这样的氛围中，公司团队不断创新，注重技术研发和产品升级，使苦瓜科技能够在行业中保持显著的领先地位。

最重要的是，潘涛特别热爱会展事业并且善于激励团队，对会展行业充满热情。行业繁荣则都繁荣，这是他坚定的理念。所以在推动行业繁荣上，潘涛愿意"第一个吃螃蟹"，并且常鼓励团队成员持续发挥创造力和激情，激励他们为客户提供卓越的产品和服务。潘涛理解并重视团队的作用，鼓励团队合作，打造了积极向上、充满活力的团队文化。潘涛还经常带头积极参与行业交流和行业公益活动，持续提升公司的整体形象和行业影响力。

第三节　苦瓜科技的主要生态作为

苦瓜科技自诞生之初，便立志成为会展行业中营销与科技结合的引领者。然而，苦瓜科技不仅仅追求自身的成功，更注重构建一个全新的生态系统，以促进整个行业的深度发展和繁荣。

苦瓜科技始终坚持生态思维，将行业繁荣、合作伙伴、客户和社会责任视为生态系统中的重要组成部分。通过与不同领域的伙伴开展合作，苦瓜科技建立了广泛的合作网络，以共同推动会展行业的创新和进步。这种合作不仅仅是交易关系，更强调共同成长和互利共赢。苦瓜科技广泛地与行业伙伴分享资源、知识和理念，共同开发新产品，提供更优质的服务，从而形成了一个良性循环的生态系统。

在生态系统中，客户是至关重要的一环。苦瓜科技始终以客户为中心，倾听他们的需求和挑战，不断创新和提升自身的产品和服务。苦瓜科技积极与客户合作，努力帮助其实现业务目标，提升品牌影响力，并建立长期的合作伙伴关系。这种客户导向的生态作为旨在为客户提供综合性解决方案，帮助他们在会展行业中取得更大成功。

苦瓜科技的生态作为还包括，与合作伙伴、客户和社会共同构建共享平台。通过积极参与和引领行业的发展，苦瓜科技努力促进会展行业的创新和进步，推动会展行业与科技、营销、社会责任等领域的融合，构建可持续发展的生态系统。苦瓜科技致力于提供开放、互惠、共赢的平台，与合作伙伴共同创造更大的价值。通过开放的 API 接口和生态合作模式，苦瓜科技与其他科技公司、创业团队以及行业组织建立了紧密的合作关系，共享资源、互通有无、互相学习和成长，形成了一个良性循环的生态系统。

在这个生态系统中，各方共同分享创新成果和最佳实践。苦瓜科技举办行业峰会、技术论坛和培训活动，为行业内的专业人士及高校师生提供交流和学习的平台。通过不断的思想碰撞和经验分享，生态系统中各个参与者共同成长和进步，推动了会展行业技术和营销的革新。

此外，苦瓜科技还积极参与行业标准的制定和推广，与相关机构和组织合作，共同促进会展行业的规范化和健康发展。通过建立统一的标准和规范，苦瓜科技帮助行业内的企业和从业人员提高了工作效率和质量，推动了整个行业的高质量发展。

一、积极在行业发声，广泛呼吁生态

2022年9月14日，苦瓜科技董事长潘涛向行业发表《2022，会展人只剩最后两个月》。显然，在2022年，会展人过得很纠结。

> 在现实中，几个扎心的事实摆在面前（包括但不限于）：展会安排好了、嘉宾邀请了、展位卖出去了，甚至现场主场搭建也搞好了，但到最后一刻临时取消；收入下降业务被迫停摆或者开始裁员；展商线下营销预算大幅缩减，展会规模也缩水严重……以上状况你中了几个？
>
> 2022年好像有"开展"的魔咒，总是开开停停。虎年中秋节，会展人过得很揪心！
>
> 9月8日下午，国务院联防联控机制召开新闻发布会，明确提出：为确保中秋、国庆前后不发生本土规模性疫情，最大限度减少对生产生活的影响，在全面落实第九版防控方案的基础上，强化优化一系列防控政策措施，其中包括：减少不必要的聚集性活动。非必要不举办培训、会展、文艺演出等大型聚集性活动。确需举办的，落实防控措施，参加活动人员需扫码登记、查验48小时内核酸检测阴性证明。

发布会后，意味着"非必要"的线下展会再度按下暂停键，暂停近两个月。就在国务院联防联控机制召开新闻发布会的次日，南京市卫健委和会展办联合发布通知，明确了自2022年9月10日起至2022年10月31日，全市非必要不举办会展活动，确需举办的要严格落实相关防控要求。

8月份，南京是上海大型展会移师的首选之地。此前南京"接棒"沪上，接连举办了上海国际健身展、GPOWER动力展、中国（南京）管网展览会、国际集成电路展览会等近20场展会。除了长三角中心的地位优势和南京良好的产业基础外，南京市有关部门和展馆挑大梁、精准防控、贴心服务，也给了主办方们莫大的信心。南京成为了会展业复工复产的一面旗帜。南京线下展会的全面启动，让主办方们纷纷回到线下活动中，疫情前准备的一系列活动蓄势待发，就等在线下启动新一轮的开展热潮。现在，刚掀起的热潮冷却了，巨大的反转迅速成为行业热门话题。

疫情三年，能坚持到2022年还在举办的展会，基本都是各个产业链"晴雨表"级的，对促进产业繁荣的价值不言而喻。如果9月和10月不能办了，11月、12月这两个月还有机会吗？会不会放开？展会这种产业高密度聚集的平台，夹在疫情防控与经济增长之间。所以，无论展商、观众还是主办方，都在学着与新常态共处。

在行业与企业的"纠结"发展中，潘涛董事长形成了一系列新观点，对行业发展产生了积极影响。

观点1：不要对11月份"完全放开"盲目乐观，因为国家主要算总账

华尔街日报中一篇题为《中国的新冠感染"动态清零"政策包含对别国的教益》的文章指出，中国采取"动态清零"的抗疫政策，实现了国家在两年前曾经寻求的目标。

国家统计局的一个研究小组对新冠疫情发生以来各国的疫情防控政策、宏观经济政策和经济损失率之间的关系进行了模型测算，结果显示：2020年—2022年上半年，严格防控下中国经济总损失率仅为2.3%。而偏紧防控（如日本、韩国）、被动防控（如德国、法国）、消极防控（如美国、英国）模式下经济损失率分别达到3.9%、5.5%、5.9%。

反观国内，2022年上半年中国国内生产总值同比增长2.5%，货物进出口总额同比增长9.4%；1—7月全国实际使用外资金额7983.3亿元人民币，按可比口径同比增长17.3%。这些亮眼的数据，都是国家的"经济总账"。

鉴于中国的人口基数，医疗资源等各方面还有一些不足，从之前一线城市、省会级城市的防疫工作中就能看出。倘若完全放开，各类原因造成的超额死亡将是不能承受之重！

潘涛认为，放开值得采用渐进式。这个过渡期不一定在11月份就能结束。国内行业应保持期待，但同时做好不能马上完全放开的准备。

观点2：全行业要积极创造和展现会展业对产业繁荣的更大价值

我们需要地方的、全国性行业组织，积极发声，保住会展业市场主体，明确展会对产业繁荣和企业复产的巨大价值。要证明这个观点，让我们换个角度认识两家不一样的会展公司：智奥会展与智海王潮。

智奥会展定位为"城市会展综合运营商"。其使命是"以会展带动城市，用产业赋能未来"。其展会主要有两个特色：一是智奥的会展既包括各行业B2B贸易展览、B2C大众消费展览，也包括各行业中的学术、技术、贸易会议，还包括各类文化、体育、经贸以及政务活动；二是智奥所服务的对象，既有公司、机构，也有政府部门、国际组织、专业活动组委会，在客户方面，涵盖了所有具有举办活动诉求的企事业单位、各行业组织。

另一家是智海王潮。通过苦瓜的视频号，业界可能对智海王潮的业务有了新的认识，我们也可从谌立雄总裁的案例分析中更贴切地了解到如何利用服务升级讲好行业深化和招商引资故事，利用会展推动重点产业发展。针对各地重点发展产业，智海王潮整合产业资源信息、引进和落实产业IP项目，推动产业发展。

当企业把自己当作整个产业生态链的中心时，自然会获得更多资源。因此，企业要试着把会展转变为打造产业生态场景，打造出政府期望的有价商业场景。

观点3：找到大的确定性，宏观上和国家保持一致，从近期经济数据研判未来的可能性

中国作为世界第二大经济体，几乎拥有全球各个产业链。从宏观导向看,产业互联网的风口已经到了。一场以数字经济驱动产业链发展为主导的新发展时代已经来临。越来越多的会展＋互联网玩家也开始脱虚向实。从表现看,这更像是一场主办方们的自我革命,农高会就是其中的典型代表。

农高会转变思路是,跳出办展的固定思维,打造垂直行业综合平台,解决产业痛点。线下展会解决集中展示、面对面交流的问题,农业实用技术交易和大宗农产品交易平台解决线上培训、认证、农业科技成果推广、转化、交易、大宗农产品交易、金融服务的问题。

今天的垂直行业综合平台就像一座仍在规划扩建中的城市,企业置身其中,很难把握其全貌。它既处于技术准备阶段,又处在谁都想蹭下热度的时髦期。但有一点是肯定的,它不断扩张的形态属于未来。深耕产业,将行业垂直打穿、做深,做"难而正确的事情",或许这正是会展双线融合模式的新样子。

观点4:加大力度鼓励走出去,出展人的春天不远了

8月,国务院出台的稳经济一揽子政策中的接续政策措施中包括为商务人员出入境提供便利。9月14日至16日,国家领导人也将出席在撒马尔罕举行的上海合作组织成员国元首理事会第二十二次会议,并应哈萨克斯坦共和国总统托卡耶夫、乌兹别克斯坦共和国总统米尔济约耶夫邀请对两国进行国事访问……这些都是出展经济积极的信号,都将积极促进国内会展业的健康发展。

观点5:为企业提供更多形式的整合营销服务,不要把希望都寄托在线下

此次疫情给潘涛最大的感悟是:一定要结合疫情和环境的变化及时做出调整,不能只是盼望疫情结束,恢复到原来打打电话办线下展会的状况。事实上,我们根本没法回去了。

当疫情让业务被迫完全线上化时,主办如何在逆境中活下去,甚至实现线上营销业绩的增长,拼的都是服务能力,线上拼的是新媒体营销的功底。

这几年,线上营销成了会展主办方的救命稻草,走完了前10年一直没能走完的路。会展行业的数字化营销成熟度大大提高,市场人和展商观众对线上的依赖程度加深。同时,使用线上工具的营销者对内容、运营、引流等问题的关注程度也大幅提升。

线上营销最关键的是什么？潘涛的回答是，人。面对变化，市场人员不仅要多去一线了解展会业务、洞察行业发展，也要继续发挥创意和策划优势，在内容上精益求精，还要积极学习数字化变革带来的各种新知识……更直白点说，意思就是"什么都会，但是同时在一两个领域有深入研究"。这样的复合型人才有个专业定义叫"T 型营销人(T-shaped marketer)"。T 型营销人在会展业务高峰与低谷瞬时切换的当下，对弹性交付能力和成本控制非常有价值。

为企业提供整合营销服务的困难非常大，但也唯有不断地学习与思考，快速适应并调整营销模式，才能在困难时期稳住展商，实现逆袭。动荡时代，最大的危险，不是动荡本身，而是延续过去的逻辑做事。苦瓜科技要有信心，更要有一技之长，引流量、养用户、收增长，期待会展人的春天早日来临！

到了 2022 年 11 月，苦瓜科技继续呼吁，《拒绝躺平！临期展会的这些"大招"被我们扒了个干净》，把行业好的做法及时做了推广。

于是，让人爱恨交加的 11 月来了。

说"爱"，是因为 11 月不少国内大型展会的复展让会展人看到了希望的曙光。11 月 2 日亚宠展已顺利闭幕，11 月 10 日 2022 全国糖酒会也在成都盛大召开，为会展这个沉寂了近大半年的行业增加了不少信心。说"恨"是因为，会展行业仍没有达到顺畅运行的程度。考虑到安全因素，2022 北京国际茶产业博览会官宣延期，第二十七届中国国际家具展览会暨 2022 摩登上海时尚家居展临时改为线上举办。

在复杂的大环境之下，会展人忧心忡忡。展会主办方如何一手抓展会效果，一手抓风险管控？临近开展，还有哪些工作可迅速突破？在特殊阶段，潘涛面对业界提出了五个策略关键词，具体如下：

1. 聚人气：内容营销仍然是重中之重

展会的核心是人，有人气参会效果就有保障。对会展人而言，内容营销是一个绕不过的话题,让主办方又爱又痛。用内容支撑起"日常小事",最终落脚在展会活动的"年度大事"。

会展新媒体营销专委会目前在做的就是持续性输出的内容营销,聚焦在这几年大家都非常关注的"数字营销"领域,希望打造一个及时的、紧跟需要的碎片式学习型平台,并服务会展经济研究会的各项线下活动。线下活动会系统性、体系化地解决伙伴的困惑。比如在2022年三新展期间,专委会将和三新展组委会联合主办的"会展新媒体内容生产和数字营销之惑、术"分论坛,共同探讨会展新媒体营销的新玩法。

不精准、不走心、不互动、不好玩的传统营销已经过去,忽视新媒体就是失去未来,现在入局还有机会吗?数字营销团队该如何配置?从0到1,抖音、微信、小红书……新媒体渠道怎么选?社群、私域不是韭菜池,谁能帮忙用大白话说清楚最重要的三个点?会展项目总是为新媒体内容而发愁,哪些内容可写,谁来写,如何写得好,又如何让好内容传播?哪些钱要花,什么时候花,哪些钱花了又真没效果?数字营销怎么考核?这些纷纷扰扰的问题很难通过一两句话说清,会展新媒体营销专委会一直努力在输出一些有效的答案。

2.保安全:居安思危,展会预案不能少

要说会展主办方目前最担心的是什么?一定是安全!近三年来,不少主办方都表示,会展能安全举办就已经是成功了一大半!进入冬季,展会不确定性大幅提升,抗风险意识必不可少。

刚刚开幕的糖酒会就推出了堪称最严格的防疫措施,要求三天三检,其中最后一次必须是四川本地核酸证明才能获得防疫码。这就是说,如果想正常入场,至少要提前一天到当地进行核酸检测。入场时则采用"查糖酒会入场码+查验天府健康通绿码+测温+刷身份证(人脸比对)+安检"方式入场。

除了严格的入场措施外,完善的防疫预案也不能少,包括疫情预案、展会搭建安全管理预案、展会车辆管理预案、大型活动人流管理预案、大型活动突发事件管理预案、大型会议嘉宾接待管理预案、大型会议现场安保管理方案等。总之,预案做得越全面,会展活动举办得越安心。

3. 理数据：打通数据闭环

开展前，主办方需打通数据闭环，将展前营销数据、预登记数据、到场数据等与防疫系统、门禁系统完全打通，实现数据可管理、可溯源。苦瓜数据闭环如图6.3.1所示。

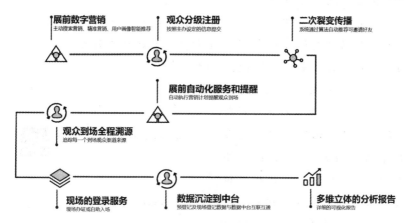

图6.3.1　苦瓜科技的数据闭环

除了避免现场的管理混乱外，数据闭环的另一个优势在于可以看到每一条数据的来源，清晰地看到观众在线上干了什么、分级注册流失了多少、转化了多少到预登记、最终多少到了现场制证、分别都来自哪个渠道、入场了几次，等等。它不仅将每一条数据"还原"成活生生的人，还能帮助主办方及时优化各个渠道内容，从而提高营销精准度。

此外，每届展会结束后，完善的数据系统也能将数据沉淀到中台，形成多维度系统化的分析报告，为下届展会做准备。

4. 搭平台：线上线下双驱动

双线融合已成为成功展会必不可少的一部分，线上不仅仅是云展，大型的线上专场、小型的线上对接会、线上广告等都已成为主办探索双线融合的有效实践。

线上线下融合的方式可以用来构建更有黏性的服务平台。线下展会更注重体验，而以小程序、公众号、直播等为载体的线上模式则填补了非展期的用户黏性问题。例如12月即将开展的SIAL国际食品展，近期就通过各种线上渠道主动"攒局"，推出系列沙龙活动，以读书会的方式将营销人聚集起来。通过这种小活动，主办方每次都可以收集到部分非常精准的数据，待到开展前又能迅速激活，达到精准营销的效果。而媒体出身、内容见长的中国高端酒展览会则惯于在展前举行一系列线上直播，以展商、专家视角切入行业话题，为展会和论坛提前聚集人气，从而提高观众期望值。

5. 稳信心：多渠道发声，让展商和观众安心

临近开展，展商和观众甚至比主办方更着急。尤其对展商而言，一旦现场搭建又不能按时开展，血本无归却也只能自认倒霉。因此不少主办方可能会面临展商临时退展的可能。

作为主办方，在近期应当主动增加发声频次，不断宣传展会最新进展、新亮点和提升观众对即将到来展会的期待值。比如，今年一延再延的全国糖酒会，虽然最终定档11月10日—12日举办，但展商和观众的信心和期待程度都大受影响。为此，糖酒会在10月8日官宣上线了新的VI系统（见图6.3.2），拍了新的创意广告片，以几乎一天一推的频率发布展会新进展、新动态，用种种宣传手段不断提醒展商和观众：这次，糖酒会真的来了！

图6.3.2　全国糖酒会新推的VI系统

除了建设以往的官网、公众号阵地，根据苦瓜观察，不少展会加大了在直播渠道的投入。临近开展，主办方等邀请代表性展商、行业专家举行几轮预热直播，不仅能带动观众对展会的关注度，也能有效提高展商黏性。

在当前环境下，很多会展人都直言，今年展会能举办就是最大的成功。越是这个时候，越需要平心静气倾听展商与观众的真实需求，调整服务内容和模式。只要持续提供有价值的服务，那么待到山花烂漫之时，一定会迎来会展行业的大爆发。苦瓜科技期待与主办方共同努力，见证大小展会的成功举办，见证中国会展行业的全面复苏。

二 积极参与行业活动

在中国会展业发展大潮中,苦瓜科技作为一家科技公司,一直在产业前行中不断耕耘。在三年新冠疫情过程中,苦瓜科技始终紧跟行业发展步伐,不断深入研判疫情动态,积极参与多项富有成效的行业活动。

细细梳理,苦瓜科技对创建优秀的会展业发展生态做出了一些贡献,这里主要列举一些重要活动,与会展界细致分享。

(1) 2020年8月28日,北京苦瓜网络科技有限公司创始人兼董事长潘涛,受邀参加桂林旅游管理学院会展经济与管理教研室的交流座谈会。在座谈会上,潘涛董事长认为,会展经济与管理专业教育要充分发挥年轻团队的优势,抓好教学中的实习实践,并从三个方面给出建议:第一,数据是生产力,要把握会展行业从市场驱动向管理驱动的转型机遇,培养管理型人才;第二,创新是原动力,要通过学习思考和反复实践来寻找创意的来源,注重训练学生的创意思维;第三,会展数字化是大势所趋,可以数字营销的用人标准来进行人才培养。

(2) 由中国会展经济研究会、杭州市萧山钱江世纪城管理委员会联合主办的"2021中国会展活动新技术新设备新服务展览会暨中国会展跨界合作交流峰会"(以下简称"三新展")期间,苦瓜科技董事长潘涛就"在不加预算的前提下获得最优线上营销ROI的秘密"话题首次在会议上做公益性分享(见6.3.3)。与此同时,苦瓜科技在本次会议上斩获了"会展新锐科技成果奖"。

图6.3.3　潘涛董事长在2021三新展上做公益性分享

（3）2022年12月6日晚，由会展主理人许锋主持，苦瓜科技董事长潘涛、创虎智能科技CEO刘佳俊（阿牛）在线参与探讨的"会展主办还能卖什么产品？应该做什么？"，由苦瓜科技和会展BEN同步进行直播。活动重点探讨以下问题：主办方不缺用户，而是缺可以卖得出去、可以变现的产品和服务？办方最着急的是商业模式，而不是技术、线上会展？知识付费、内容变现是个伪命题吗？当下，主办方应该做什么？如图6.3.4所示。

图6.3.4 潘涛董事长在会展BEN分享会上发言

（4）2022年12月16日—17日，中国（西安）会展产业教育与人才发展论坛举办，潘涛董事长分享了《会展数字营销人才如何培养》。潘涛表示，2023年会展行业将是"血雨腥风"的一年。不少沉寂的展会希望通过明年一举扳回颓势，而那些持续举办的展会也希望通过扩大规模来凝聚行业影响力。可以预见，虽然展商和观众的需求有所回暖，但会展行业的竞争依然激烈，外部环境的改善并不会像预想那样来得这么快。同样激烈的还有会展人才的竞争。随着行业复苏，会展公司对各方面人才的需求陡增，人才资源挤兑成为必然。潘涛从人才培养角度，对人才成长路径和后疫情时代的能力需要，给出了建议。

（5）2022年8月9日，2022青岛会展业务能力提升培训会在青岛国际会议中心举办。本次培训会由青岛市贸促会主办，青岛国际会议中心、山东美程国际会议展览有限公司联合承办。300多位会展人通过线上线下的方式参加了本次培训。苦瓜科技董事长、创始人潘涛，就会展新媒体营销和运营能力的打造做了分享和互动，对疫情常态形势下会展业的发展进行了分析和研判。

（6）2022年9月28日，由广东会展组展企业协会、中国会展经济研究会新媒体营销专委会、会展BEN联合主办的第二十四期"组展人沙龙"在线上成功举办，包括潘涛在内的多位会展资深人士围绕"会展主办方如何生产好新媒体内容"进行了精彩分享。

（7）2023年2月3—4日，由南京市会议展览业协会主办的南京市会展业"三型"人才培训班在南京国际博览会议中心举行。培训为期两天，来自会展场馆、组展服务企业、主场搭建公司、酒店等的会展相关管理人才共160余人参加。苦瓜科技董事长潘涛（见图6.3.5）围绕展览项目的自媒体运维，介绍不同客户群体对自媒体营销的不同需求和如何利用内容、渠道、工具做好自媒体运维，以及未来AI技术对行业的影响。同时，他还对组展和主办者、工程和活动执行者等相关从业者提出自媒体运维相关的技术性意见。

图6.3.5 潘涛在培训班上授课

（8）2023年2月27—28日，苦瓜科技创始人、董事长潘涛在杭州国际博览中心做题为《提高预登记到场率的"擒龙六式"》的公益分享。内容包括：预登记到场率90%以上，这个怎么玩儿？新项目到场率真上不去吗？怎样从技术和心理两个角度提升用户停留时间和访问深度？害死人的路径依赖，你踩中了几条？是所有触点都要追求预登记吗？

（9）2022年9月13日下午，由山东省会展产业发展协会主办，中国会展经济研究会会展新媒体营销专委会支持的"至诚山东·品质会展"第二期线上专题论坛成功举办。论坛特邀了苦瓜科技创始人、董事长、中国会展经济研究会会展新媒体营销专委会主任潘涛等一众行业大咖，围绕传统会展主办方的数字化转型、会展业在"元宇宙时代"的发展机遇、视频营销、社群营销、私域营销、口碑营销等线上营销方式如何高效开展等内容，进行了深入交流探讨，众人分享了真知灼见与发展心得。潘涛董事长分享了在数字会展中的数字营销部分。他提出，首先需要转变理念，实现品牌年轻化，内容接近时代发展的需要，从渠道、内容、形式、社群方面去更新，营销数字化，品效合一，进行场景化营销。他认为，"元宇宙"给会展业带来主要机会是仿真会议、数字藏品、元宇宙营销等。

三 成立行业组织并持续输出内容

2022年9月6日，2022年中国会展经济研究会研会暨中国会展经济（昆明）论坛公布了中国会展经济研究会决定成立会展新媒体营销专委会的喜讯，并授予苦瓜科技为会展新媒体营销专委会主任单位（见图6.3.6）。

图6.3.6　会展新媒体营销专委会授牌仪式

会展新媒体营销工作委员会的成立是会展业蓬勃发展的彰显，也为会展业的发展开辟了新路径。在成立大会上，潘涛表示，该工作委员会将响应时代发展需要，聚焦会展的数字营销，搭建学习交流平台，共同促进行业发展，并承诺努力做好服务员。

在2022年底，苦瓜科技牵头对会展新媒体营销工作委员会年度工作进行了总结。在中国会展经济研究会的指导和支持下，会展新媒体营销专委会（以下简称"专委会"）自2022年9月成立以来，致力于壮大专委会的会员规模，打造群策群力、资源整合的学习型组织，目前已卓有成效地开展了相关工作。

（一）宣传工作

专委会构建了会展新媒体营销专委会网站（http://www.viewexpo.cn/）。专委会网站于2022年11月上线，全面介绍了专委会成立以来的相关工作，并对专委会组织的线上直播活动进行预告和回顾。目前官网"新媒体营销专委会""会展营销""会展新媒体营销"等重要关键词均已被百度收录。

（二）社群运营

截至2022年12月，专委会共建立活跃社群5个，总人数突破2000人。社群内成员行业精准度高、活跃度高。每天社群内至少一次进行会展行业内内容输出或话题互动，此活动由苦瓜科技指派专人负责。社群内的管理员对发布与行业无关信息和广告的人实施"零容忍"管理方法。

（三）内容输出

经过近半年的深度内容运营，专委会已基本形成稳定的内容输出节奏。作为以会展新媒体营销为主要研究对象的专业研究群体，专委会从自身出发通过直播和短视频的方式分享观点和观察。

专委会每周组织行业嘉宾进行至少一场直播活动，就行业观众关心的话题分享专业观点，预判行业趋势；工作日每天发布两轮短视频内容，其中中午分享行业动态、新媒体营销玩法和新媒体营销干货，晚间将直播干货内容精华剪辑成短视频内容。

至2022年12月，会展新媒体营销专委会输出视频127条，进行11场直播，累计观看量超过5万人次。

在会展行业的浩瀚海洋中，苦瓜科技以自主投入构建展会新媒体生态，为行业带来了独特的创新力和发展动力。作为一家引领科技潮流的企业，苦瓜科技以其积极的探索和深度的思考，不断推动着会展行业朝着数字化、智能化的方向发展。

首先，苦瓜科技在展会新媒体领域投入了大量的研发资源和内容团队，不断探索前沿科技、新形式内容、新渠道在会展领域的应用，推动数字营销解决方案的创新和发展。

其次，苦瓜科技在展会新媒体生态建设方面发挥了积极的引领作用。公司带头积极探索，建立起多方参与、资源共享的合作机制。在培训、研讨会等活动中，苦瓜科技不仅提供技术支持，还与行业从业人员分享经验和最佳实践，推动会展新媒体领域的人才培养和专业化发展。这种合作生态为行业内外的合作交流提供了平台，促进了行业创新和发展的良性循环。

同时，苦瓜科技的自主投入也为行业带来了更多选择和发展机会。在数字化时代，会展行业面临着巨大的变革和挑战，苦瓜科技通过自主投入的方式，能更灵活地满足市场需求，快速响应行业变化。这种自主投入的创新模式不仅为苦瓜科技自身带来了竞争优势，更为整个行业注入了新的活力和动力。通过积极投入，苦瓜科技在会展新媒体领域实现了技术创新和商业模式创新的双重突破。而且，这种模式不仅展示了苦瓜科技的实力和决心，也彰显了企业在行业中的责任与担当。苦瓜科技的自主投入不仅仅是为了追求自身的发展，更是为了推动整个行业的进步与繁荣。通过投入大量资源进行研发和创新，苦瓜科技为会展行业提供了更加智能化、便捷化的解决方案，提高了展会效率、拓展了市场空间。这种积极的自主投入不仅满足了企业自身的商业利益，更为行业参与者提供了更多的选择和发展机会，促进了整个行业的协同发展。

展望未来，我们期待苦瓜科技带领的会展新媒体营销工作委员会在会展新媒体领域的自主投入持续发挥作用，进一步拓展创新思维和业务领域，引领行业迈向更加数字化的未来。

四 共建行业标准，发布白皮书

2020年4月13日，商务部办公厅发布了《关于创新展会服务模式，培育展览业发展新动能有关工作的通知》。会展行业和苦瓜科技在这一时期都面临着巨大压力和挑战。作为一家积极向上的科技企业，苦瓜科技迅速响应并采取一系列积极举措，大力推动展览业的创新发展。

首先，苦瓜科技加强内部组织和协调，成立了专门的展览业发展工作组。该工作组由经验丰富的团队成员组成。该团队负责研究和分析商务部发布的通知，深入理解政策精神和方向，并制定相应的发展战略和行动计划。其次，苦瓜科技积极探索创新展会服务模式。根据通知的要求，苦瓜科技通过整合自身技术优势和资源，推出了一系列数字化展会解决方案。这些解决方案基于云计算、大数据、人工智能等前沿技术，为展会提供全方位的数字化支持，包括线上展览、虚拟展厅、远程展示等。这些新模式不仅提高了展览的灵活性和效率，还为企业与客户之间的交流搭建了更便捷的平台。最后，苦瓜科技积极与展览业相关的机构合作，共同推动线上会展的创新发展和标准建设。在与展览公司、展览场馆、行业协会等的合作中，苦瓜科技不仅提供技术支持和解决方案，还积极参与展览活动的组织和策划，推动展览业向数字化、智能化方向迈进。

在不长的时间内，苦瓜科技的积极响应取得了显著成效，促进了展会服务模式创新和展览业的数字化转型，同时，也为实现商务部办公厅提出的政策目标贡献了力量，促进了展览业的健康发展和经济繁荣。

经过酝酿，由中国商业贸促会牵头组织，苦瓜科技等公司起草的《线上展会服务规范》全国性团体标准于2021年1月18日发布，开辟了智慧会展的标准化研制进程。苦瓜科技针对线上会展进行多维深度的研究，推动了智慧会展产业标准化。《线上展会服务规范》团体标准不仅是一次业务标准化的升级，也反映了业界对于线上展会发展的一致要求。例如，该标准明确指出，要确保线上展会相关数据得到妥善积累和保护。随着部分线下展会的召开，该标准还对线上展会与线下展会的结合点进行了阐述，提出如有线上展会与线下展会同时举办，更要促进线上展会与线下展会形成互动机制，与线下展会协同发展。

2023年5月25日，2023年中国会展经济研究会年会暨中国（琼海）会展经济论坛期间，苦瓜科技董事长潘涛代表中国会展经济研究会会展新媒体营销工作委员，在"新媒体和数字化时代，会展的新机遇和新挑战"主题论坛上首发《2023会展新媒体影响力报告》，其中包括对会展新媒体的核心洞察（见图6.3.7）等内容。

图6.3.7　2023会展新媒体的核心洞察

该报告是国内第一份全面调研会展新媒体现状和未来的专业报告，指出了会展新媒体的主要渠道、主要困难等（见图6.3.8和图6.3.9）。这份专业报告的发布不仅为行业发展提供了宝贵的参考，更为未来的会展创新和数字化营销转型指明了方向，标志着会展行业在新媒体时代的一次大蜕变。

作为国内领先的科技企业，苦瓜科技一直致力于会展行业的数字化革新。牵头发布这份报告是苦瓜科技长期积累的成果和对行业发展的深刻洞察力的体现。报告由业内专家、行业协会、行业媒体、会展企业、展馆方等多方成员共同编制，力求全面、客观地呈现会展新媒体领域的现状与发展趋势。

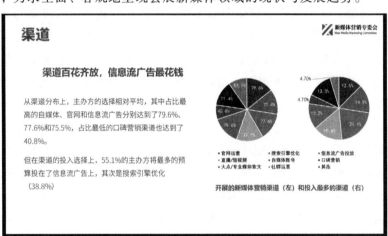

图6.3.8　2023会展新媒体的主要渠道

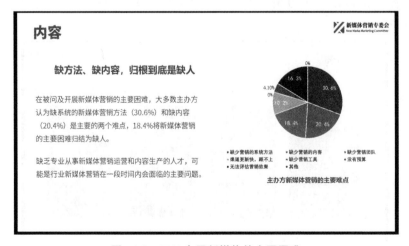

图6.3.9　2023会展新媒体的主要困难

该报告的首发具有里程碑意义。作为国内第一份专业的会展新媒体影响力报告，它为整个行业提供了准确、全面的数据和分析，为业界决策者提供了重要参考依据。报告内容涵盖了会展新媒体的发展现状、影响力评估、市场趋势预测等多个方面，旨在为行业各参与方提供准确的信息和战略指导，引领行业发展。

该报告的发布将会对会展行业带来深远影响。其一，它将引发业界对会展新媒体的重视和关注，推动更多企业和机构加大对会展数字化和新媒体营销的投入，推动行业迈向更高水平。其二，报告的发布将激发行业内外的交流与合作，促进知识共享和资源整合，为行业创新提供更广阔的空间和平台。

五 建设国内首个"会展活动数字化体验中心"

2023年4月初，国内首个"会展活动数字化体验中心"正式落地西安曲江国际会议中心。该体验中心由苦瓜科技和西安曲江国际会展集团联合建设，这也是苦瓜科技在生态会展发展过程中写下的重要一笔。

（一）行业现状

作为现代服务业的重要组成部分，会展业在促进贸易往来、技术交流、信息沟通、经济合作、扩大消费和增加就业等方面发挥着重要作用，成为构建现代市场体系和开放型经济体系的重要平台。在20世纪末，随着改革开放的不断推进和社会经济的强势崛起，中国的会展业保持着蓬勃发展的良好态势，并取得了一系列显著的成就。

如今，各种数字化技术的加速融合为会展业的数字化发展带来了前所未有的机遇。这种供应侧的变革影响了场馆方、主办方、参展参会企业和观众，但会展活动参与者对新技术的积极接受和在疫情期间所养成的数字习惯，都为会展活动的数字化进程提供了有利条件。现在，智慧现场、数字营销、算法音视频、内容智能生成、AI翻译、元宇宙等数字化基础设施正在大规模地蔓延到各行各业，使得会展活动的数字化进程得以加速发展。

将先进的数字技术转化为看得见、摸得着、听得明白的会展活动数字化体验中心，对会展行业数字化创新、人才培养、市场化运营都有着巨大价值。

（二）政策文件

近年来，我国各级政府不断出台各项政策文件，鼓励会展业加快数字化进程，引导运用数字技术，开展服务创新、管理创新、市场创新和商业模式创新，发展新兴展览业态；利用人工智能、大数据等科技手段促进会展业数字化转型，加强信息化与工业化深度融合，加快智慧会展平台建设，为各类会展活动提供数字化服务。

1.国务院政策文件

2021年12月12日，国务院印发《"十四五"数字经济发展规划》（国发〔2021〕29号）。此规划指出：

持续提升公共服务数字化水平。创新发展"云生活"服务，深化人工智能、虚拟现实、8K高清视频等技术的融合，拓展社交、购物、娱乐、展览等领域的应用，促进生活消费品质升级。

加快企业数字化转型升级。引导企业强化数字化思维，提升员工数字技能和数据管理能力，全面系统推动企业研发设计、生产加工、经营管理、销售服务等业务数字化转型。支持有条件的大型企业打造一体化数字平台，全面整合企业内部信息系统，强化全流程数据贯通，加快全价值链业务协同，形成数据驱动的智能决策能力，提升企业整体运行效率和产业链上下游协同效率。实施中小企业数字化赋能专项行动，支持中小企业从数字化转型需求迫切的环节入手，加快推进线上营销、远程协作、数字化办公、智能生产线等应用，由点及面向全业务全流程数字化转型延伸拓展。

2.陕西省政策文件

1）陕西省人民政府办公厅政策文件

2022年4月22日，陕西省人民政府办公厅印发《陕西省"十四五"数字经济发展规划》（陕政办发〔2022〕12号）。此规划指出：

发挥陕西文旅资源优势，借助先进数字技术推动文旅产业融合发展。深入挖掘陕西文化特色，利用人工智能、虚拟现实、沉浸式视频等将陕西文化内容、文化符号、文化故事融入景区景点，传播优秀文化，不断增强文化自信。大力培育文旅融合数字化应用场景，创新发展云展览、云旅游等文旅新业态。积极推动智慧旅游景区建设，推广智慧导览、智能导流、虚实交互体验、非接触式服务等应用，丰富景区文化产品体验。

2）陕西省商务厅政策文件

2020年5月8日，陕西省商务厅出台《关于应对新冠疫情促进会展业持续健康发展的意见》（陕商函〔2020〕237号）。此意见指出：

发展智慧会展，支持采用大数据、云计算、物联网等先进手段，充分运用互联网理念，加快展览组织、展览服务、展馆运营等方面的数字化、智能化和现代化进程。支持互联网企业、展览策划运营企业、场馆运营企业和展览服务提供商融合发展。鼓励举办网上展会，发展网上推广营销、客户挖掘等服务。

3. 西安市政策文件

2022年4月22日，西安市人民政府办公厅《关于印发"十四五"数字经济发展规划的通知》（市政办发〔2022〕55号）。此规划指出：

大力推进产业数字化转型，服务业数字化升级。在数字旅游领域，加快推进5G网络在我市旅游业的商业化应用，积极探索"数字＋线上体验"，挖掘新的消费增长点，推动文旅企业重塑商业模式。推进高A级旅游景区智慧化改造，打造一批"5G＋高A级旅游景区"。推进全市旅游数据资源共享，着力打造文化旅游、会展论坛、户外运动、节日庆祝等数字化旅游产品支撑体系。建设西安文化旅游行业运行监测平台和数据中心，发展基于全域旅游的数字旅游精准服务。落实数字化产品、在线化运营、智能化管理、大数据营销在文旅工作中的应用，打造一批文旅与科技融合示范项目和示范园区。

培育数字经济市场主体，大力引育龙头企业。聚焦数字经济领域，依托丝博会、欧亚经济论坛、西部数字经济博览会等多个会展平台，加强与世界500强、大型跨国企业、全国电子信息百强企业、软件百强企业、互联网百强企业的联系对接，开展"一对一"招商，积极吸引国内外数字经济知名企业落户我市。实施"链主"企业扶持计划，培育一批综合实力强、具有全球核心竞争力的领军企业。支持数字经济领域国有企业通过股份制改革、兼并重组等多样化途径，引入其他资本实现股权多元化和跨地区、跨行业经营。

（三）项目建设背景

陕西省所处的地理位置及产业特点决定了"陕西会展"承担着承东启西、内引外联，推动区域经济发展，服务"西部大开发"及"丝绸之路经济带"建设的战略角色。近年来，陕西省会展产业快速发展、市场持续活跃、设施不断完善、行业管理日趋规范。但是，陕西省会展业发展还存在着会展活动市场化、数字化程度较低，会展专业人才缺乏、数据沉淀及数据反哺不足等问题。

为顺应会展产业发展趋势及西安市会展产业发展需求，启动"西安会展活动数字化技术转化平台"（即"会展活动数字化体验中心"）（以下简称"体验中心"）项目。建设体验中心旨在推动创新陕西省会展企业发展机制、丰富会展活动模式；着力完善本地会展专业人才培养机制、加速会展产业数字化转型；积极促进陕西省会展行业整体实现数字化和市场化的长远发展。

（四）建设方

体验中心由北京苦瓜网络科技有限公司与西安曲江国际会展（集团）有限公司联合建设。

苦瓜科技是业内领先的会展数字技术公司，具有十余年会展数字化和项目数字化营销经验，为国内外5000场大型展会提供了数字化解决方案。作为国内最早聚焦会展活动数字化的技术型企业，苦瓜科技在智慧现场、数字系统、数字营销、数字化服务等方面拥有成熟的产品和技术。

（五）项目建设内容

体验中心主要展示国内知名会展活动的数字化手段及成果，如数字营销、新一代预登记系统、数据中台、智能票证和门禁系统、直播、交易促进平台、元宇宙、大数据等。会展企业通过体验中心可亲身体验会展活动先进数字化技术，帮助会展活动从业者了解先进、对标先进。同时，体验中心将设置沙龙区，定期邀请国内行业领袖举办线下分享会、培训会等，将全球会展行业的先进理念及优秀经验带到西安，用"常态化小课堂"的方式打造"沙龙式会展活动交流学习平台"，打造西安极具吸引力的"流量入口"，在参与体验活动、沙龙活动的同时也为西安带来更多的"潜在客户"。具体内容有：

1. 体验中心的主要展示内容

1）数字营销

以会展活动参与者身份的转变为线索，让用户体验"陌生人—访客—潜客—客户—回头客"的不同营销内容和营销渠道（见图6.3.10），从而感受数字营销对会展营销用户全流程行为的动态演变和反馈过程。

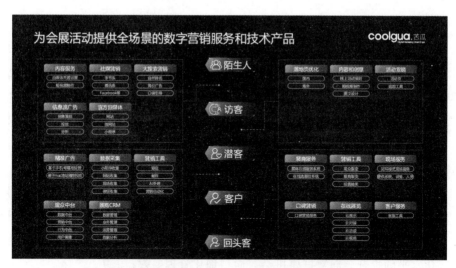

图 6.3.10　不同阶段用户的营销内容与营销渠道

2) 新一代预登记系统

体验新一代预登记系统（见图 6.3.11）可通过小程序、H5 等不同形式部署，并根据大数据算法技术，主动推荐与报名者相匹配的其他用户，并推送至用户的注册界面，方便发起在线邀请，以达成更好的熟人推荐、二次裂变邀请效果。系统还可以根据主办方的要求定制个性化的电子票证，并设置激励活动，根据传播效果给予激励，激发并量化社交营销的价值。

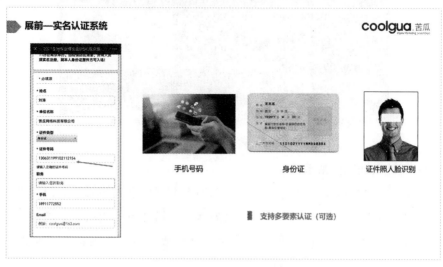

图 6.3.11　新一代预登记系统

3)数据中台

在发展过程中,历史越久、规模越大的展会,线上线下就沉淀了越多的数据资源,同时也积累了越多亟待解决的问题,主要表现在:数据之间不能充分互联互通,各业务单元之间信息孤岛现象严重;现实世界和数字世界的融合链接能力较弱,大部分变成了"沉默的数据";数据应用手段较为单一,基于数据的自动化、全旅程营销缺失,数据对增收的促进作用未能充分发挥;孤立的数据很难进行深度的分析和挖掘,数据驱动展会增长模式难以有效落地。

数据是数字化时代的基石,已成为当今时代新的生产要素。对生命周期处于发展期、成熟期的会展活动而言,无论是线下的横向扩张、垂直下沉,还是线上的数字化产品创新增收,新一轮的增长必然由数据驱动。会展公司应通过数字化水平的提升,向数据要机会,向精细化管理要效益。

因此,会展公司数字化建设的中长期规划的核心是要创建一种以数据为中心的文化,并将这种文化落实到业务场景和业务流程中来,从而释放数据的价值(见图6.3.12)。这是会展公司适应数字时代的必然选择。

图 6.3.12 体验中心的数据中台

4)智能票证和门禁系统

体验中心的智能票证和门禁系统对标国内大型展会现场票证和门禁管理模式,呈现新技术、新设备、新服务在会展活动现场环节的应用。它能构建数据闭环管理、安全溯源一体化目标,为会展活动参与者提供便捷、安全的入场服务。

本中心重点打造以下三方面的体验:一是用户全流程手机自助服务。手机上申报证件、手机上审核、手机上提醒、手机上查看、手机上邀请、刷手机自助取票证、刷手机入场、手机上完成场内互动和撮合。二是参与者可通过会展活动的各种渠道进行电子门票实名制购买和核销，票种多样。三是提升门禁分级服务能力，将"实名注册登记＋实名校验＋入场智能识别＋全程溯源"记录相结合，针对不同类型的参会者，通过差异化的智能自助票证设备、无感或有感的入场门禁设备，清晰记录每一位到场人员数据信息，为会展活动的安全防控提供数据支撑，确保会展活动安全有序开展，如图6.3.13所示。

本中心重点打造了无感票证和入场模式。体验现场快速制作RFID非接触式芯片卡，并通过RIFD无翼感应门禁、欢迎屏语音和入场信息播报，以及安保屏确认核对来客身份。

苦瓜科技重新优化设计的完整门禁动线流程，将硬件、软件和数据库数据进行深度融合，提升了观众的门禁流转体验。

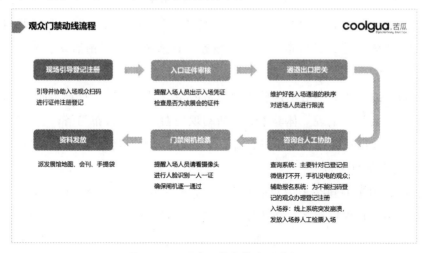

图6.3.13　观众门禁线的主要流程

5）直播

体验中心是为会展活动打造一站式活动直播策划、直播配套设备、现场执行、运营分发、数据报告交付的全链条服务体验中心。它打造活动的第二现场，让更多会展活动人认识直播的价值，掌握直播的方法，学会直播操作（见图6.3.14）。

根据上千场次的直播经验，苦瓜科技提炼了各种类型会、展、活动直播活动的方案和流程,在体验中心复现观看旅程与互动环节,输出直播体验活动,体验和学习快速搭建会、展、活动官网、小程序、品牌海报的数字化工具。

图 6.3.14　展会活动的直播体验

观众可以体验和学习直播活动与主流媒体平台的合作方案,包括物料包、直播传播矩阵搭建、推广邀约系统及服务、直播预告、促销活动、客户服务、项目推介等信息的主动信息流投放方法和后台管理。

观众可以在体验中心里体验不同规格的会、展、活动,选择不同的直播设备,并体验其效果呈现。体验中心对活动现场勘测、拍摄布局搭建、直播网络测试、音视频设备检测、直播细节确认等保障工作的开展方法进行实景还原。

6)交易促进平台

会展活动发展到今天,双线融合,"线下+365天线上交易促进平台",常年多触点为客户提供服务已成为发展共识。会展活动主办方也正朝着整合营销服务方快速转变。"会+展+活动+数字内容+数字营销+线上平台"的模式正在全球兴起。体验中心将重点展现如何借助信息化手段放大会展活动效能,如何利用工具快速生成数字化内容,如何展开数字营销,如何依托产业链上的积累为会展活动项目搭建2B型的资源型平台,为本行业相关的政府部门、企业、专家学者、机构搭一个综合的交易促进平台(见图6.3.15),对接全国统一大市场。

该体验项主要依托3D、VR、云计算、物联网、5G等先进的信息技术进行,充分利用了历史积累的产业资源、线上线下数据及用户画像,发挥技术赋能作用，通过线上展览、交易、交流、推广、2B电商等服务整合，以数字经济发展驱动产业链条，建立一个实用有效的会展电商大平台。体验中心可体验2D和3D形式的线上交易撮合平台的多个场景，让参与者不到现场也能体验会场的商业氛围。

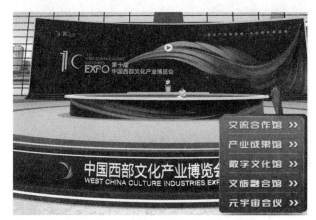

图6.3.15　展会活动的交易促进平台

7）元宇宙会展

体验沉浸正在迎来更多的形式与模式：体验沉浸式的元宇宙会议、元宇宙直播、元宇宙开幕式，体验在元宇宙世界获得的沟通氛围和仿真环境、数字人、AI客服、数字藏品，体验元宇宙营销等新的数字体验等。

元宇宙会议并非完全照搬线下会展，而是一个仿真的、立体的、数字信息映射到物理空间的一种加强模式。在模拟线下会展、会议的基础上，用户在元宇宙会议中建立新的数字形象，体验更平等的沉浸式互动与交流。不同于线下会展活动受限于有限的物理空间和时间，元宇宙会议期间，与会者可根据展商和用户需求就某一具有共同兴趣的行业话题快速展开讨论，并实时互动发表观点讨论，实现更有价值感的沟通。

8）大数据

会展的核心是交易撮合。原始的模式是将交易双方聚集到同一场地促进贸易，而大数据可以让会展的交易撮合更加高效且精准。比如通过会展活动对展商、观众全方位的数据采集和分析，能更全面地了解用户的需求，在帮助展商和观众进行更高效地开展交易撮合的同时，也能帮助主办方了解展商对展会的需求，从而更有目的地强化展会优势，获得规模与品质的升级。

通过大数据技术，对数据进行动态提取和加工，能形成个体用户画像和完整的数据测评报告。各类利益相关者体验会场设置的动态数据大屏（见图6.3.16），能直观感受大数据对会展活动的影响。

图6.3.16　体验中心的动态数据大屏

2.体验中心功能区域的划分

体验中心主要分为三个区块：

1）展示体验区

展示体验区整体为一个"浓缩型场馆"，现场展示业内领先和主流的智能硬件设备、元宇宙技术、VR、大数据技术、数字化系统、数据监测、数字化营销等。

2）沙龙活动区

沙龙活动区采用容纳20—30人的开放式布局，常态化举办线下沙龙，在线下活动举办的同时进行线上直播，放大传播效果。

3）接待区

接待区用来满足来参观、交流者的接待和洽谈需要。

展示中心的布局如图6.3.17所示，效果图见图6.3.18。

"西安会展活动数字化技术转化平台"（即"会展活动数字化体验中心"）项目的实施，可进一步创新西安市乃至全国会展企业数字化转型发展机制；提升西安市会展场馆管理服务水平，便于西安市招商引资、优化营商环境；完善西安市会展产业链，为西安市会展产业数字化转型、高质量发展添砖加瓦；显著提升"一带一路"国际会展名城建设成效，不断扩大西安会展的国内外影响力。

依据以上内容，我们可以很清晰地看到这十来年苦瓜科技发展的主要脉络与重要作为。苦瓜科技在发展中没有只是将视野放在短期的赢利层面，而是一直注重与客户同成长、与行业同发展，注重基于可持续发展的格局创建相对成功的会展发展生态，为行业做出了积极贡献。

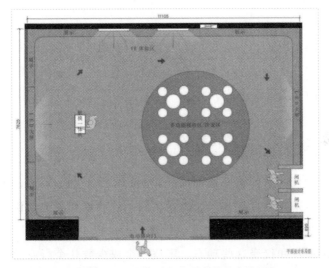

图 6.3.17　展示中心功能区域的基本布局

图 6.3.18　展示中心效果图

总而言之，苦瓜科技的生态作为不仅仅是公司的发展战略，更是一种理念和使命。通过与合作伙伴、客户和社会共同构建的生态系统，苦瓜科技致力于推动会展行业的创新和进步，积极打造一个互惠共赢、可持续发展的生态环境。在这个生态系统中，学习、创新、团结和长期主义是每个参与者共同奉行的核心的价值观。他们共同努力实现会展行业的繁荣和持续发展。

第四节　苦瓜科技未来发展展望

随着科技的不断进步，会展活动加速数字化转型的趋势已更加明朗。苦瓜科技作为一家聚焦于会展活动数字化的公司，将在会展领域继续发挥其技术和经验优势，不断推动行业进步。

一　数字化会展的背景和趋势

会展活动一直以来都是商业和经济交流的重要平台。然而，传统的会展形式却存在着很多限制。近年来，越来越多的从业者更客观地认识到了会展的价值，开始重新思考线下线上的关系。传统的会展已不可能再回到过去的状态，所以企业必须面对和接受这些动态。围绕一个或少数几个行业做纵向垂直，是发展的新趋势。于是，苦瓜科技开始面对这种趋势积极布局。

随着会展新生力量尤其是跨界力量的进入，传统的会展组织者越来越意识到会展的组织方式、商业模式、收入结构都存在更多新可能。2020年后，会展行业发生了一些显著变化。

1.用户习惯的变化

2020年—2022年，行业行为几乎是从线下变为一切线上化，在2023年后，一切又似乎从线上更完整地回归到线下。从用户角度看，形式已经不那么重要，只要有效的就是好的。无论线上还是线下，用户都能接受。为线上而线上，为数字化而数字化注定没有好结果。

对苦瓜科技而言，今天在一线的运营感受是：线上线下的融合正变得更务实，比如线上看数字化内容，用户喜欢短视频，内容质量变得很卷，这种趋势是苦瓜科技必须迎合的。能在手机上高效搞定的内容，如果再让用户跑很多路，用户会觉得这样的行为很不"数字化"。这就为苦瓜科技带来了更多机会，用数字化方式持续改善用户体验的空间越来越大。

2. 意识的深刻变化

现在，根本已经不用再去告诉大家为什么要搞数字化了，大伙都已十分明白数字化的重要性。作为供给侧公司，谁先能搞出被验证有效的解决方案，就一定能快速冒头。此类任务往往会由两类主体来完成。第一类是类似于上海博华的行业老大哥企业，他们自己去研发并应用。第二类就是类似于苦瓜科技这样的公司。因而，苦瓜科技必须得加快速度投入创新。

不过，苦瓜科技意识到，这个周期可能会很长。太前沿了，能买单的也少，可能会变成先烈，不前沿吧，竞争力又不够。苦瓜科技只能小步快跑，自主研发和项目驱动并行，这个度有时就很难把握。对苦瓜科技来说，最好的选择是深度合作，深度参与某一个或几个客户的数字化转型，小步快跑，从供应商变成深度参与者、利益共同体，再把这种经验复制到更多行业和客户中去。这就是苦瓜科技当下针对意识深刻变化的主要对策。

3. 主办者更重视数据闭环和数字营销

疫情给行业带来的一个显著变化是，数据变得更加结构化、更可控。因而，数据也越来越被重视。所以，苦瓜科技筹集资源，花大力气做了数据中台，重点解决了信息孤岛和全流程营销自动化问题。

另外，主办者也更重视从内部管理走向外部服务。内部是成本，利润都来自外部。显然，在当前大环境下，大家会更关注"活着"和更富竞争力。这几年，多数主办方非常重视数字营销，市场驱动项目成长已变得更为常态化。在这样的情境下，苦瓜科技发起成立新媒体营销专委会，主要是为了推动该领域进一步从重视渠道到重视内容与新技术的结合。

二 苦瓜科技在会展活动数字化方面的应用和创新

一直以来，苦瓜科技把创新作为企业文化的核心之一，持续在会展活动数字化方面注重技术创新，以促进行业的深入发展。苦瓜科技在会展活动数字化方面的应用和创新重点主要包括以下内容。

1. 产业营销平台

苦瓜科技将现有的数字计划、数字营销进行整合，通过与主办者合作积极打造垂直行业的整合营销服务平台，而不仅仅是线上展会平台。线上数字世界和线下物理世界的有机融合，可以让多平台间数据互联互通，打破信息孤岛，让数据多跑路，让用户少跑路。在线下可以通过展会活动为企业服务，在线上则可以通过整合营销服务平台为企业提供基于数据、营销工具、品牌广告、行业资讯、配对活动等多方面的营销服务。

2.个性化推荐引擎

苦瓜科技在未来将更多地运用大数据和人工智能技术，继续强化个性化推荐系统。该系统可以深入分析参与者的兴趣、偏好和行为，提供个性化的展品推荐和活动建议，从而提升参与者的体验和满意度。

3.实时互动和网络交流

苦瓜科技将提供实时的互动和网络交流功能，使参与者可通过文字聊天、视频会议和社交媒体等方式与其他参与者交流和互动。这种实时互动功能在很大程度上能增强参与者之间的沟通和合作，促进商务配对和洽谈的有效性。

4.数据分析和洞察力

苦瓜科技将继续提高数据分析能力，通过数据中台，对跨平台、线上和线下对参与者的数据进行收集和分析。通过深入理解参与者的需求和行为，苦瓜科技可以提供有价值的洞察力和建议，帮助组织者规划和管理好会展活动。

5.跨平台整合和移动应用

苦瓜科技将致力于实现不同平台之间的无缝整合，包括PC、手机等设备。此外，苦瓜科技还将继续开发数据中台，使参与者无论访问什么平台，都可以身份互通，行为记录、标签记录等信息都可沉淀在数据中台下。

6.安全和隐私保护

苦瓜科技将进一步重视会展活动的安全和隐私保护。苦瓜科技将通过采用安全加密技术和严格的数据保护措施，确保参与者的数据和信息得到安全和可靠的保护。这一点在未来的会展活动中无疑十分重要。

三 苦瓜科技在会展活动数字化中的机遇和挑战

在未来会展活动数字化方面的应用和创新上，苦瓜科技将迎来许多大好机遇，同时也面临显而易见的多重挑战。

1. 苦瓜科技在数字化应用和创新中的主要机遇

1) 全球范围内的参与

数字会展打破了会展业的时间和地域的限制，使参与者可在全球范围内相对宽泛地参与各类会展活动。这为参与者和组织者带来了更广阔的商业机会，便于更好地选择合作伙伴。

2) 个性化体验和推广

通过数据分析、数字化营销和个性化推荐系统，苦瓜科技可以为参与者提供定制化的体验和推广机会。这将大大增加参与者的参与度和满意度，提高会展活动的效果和影响力。随着"一带一路"倡议和"全国统一大市场"的深入推进，一波新的行业增长的好机会正在形成。

3) 商业洞察力和数据分析

苦瓜科技将通过数据分析和洞察力提供有价值的商业信息和见解。在未来，这将帮助组织者更好地了解市场需求和趋势，为参与者提供更符合市场需求的产品和服务。

2. 苦瓜科技在数字化应用和创新中的多重挑战

（1）技术要求和成本。实施数字化会展需要先进的技术基础设施和高昂的成本投入。苦瓜科技需要克服技术和持续投入的挑战，并确保数字化会展平台的稳定性和可靠性。

（2）用户体验和互动性。线上平台虽然提供了灵活性和便利性，但缺乏实体会展的互动性和实体触感。苦瓜科技需要通过创新技术和设计来改善用户体验，使线上平台更具吸引力和参与度。

（3）安全和隐私保护。在数字化会展中，安全和隐私保护是非常重要的考虑因素。苦瓜科技需要确保数字化平台的安全性，保护参与者的数据和隐私不受到任何威胁。

（4）变革管理和接受度。数字化会展需要组织者和参与者改变他们的工作流程和习惯。苦瓜科技需要提供培训和支持，促进变革管理和增强参与者的接受度。在数字化项目实践中，这一挑战相对更为突出，因为这对公司的行业洞察和顾问服务能力提出了非常高的要求。

为了有效应对这些挑战，苦瓜科技公司计划采取以下措施。

（1）技术创新和合作。苦瓜科技应不断进行技术创新，提升数字化会展平台的功能和稳定性，同时，与技术合作伙伴合作，谁擅长干哪个细分板块，就通过与之合作并运用打通接口的方式，共同研发和推进新的数字化会展解决方案。

（2）用户体验设计。苦瓜科技应注重用户体验设计，通过优化界面、提供丰富的互动功能和增强用户体验和实效，提高参与者在数字化会展中的参与度和满意度。

（3）数据安全和隐私保护。苦瓜科技应加强数据安全和隐私保护措施，采用先进加密技术和隐私保护方案，确保参与者的数据和个人信息得到充分保护，并联合建立行业标准，进行行业数据安全教育。

（4）用户参与和反馈收集。苦瓜科技应积极与参与者互动，收集他们的反馈和建议，不断改进和优化数字化的场景理解、功能设计和体验，以更好地满足参与者的需求和期望。

四 苦瓜科技在会展活动数字化中的影响和前景展望

在多年发展中，苦瓜科技在会展活动数字化方面的应用和创新对整个行业产生了广泛而深远的影响。同时，面对未来，公司对发展前景充满了信心。

对苦瓜科技而言，能够对行业产生影响的内容主要包括：

（1）提升参与者体验。通过线上数字化平台和个性化推荐系统，苦瓜科技将提升参与者的体验。参与者可以采用更自由、灵活的方式参与会展活动，浏览展品、与展商互动，并与其他参与者建立联系。个性化推荐系统将使参与者获得更准确和有针对性的信息，提高其参与度和满意度。

（2）扩大市场和商机。数字化会展将不仅仅是会展，它会越来越深入垂直行业，打破地域和时间的限制，使参与者可以在全球范围内参与线下或线上平台。这自然将为展商和参与者带来更广阔的市场和商机。苦瓜科技的创新解决方案将更好地促进商业配对和交流，增加商务合作的机会。

（3）提高效率和成本节约。传统的实体会展活动需要大量的时间、人力和资源投入。通过数字化会展手段，苦瓜科技将提高会展活动的效率，减少组织者和参与者的时间和成本投入。在一些营销场景中，参与者无需长途旅行，就可以通过在线平台参与活动。组织者可以更好地规划和管理活动，减少实体会展所带来的成本和风险。

（4）数据驱动的决策。苦瓜科技将通过数据分析和洞察力提供有价值的商业信息和见解。组织者可以借助数据分析，了解参与者的兴趣、行为和反馈，以优化活动策划和改进参与者体验。参与者的数据也可以帮助展商更好地了解目标客户，提供更具个性化的产品和服务。

（5）行业发展和创新。苦瓜科技的数字化会展解决方案将推动整个会展行业的发展和创新。随着技术的不断进步和用户需求的变化，苦瓜科技将不断更新和改进其解决方案以适应行业的需求和趋势。这将激发其他公司和组织的创新，并推动会展活动向更数字化、智能化的方向发展。

展望未来，苦瓜科技希望会展活动数字化方面的应用和创新在全球范围内产生更广泛的影响，主要将从以下几个方面着手：

（1）跨界合作和整合。随着数字化会展的发展，预计会展行业将与其他行业进行更深入的合作和整合。苦瓜科技作为数字化会展的领军者，将与其他科技公司、互联网平台和会展服务提供商合作，共同推动会展活动的数字化进程。这种跨界合作将明显加速数字化会展发展，并为参与者提供更丰富和多样化的体验。

（2）智能化和自动化技术的应用。人工智能、物联网和自动化技术的快速发展将继续推动会展活动的智能化和自动化。苦瓜科技将利用先进技术，开发智能会展解决方案。例如，通过人工智能技术分析参与者行为和兴趣，自动调整展品展示和推荐，提供个性化服务和体验，通过AIGC高效生成内容等。

（3）全球化的会展平台。数字化会展将为全球范围内的参与者提供机会，推动会展活动的全球化。苦瓜科技的数字化会展解决方案将通过语言翻译、跨时区协调和文化适应等功能，为参与者提供全球化的参与体验。这将促进国际贸易和文化交流，拓展参与者的商业网络和合作伙伴选择。

（4）可持续发展和环境友好。数字化会展将减少实体会展的资源消耗和碳排放。苦瓜科技将致力于推动可持续发展的会展活动，通过数字化技术减少纸质资料的使用、优化交通和能源利用等措施，减少对环境的影响。

综上所述，苦瓜科技在会展活动数字化方面已经逐步显示出巨大的潜力和美好前景，其创新的解决方案将促进会展活动更为明显的全球化、个性化和智能化发展。随着技术的不断进步和用户需求的变化，苦瓜科技将不断提升技术实力和服务水平，推动会展行业向更加数字化、智能化和可持续发展方向迈进。

在未来，苦瓜科技将继续与会展行业的多个层面紧密合作，共同推动会展活动的数字化转型。通过不断创新和改进，为参与者提供卓越的体验，持续推动行业的发展和进步。数字化会展的未来充满机遇和挑战，而苦瓜科技将开拓创新，自我加压，推陈出新，以更好的产品与服务助力会展活动迈向更加繁荣和可持续的未来。

专家点评

会展数字化是传统会展业转型升级的重要体现。疫情推进了数字会展的发展。作为展览会的服务提升和便利化工具,数字技术催生了展商的网上申请、展位选择、特装制定等服务,也为买家提供了展览会线上报名、行程安排、宾馆预订等一系列方便快捷的参展方式。对主办方来说,数字技术更重要的应用是通过各种信息技术对买家精准邀约。此项活动的效果是展览会主办方选择数字技术公司的主要指标。苦瓜科技根据客户需求,针对目标客户群不断创新,在承接较多知名展览会的过程中获得了主办方的认可。

点评嘉宾:浙江省贸促会
原展览部部长　李保尔

作为一个数字技术公司,除坚守乙方思维外,要设法协助甲方建立数据库,尤其是将公共流量转化成为类似依托主办长期积累的黏性很大的专业客户资源,形成私域流量,确保这些专业客户在展览会期间自愿到场。这就需要实现各类多媒体的精准投放并保持和客户的线上互动,而不是所谓的吸引了几百万买家但其实仅仅是类似买了几本黄页,不然就不可能真正形成展览会所需的客户流。

期待苦瓜科技公司在未来能更好地以客户为中心,在平台化思维中取得更多新进展,为中国会展行业的数字化创新与会展活动的数字化发展做出更大贡献。

Chapter 7

第七章

雷奥会展：
高精度构建多元生态新体系

短短十年的发展，雷奥会展却始终不曾停歇，在各个不同的阶段执着进取，一直朝着"山东MICE领域品牌化、标准化、国际化的一站式全流程会展综合运营服务企业"的方向努力。雷奥会展在会议、展览、活动、节庆、商务等各个领域，既注重策划，也做执行服务，另有展览展厅设计业务。

一直以来，雷奥会展可谓业务不断，知名度节节攀升。2022年，雷奥会展更是拓展业务至会展场馆管理板块，当下正在积极擘画一幅丰富多样、生龙活虎的多元运营宏图。作为一家民营企业，能在十年内形成这样的会展生态，很不简单。自然，雷奥会展人至今仍然没有止步，继续不断创新，持续突破，着力创造新辉煌。

第一节 雷奥会展发展简介

雷奥会展是一家专业提供会议、展览及公关活动策划执行、会奖旅游、主场服务、展览展厅设计承建的一站式服务机构。2013年，公司在山东省会城市济南成立，目前旗下共有山东雷鸣展览展示有限公司、山东雷奥国际会展有限公司、山东雷奥智慧科技有限公司、山东滨奥国际会展有限公司及国网雷奥国际会展（山东）有限公司5家子公司。作为会展主办方、服务方和参会人群的连接者，雷奥会展公司针对会展活动开展各项业务，具有鲜明的专业性和针对性，目前公司业务范围已覆盖全国多个城市，拥有一批高质量人才（见图7.1.1）。

图7.1.1　2023年雷奥会展新年合影

一　雷奥会展的主要发展历程

2013年，雷奥会展旗下子公司——山东雷鸣展览展示有限公司成立，专注于特装展台设计搭建、展厅及其馆类空间策划设计。作为商业空间和特装展台设计承建的资深策划机构，公司自成立以来始终能凭借专业的技能、丰富的经验、对市场敏锐的触觉、前瞻性的创新设计理念、一流的人力资源优势及严苛的搭建设计质量管理快速发展，并以严谨科学的管理态度、对社会及企业高度的责任感，为来自国内不同行业的诸多著名企业及政府单位提供相对完美且高品质的展览展示服务解决方案，尽可能地帮助客户实现最大价值，以此赢得业界和客户网络的普遍赞誉。目前，公司已跻身山东省内有竞争力的国际化、现代化的展览展示服务企业的前列。

如今公司的规模与成绩，源于雷奥会展特别坚定的一份信念。"一个优秀的商业设计，在建造一个物质场所的同时，也提供着一个精神场所"。在后来较长的一段时间内，山东雷鸣展览展示有限公司积极开展展会主场服务业务，利用智能化服务平台，针对展会现场开展现场服务与管理，有效沟通场馆、主办方和搭建商，提供分别针对展前、展中、展后的专业服务及相关配套服务，这显然是对展会管理及其服务的升华。

2017年，雷奥会展旗下子公司——山东雷奥会议服务有限公司成立，现已更名为山东雷奥国际会展有限公司。公司下设市场部、策划部、设计部、工程部、技术部等多个部门，拥有丰富的国内各地会议及活动项目资源，熟知各类会议项目所在目的地和场地需求，全方位为客户提供会议营销、会议策划、现场执行等服务，期望通过帮助客户充分调动社群力量来实现其战略目标。同时，山东雷奥国际会展有限公司凭借在策划会议、传递体验、开展奖励旅游的过程中，及评估会议的影响力，为客户提供内容分析、创意传播、数字创新、可持续性等各项会议延展服务。

同年，为更好地服务广大客户，雷奥会展与上海八彦图信息科技有限公司（31会议）合作成立山东联合运营中心，针对会议、展览、活动等线上和线下场景，运用互联网、物联网、人工智能、大数据和云计算等先进技术，依托公司智慧化产品能力、专业化服务能力，将业务范围从山东省延伸至全国各地，为国内诸多企事业单位提供整体的智慧会展、数字会展的策划执行服务。

2019年，在业务得到不断拓展的情况下，雷奥会展成立山东雷奥智慧科技有限公司。山东雷奥智慧科技有限公司富有创新性地灵活运用智慧化服务产品，基于系统工具对各类会展项目进行线上全流程管理，在降低人工成本、解决时间效率等核心问题的基础上，提升会展活动现场管理效率、增强客户体验流畅性、实现客户信息数字化管理，最终比较好地解决了会展项目中出现的各种营销、运营、管理问题。

2019年7月，山东雷奥国际会展有限公司顺利通过ICCA（国际大会及会议协会）的严格筛选和评定，正式成为ICCA的成员，同时成为山东省第一家加入ICCA的会议服务类公司，如图7.1.2和图7.1.3所示。基于这样的国际化平台，公司借助ICCA丰富的会议信息及会员活动等资源，同全球其他成员有效实现了资源共享、合作共赢，更准确地掌握了行业动态，不断创新营销模式，逐步增强企业竞争力，大幅度提高了国际化水平。雷奥会展坚信，公司定能更多地服务和引进国际高端会议，大力积极推进济南市会奖旅游业的国际化发展，同时为济南市会展行业发展做出应有的贡献。

图7.1.2　ICCA Membership会员证书

图7.1.3　ICCA亚太分会理事会欢迎信

2020年，面对复杂的市场环境，加之新冠疫情带来的明显影响，雷奥会展积极而主动地思考如何能在会前、会中、会后切实做到运筹帷幄，于是大力拓展传统会展服务的边界，运用数字化技术和营销手段精准切合客户需求，在思维模式及经营方式方面都实现了质的转变。在以往传统服务板块（会议服务、展台设计搭建、展会主场运营等）的基础上，公司新开发服务于会展领域的商旅服务平台，通过平台进行优质资源整合，不断完善会展服务基础设施及配套功能。从客户出发，雷奥会展在展会期间为参展商及参展群众提供包括住宿、出行、餐饮、旅游等在内的多方面的便利，在保障商旅服务运作的同时满足不同客户的个性化和多样化的需求，确保客户在展会期间放心、安全地享受专业化和系统化服务。

2021年，基于会展产业明显的拉动效应，雷奥会展同山东国际会展集团合作设立专门针对会展商旅板块的独立事业部，同山东国际会展集团统一管理下的三个展馆——山东国际会展中心、舜耕国际会展中心、济南国际会展中心建立更成熟和更深入的合作关系。在丰富商旅服务板块内容的同时，公司立足济南优势，紧紧围绕创建国家中心城市、国家全域旅游示范区和国际知名旅游目的地城市的时代目标，积极响应济南文旅集团号召，深挖济南历史文化和旅游景观资源，不断补齐影响济南文化旅游健康发展的短板，深度开发出一批主题突出、特色鲜明的会展旅游产品，促进文旅会展产业融合发展，打造泉城济南新的城市名片，加快城市品牌塑造与创新步伐。

2022年，雷奥会展同山东国网华原实业有限公司合资成立国网雷奥国际会展（山东）有限公司，并与山东滨达实业集团有限公司合资成立山东滨奥国际会展有限公司，携手合作，共同打造和运营国内基础设施一流、配套服务完善的国际化会展中心——黄河三角洲交易中心（滨州国际博览中心），助力滨州城市会展产业发展。公司通过和国有企业合作举办展览、会议及各类大型活动，正在以全新的会展服务实现企业会展板块资源的有效整合，促进行业经济效益和社会效益的提升。

二 雷奥会展的企业文化

美国哈佛大学教授狄尔和甘乃迪认为，构成企业文化有五大要素：一是企业环境，即企业的外部环境，这是塑造企业文化的总目标；二是企业价值观，即企业运营基本的观念和信念，这是企业文化的核心与基石；三是英雄模范，即企业文化的人格化表现，这是企业员工行为模仿效法的具体典范；四是典礼和仪式，即企业文化对外的表现，这是企业文化在生产经营活动的例行事务的行为规则；第五个要素是文化网络，即企业先进的价值观和英雄意识沟通和传递的非正式渠道。

会展行业涉及面广，综合性强，与诸多不同产业具有很多的相关性。会展企业的企业文化是会展文化体系中最重要的基础单元。一个会展企业，只有深入研究自身的企业特征与主要发展方向，才能更好地完善和拓展企业架构，不断丰富和延展自身公司的会展文化。

（一）从企业管理学角度开拓企业文化思想

很多人都听说过被称为"现代管理学之父"的彼得·德鲁克，其中一个重要原因就在于德鲁克是世界上第一个讲授"管理学"这门课程的人，是"大师中的大师"。德鲁克最先提出"管理学"概念，认为无论是经济学、计量方法还是行为科学都只是管理人员的工具，真正的管理实践应该建立在研究人性和制度上。界定企业的使命，并激励和组织人力资源去实现这个使命，二者结合才能更好地完成对企业的管理。

雷奥会展从2013年成立至今，始终稳步发展，持续关注着技术投入和创新建设，全方位对市场进行开拓和运营，同时，注重日常经营管理，强调企业管制的功能，逐步建立起属于企业自省的规则和秩序，规避在一定程度上会束缚人的个性和创造性的过多管制。公司积极倡导员工要更多地学习德鲁克管理学的核心理论，以企业规范和人性激励为出发点，鼓励企业内部所有人员勇于承担风险、主动积极且有目的地寻找自身和企业的革新源泉，善于捕捉变化并把变化作为可开发利用的机会，共同建立起属于雷奥会展的企业文化和企业制度（见图7.1.4）。

图7.1.4　2021年雷奥会展公司员工合影

在创建起团结齐心的企业文化和规范合理的企业制度后，雷奥会展又将日常经营管理同会展项目管理相结合，前者包括设施管理、信息管理、人力资源管理、市场管理等，后者包括组织管理、日程管理、安全管理、突发事件等。公司在严格遵守企业制度的同时，围绕企业经营目标有效营运项目，最终形成雷奥会展具有合理化特征的企业愿景——"期望成为山东MICE领域品牌化、标准化、国际化的一站式全流程会展综合运营服务企业"，以及企业使命——"期望为来自国内不同行业的知名企业及政府单位提供高品质的会议会展服务解决方案，帮助客户实现最大化价值，以此赢得业界和客户网络的普遍赞誉，成为具有较高影响力、较强竞争力的会展综合运营服务企业"。

（二）回归企业，深入企业，打造企业价值观

企业需要在战略思想指导下，结合自身实际和未来发展的需要，总结、凝练出符合自身发展要求的价值观和文化理念识别体系，并以此构建相应的行为识别体系和视觉识别体系。雷奥会展认为，企业的价值观起源于创始人个人的思想理念，但又不仅仅是创始人个人的思想理念，它应该形成于企业发展过程中的每一步和涉及的每一个人。因此，若想发展企业，就要分析企业；若想分析企业，就要提炼企业的价值观，并且是要回到企业内部去寻找。

为此，在每年年终临近时，雷奥会展公司总经理王明都会在公司内部组织一次相对全面的企业文化调查诊断和企业年度经营计划收集活动。公司通过员工访谈、问卷调查、资料分享阅读等方式，鼓励被调查员工积极分享对目前公司的企业文化建设情况的了解程度，包括员工对公司现存企业文化的认同度、现存业务的熟悉度和期望方向等，内容涉及公司企业经营的方方面面，以便后期进行更深入的交流互动。最重要的是，这样的积极行为便于对那些不易量化的问题进行量化处理，可以使企业运营更具科学性。

此外，雷奥会展的管理人员和各部门员工通过多种战略分析法在年中及年末对公司发展情况进行全方位的梳理和剖析（见图7.1.5），这是打造雷奥会展公司价值观的重要一步。一是利用PEST法分析企业所处的外部环境（Political政治因素、Economic经济因素、Social社会因素、Technological技术因素）。二是利用波士顿矩阵分析企业的业务和产品，梳理企业现有的明星产品、金牛产品、问题产品和瘦狗产品，并深入分析这些业务被划为某一类产品的原因、后

续是否有发展进步的空间、将通过什么方式开拓发展等。三是利用波特五力竞争模型分析企业的竞争对手，目的在于让企业内部员工对企业的潜在进入者、现有竞争者和替代品等五个方面的内容有明确清晰的认知。四是通过SWOT法分析企业的内部资源（Strengths优势、Weaknesses劣势、Opportunities机会、Threats威胁）。

图7.1.5　雷奥会展2020年年终总结大会

诸如此类的方式方法，雷奥会展已在多年间尝试应用过很多次。面对内外部的阻力，雷奥会展坚持建设坚实完善的会展产业链条和高效有序的保障服务机制。"客户至上，服务至上；创新输出，'会展＋'开拓延伸。"这是雷奥会展的价值观。关于服务，雷奥会展一直在进行与改进中，且已经投入很多心思和精力去完成标准化、统一化、完善化的事情；而"会展＋"意为在稳步发展的基础之上延伸会展产业链，比如，同文旅融合、同城市主体产业融合等。类似的创新性思考，在雷奥会展公司里持续进行，也大大促进了公司的可持续发展。

三　雷奥会展的主要业绩

经过10余年的发展，雷奥会展已从传统的会展服务企业稳健升级为拥有多家子公司，以"一业为主，多种经营"方式运营的一站式全流程会展综合服务优质企业。从2018年开始，公司的主营业务不断得到拓展，多次承接重点会议及展览项目的服务工作，主要包括：①儒商大会2018；②中国职业教育装备展会；③2018中国（济南）产业金融国际论坛；④2018国家商务部绿色联盟年会；⑤2019世界物联网博览会；⑥2019世界工业设计大会（WIDC）；⑦2019中国国际医疗器械博览会（CMEF）；⑧山东省科学技术协会第九次代表大会；

⑨第六届中国家长大会；⑩第84届中国国际医药原料药/中间体/包装/设备交易会(API CHINA)；⑪中国国际体育用品博览会；⑫2020年中国仓储配送企业家年会(CAWD)；⑬第十九届中国国际住宅产业暨建筑工业化产品与设备博览会；⑭第四届、第五届中国企业论坛；⑮第三届中国玫瑰产品博览会暨2021平阴玫瑰文化节；⑯中国妇幼保健协会第八次全国助产士大会；⑰第二届韩国(山东)进口商品博览会；⑱中国算力大会；⑲第五届山东省绿色建筑博览会；⑳第十七届中国电子政务论坛；㉑北方消费品博览会等。

在此过程中，雷奥会展通过了ICCA（International Congress and Convention Association，国际大会及会议协会）的严格筛选和评定，正式成为ICCA的一名成员，同时成为山东省第一家加入ICCA的会议服务类公司。ICCA，是全球国际会议主要的机构之一，是会展业内最为全球化的组织。ICCA认证审核十分严苛，对各项指标都有严格要求。经ICCA认可的企业将成为高品质服务保障的标志。雷奥会展成功加入ICCA这一国际性会议组织，意味着公司将获得更多在国际会展界交流与学习的机会，迈出向全球会议目的地进阶的关键步伐。同时，这必将对雷奥会展的国际化进程及国际市场的拓展产生实质性的推动作用。

四　雷奥会展主要领导的工作业绩

王明，山东雷奥国际会展有限公司总经理、山东雷奥智慧科技有限公司总经理、山东滨奥国际会展有限公司董事长，兼任山东省会展业协会副会长、济南市会展业协会副会长、济南市历下区新联会副会长，以及山东省精品旅游促进会会奖专委会秘书长。

王明总经理2009年进入会议、会展及相关行业。他在这十三年中，在会展行业建设等多个方面做出了重要贡献。他有丰富的会展管理和服务经验、较强的行业影响力。这么多年以来，王明总经理不断针对会展企业提出创新管理及运营理念，深入拓展多元化经营的新道路，曾荣获由中国城市会议展览业协会联盟颁发的中国城市优秀青年会展才俊奖（见图7.1.6）等多项荣誉。

图 7.1.6　王明总经理荣获中国城市优秀青年会展才俊奖

在王明总经理的管理和带领下，雷奥会展作为一站式全流程会展综合服务商及山东省第一家加入ICCA的会展服务类企业，积极促进会展行业的产学研融合发展，至今已服务上百家机构客户及政府单位，成功举办上千场会议、展览、活动。基于王明总经理的积极领导与全体员工的共同努力，雷奥会展被授予2018年度中国十佳会展服务商、2019年度优秀会展服务商、中国展览馆协会会员单位、中国绿色会展推广先进单位、会展业安全管理技术规范参编单位、山东省精品旅游促进会理事单位、山东省会展行业副会长单位、济南市会展业协会副会长单位等诸多荣誉。显然，王明总经理及雷奥会展正在对山东乃至中国会展行业的发展发挥着重要的推动作用。

第二节　雷奥会展主要领导的生态情怀

"如何实现可持续增长？""如何从企业发展中创造价值？"这几乎是在这个时代中每个企业高层管理者必须面对的问题，而且务必要找出优秀的解决方案。在多年的从业过程中，山东雷奥国际会展有限公司总经理王明始终高度关注这两个问题。在他看来，第一个问题是在时代变迁中我们该怎样寻求自己的价值，第二个问题是在寻求个人价值的过程中我们又该怎样创造更多价值。

随着企业的发展，王明总经理认识到，业务的多元化以及宏观环境与市场竞争带来的巨大挑战，将会对企业管理者的人生观念、管理水平、专业水平、视野与格局、学习与创新、担当与作为等提出更高的要求。放眼望去，现阶段在会展行业中确实存在部分企业高层在舒适区安于现状的情况。因此，他经常警示并激励自己，切勿得过且过，应在各方面加强整顿与革新教育，以便对公司的发展现状有清醒的认知（见图7.2.1），最重要的是，要对自己要有明确的认知和要求。

图7.2.1　2022年雷奥会展公司员工合影

在这样的意识支配下，王明总经理特别认同三句话，分别是"古今之成大事业、大学问者，必经过三种之境界""不是境况造就人，而是人造就境况""凡事，不在能知，乃在能行"。那么，在现实中，他是如何看待这样一些说法的呢？

一　古今之成大事业、大学问者，必经过三种之境界

王国维在《人间词话》中说："古今之成大事业、大学问者，必经过三种之境界。""昨夜西风凋碧树，独上高楼，望尽天涯路。"此乃第一境，意为若想成为大事业者，首要是有对事业执着的追求。2010年至今，王明总经理从业十三年，最常提及的一件事是做事的人应当登高望远，善于勘查路径，明确目标与方向。这不仅是哲学层面的认知，更是做事的基础。不论是面对生活还是工作，王明都会将计划性看得特别重要。俗话说"凡事预则立，不立则废"，说的就是这个道理。在企业运营管理中，他要求自己和企业内部员工都能在核心业务基础之上把握机会并建立四种能力：一是市场核心能力，二是项目盈利能力，三是抗竞争抗打击能力，四是员工个人和企业自身综合能力。一件大事的达成承

载着一个人的目标，一个项目的成就承载着一个团队的价值，而要想在项目中达成目标、收获成就，第一步就是具有上述四种先判先立的能力。

"衣带渐宽终不悔，为伊消得人憔悴。"此乃三种境界之第二境，原词展现的是作者面对爱的艰辛和无悔，后喻为大事业者面对毕生从事的事业须坚定不移与孜孜以求。王明常常会用爬山作为日常培训和分享的示例。他说，爬山的目标是为了抵达最高处，然而，一路上爬的过程，或许更扣人心弦。缆车不只是在外部破坏了山的形象，更在本质上破坏了登山之乐趣。其实，越过浓密的树林和奇形怪状的石林，弹指间即可到达山之巅，就像方便面、速溶咖啡、加热小火锅等一些现代产品，省去过程直接让消费者享用结果，结果虽相同，但是结果产生前那些微妙的、可意会不可言传的，甚至是最能让人收获成就感的东西，都被"一笔勾销"了。或许正是因为从中受到的启发，王明知道爬山如果省去攀爬的动作，所谓的登顶便失去了最深刻的教化意义。迷失之后的柳暗花明、曲径通幽、坎坷与平坦，与生命奋斗的历程相契合。因此，他更想让身边的同事们明白，"爬"只是一个隐喻，一个关于圆满的隐喻，山路弯弯反更能给攀登者一路向前的勇气。面对工作或人生，真正的圆满是具备意志、坚忍等素质，从下至上，从狭窄到开阔，有先苦才能有后甜。

很多人都想"一夜暴富"，也有很多人被各种创业神话拨弄得浮躁不安。但是事实上，不论是谁都不可能跳过时间这个门槛。没有与生俱来的天才，没有一步成功的创业者，同样也没有不费吹灰之力就能团结人心的管理者。自从业以来，王明一直在不断告诫自己，这个社会并不存在夕阳或朝阳企业，在任何一个行业里都有超过平均价值增长的优秀企业，也都有管理经验丰富且能带领企业及团队实现价值增长的管理者，而且为数不少。坚定不移、孜孜不求，在时间长河中体会过程，改变过程，才是一个企业家或一个企业走向更优越发展道路的必经之路。

"众里寻他千百度，蓦然回首，那人却在灯火阑珊处。"此乃三种境界之第三境，引用自南宋辛弃疾《青玉案》。这种理解并不是词人的原意，是后人借词喻事，将其解读为治学的最终最高境界，意为成大事业者必须拥有专注精神，反复追寻和研究，以豁然贯通。在雷奥会展10余年的发展进程中，公司已从传统的会展服务企业稳健升级为拥有多家子公司、以"一业为主，多种经营"方式运营的一站式全流程会展综合服务优质企业。在这期间，伴随着大大小小很多次的复盘反思、不断的潜心研究和创新变革。这些时候，王明带领团队核心成员回归企业、深入企业、分析企业、改变企业、认同企业并建设企业。

"如何实现可持续增长？""如何从企业发展中创造价值？"对于这两个问题，王明可以说是思考和分享了无数次（见图7.2.2）。毕竟，在当前背景下，企业高层管理者必须针对市场环境对企业不断做出转变和自我超越，其中包括管理思路和方式的转变、企业内部架构的调整及其会展业务拓展方向的转变等。

图7.2.2　王明注重开展企业培训

对此，王明总结出两个方向：一是市场区域的打造，二是产品和服务的提升。第一个方向需要反复研究的是，现阶段应该着重于眼前的会展行业发展市场，还是要加紧步伐跟随雷奥会展企业价值观——创新输出，"会展＋"开拓延伸，从而进军会展行业渗透涉及的新市场。王明曾和同行业很多人针对这个问题进行过探讨，现阶段很多会展企业都是在市场份额当中花费大量精力，然而不论是会展行业的上游主办单位还是下游服务企业，要重点关注的未必是市场份额的多少，而是应该关注企业处在市场区域的什么位置，处在会展行业的整个价值链中的什么位置。这样企业才能更明确该如何对自有产品和服务做提升、做价值增长。

至于第二个方向，产品和服务的提升，王明在对企业的管理和提升过程中充分体现出其对公司主营业务以及对产品组合的明确态度：一是企业的资源从哪里来；二是企业的经营重心在哪里。他深知，企业的可持续增长及价值创造就是来源于这两个部分，来源于企业管理者和内部核心成员是否对这两个部分有明确的认知和计划。有些会展企业确实经营重点涉猎较广，资源也是平均分布，但这样无法实现可持续增长。真正的增长依托的是一个企业的稳定资源和核心能力，让企业的核心能力得以发挥，核心优势更加突出。这是雷奥会展时至今日持续不断研究和探索的课题。

不是境况造就人，而是人造就境况

在王明总经理的处事观中，每个阶段的境况都是优秀的老师。他重视境况和其带来的变化，却从不会惧怕境况变化所带来的影响。

2020年春节，雷奥会展为积极应对当时严峻局面，迅速制定复工方案和疫情防控应急方案，同时，利用公司智慧化产品和AI技术相结合的方式，帮助大量即将返回工作岗位的工作者降低接触新冠病毒的风险。雷奥会展团队主要针对四个问题展开思考：

（1）复工前如何快速收集返工人员的信息并核实？

（2）除了人工登记，是否有更安全便捷的登记方式？

（3）如何确认门禁刷卡者确为本人？

（4）防疫期间的资源紧缺与物流紧张，是否有快速部署且省人、省力又省钱的应对解决方案？

为此，团队专门研发有助于复工人员身份快速识别和自动登记的"门禁服务系统"。只需进行"复工登记报名"，系统便可轻松收录复工人员的身份信息。复工时，系统利用人脸识别技术验证其身份，确保疫情期间公司所在地——园区或厂区内部及公司人员的安全。本着"快速部署、精准运作、高效便捷"的目标，雷奥会展又针对多场全国展会及会议停办、延期的困境，于正式复工后快速调整工作计划。在线上办公期间，雷奥会展针对员工实行定位打卡签到制度，并召集全体员工每日视频会议，汇报健康情况及工作总结，联系确认全国部分展会延期的时间，组织线上直播培训或进行会展相关业务学习等。

王明坚持认为，不论是智慧化服务发展方向的转变，还是会展活动中线上线下的结合与完善，任何会展服务相关的内容都须进行智能化管理。前期，以"快速部署、精准运作、高效便捷"为目标，雷奥会展团队针对恢复期服务质量运营与保障体系，以最快速度投入与业界的广泛深入沟通，不仅为所在园区提供人脸识别门禁闸机服务，为合作企业和行业协会免费提供策划设计及线上问卷调查服务，在尽绵薄之力的同时还特别完善针对展会开发的线上会展商旅服务平台、主场管理服务系统、展会门禁精细化管理等。后期，雷奥公司以"自我完善、治标治本、引导发展"为核心，不断强化服务意识、服务理念、服务流程、服务标准等内容。

遇到困难时，王明不会被整个市场普遍焦虑的态势所影响。相反，他意识到疫情等困难在警示着整个会展行业，精准地监控人流、收集专业观众数据、对场馆及人员进行合理有效的管控、着力提升会展服务质量才是当时应该迫切关注的问题。作为一家服务型企业，突发性或灾难性事件难以预料，甚至永不会停止，如何在特定时刻做出更迅速精准的反应，不断提升企业自身的应对能力和服务质量，是王明总经理的期望，也是雷奥会展始终坚持的一个目标。

"不是境况造就人，而是人造就境况。"只有把挫折化为机会，才有可能在坎坷中酝酿新的力量。在不确定时代，王明坚守的是塑造会展企业的韧性，是团队内部按部就班，是核心力量持续发展。所谓"韧性"，不只是学术界里物理学的概念，也是心理学领域中重要的理念之一，美国心理学会（APA）将心理韧性定义为个人面对生活逆境、创伤、悲剧、威胁及其他重大压力时的良好适应能力。国际权威研究机构高德纳（Gartner）也发布预测称：2025年前全球70％的CEO将建立"韧性文化"，以应对卫生事件、网络犯罪、恶劣天气、内乱和政治动荡的威胁。或许除恶劣天气影响外，其他各种灾难都看上去距离较远，但组织韧性文化的建立却是需要认真思考的内容。80％的成功企业家都认为：有韧性的组织才能基业长青、蓬勃发展，王明亦是如此认为。

在王明的管理理念中，他从不认为自己是企业家，而仅把自己当作"会展行业内企业发展道路上的实干家和领导者"。他期望在其带领和指导下，公司团队除了具备齐心协力的项目完成能力外还具备在逆境中成长的能力。有相关专家指出：

理解和衡量组织韧性可基于以下五个维度：一是敏感度，指的是企业能否快速或敏锐地感知到环境的变化，或者外在的要求对企业产生的影响；二是反应速度，指的是当企业遇到挑战、挫折和压力后，企业及时反应的速度；三是灵活度，指的是在企业面对多种因素影响时，整合企业资源能力的灵活性；四是协同度，指的是组织资源、流程畅通，沟通与决策成本低；五是持久度，即企业持续坚持的持久度。

（资料来源：网易新闻）

综上所述，能够在逆境中持续坚持、在打击中迅速恢复、拥有在泥泞中站起来的勇气并最终赢得胜利的团队和组织，才能算得上是真正具有组织韧性的团队和组织。

三 凡事，不在能知，乃在能行

在当今日常生活中，不乏"口才"较好的人。然而，口才再好若缺少实干，只能算是纸上谈兵。王明高度强调行动力的重要性。他常传达给同事们的思想是：行动不必然带来愉悦，而无行动则绝无愉悦。在大多数人的理解中，行动力等同于自制力，但是事实上这可能是一个伪概念。正是因为认知错位，这类"大多数人"都不完全具备有效的行动力。

如果给自律这件事划定等级，满级十级，雷奥会展的老员工们对王明的评价必定是拥有八级自律的人。在目光所能及的时间和空间范围里，他能克服惰性和干扰，会早起锻炼，也会利用休息时间提前规划下一步的行程和工作。这是王明给"大多数人"的印象，也是被评价为八级自律的人的原因。但是，这在他本人看来只是表象，"我和所有人一样，我也喜欢舒适、简单、新奇、有趣的事情，我也会被热点牵引，一旦陷入手机资讯中，我不敢保证能全身而退，我也只是一个在生活洪流中随波逐流的普通人"，这是王明（图7.2.3）当被问及如何保持自制力时的回答。

图 7.2.3　王明召开展会主场服务工作会议

但也正是因为他知道每个人都是如此的相同，都无法摆脱渴望自由的状态，才更加明白真正的行动力并不等同于自制力，也不完全来源于自制力，而是另外两种更加重要的力量——注意力和清晰力。不管头天经历过什么，经过一晚充足睡眠，人们的精力得以"重启"，第二天总能找到恢复能量、重新开始的感觉。生物基因如此设计，包含着巨大的哲理智慧，这大概就是上天送给每个人的每日惊喜——纯净的注意力。然而"大多人"并不珍惜这份礼物，在一天最开始的时间里，一头扎进那些所谓有趣的事情中，迷失其中，长此以往，自然也不会得到命运之眷顾。但是如果能做到避免资讯和娱乐，先去做重要而有益的事情，精力便会呈聚合状态并自动增强，这也是老生常谈的道理：要事第一。

注意力只是第一步，第二步则更加重要——清晰力的找寻。人们脑中所谓"要事"和"重要有益的事情"，大概率是"锻炼、读书，或是某项重要的工作"这类框架式的想法，却没有继续延伸下去的详细的计划。比如：今日的锻炼是去户外跑步还是去健身房健身？如果是跑步，计划去哪里跑，跑几公里，跑多长时间，如果天气不好有没有 Plan B（指预备计划）等；再比如，如果今日重要的工作是准备方案提报的内容，计划提报时间是多久？需要准备哪些相应的内容？如何在有限的时间里突出方案的亮点和企业的优势……当一切的想法都只是个大概，只能建立起很模糊且无效的行动力，因为"人类的大脑喜欢清晰的选择"。

所以，对于王明和其团队，行动力的打造过程更像是一种思想的灌输和传递：先有王明总经理作为领导者的以身作则，后有注意力和清晰力的理念灌输，最后才是整个团队在潜移默化中逐渐培养这种良好的行为习惯，从而建立起行动力。

（一）从民营企业角度讲发展

民营企业是最具创造力的市场主体，是经济社会发展不可或缺的重要力量，更是提升产业链供应链稳定性和竞争力的关键环节。民营经济活力一旦被激发，将会对重点产业链供应链建设起到显著的推动作用，同时，为构建现代化产业体系新发展格局、推动其高质量发展做出更大贡献。

王明总经理认为，在外界看来，如今的民营企业已不再给人机构臃肿、结构混乱、职责不清、执行力低下的刻板印象，而成为"大道至简，实干为要"的代表。对企业来说，越是缺乏管理规范，越要建立管理规范；越是欠缺增长动力，越要脚踏实地，培养实干精神。近几年，会展企业都在用"创新"标尺来衡量自己，企业存在的核心竞争力更多来源于创新已成为业界共识。市场的变化，是企业管理者创造的，是企业的创新变革引发的，任何新形势、新项目、新目标，都在赋予企业新使命、新动力和新认知。因此，企业的前进发展应当是在"科学实干、顽强苦干"的基础上学会"创新巧干"，将理论做实，以理论指导市场；将产品加深，以产品收获市场；将创新贯通，以创新开拓市场。

（二）从行业发展角度讲运营

国家经济在发展，企业也在迅速发展。会展企业的遍布率越来越高，一座城市中就存在有不下上百乃至上千的会展相关企业，可想而知行业竞争之激烈。而若想在众多会展行业之中存活甚至风生水起，显然是一件极不容易的事情。会展企业的长久生存，不单单依靠强大的业绩，内部管理和项目运营也是重中之重。

王明总经理对会展行业内服务型企业生存之道的理解是"20%在策略，80%在执行"。这20%的策略包含对企业内部架构和制度的管理，以及对客户关系的动态维护；而剩余80%的执行则包含项目运营过程的方方面面。王明特别喜欢的一句话是："未来30年已经不是力量的竞争，不是肌肉的竞争，甚至不是知识的竞争，而是服务别人能力的竞争，是体验的竞争。"特别是作为高端服务行业的会展业，近几年的变化十分突出：数字融合已是大势所趋，新旧能力也在快速重新配置中，服务融合运营协同化管理模式正在不断扩大和外延。会展业企业唯有不断"求变"才能在竞争中取得优势。

尽管王明虽身处会展行业的时间和经验远不如很多前辈，却也在行业内不断探索和研究（如图7.2.4所示）。他不仅坦然面对突发的状况和形势的变化，更多时候还在主动求变，定期地评估企业竞争力。在低成本试错的过程中重构核心竞争力是他的责任之一。他认为，会展企业相较于其他行业企业更需要推动传统服务模式向创新型服务和体验模式转变以强化与客户的强关联，迎接未来可持续会展服务模式。而且低成本试错是会展企业的最佳生存策略，只有去尝试各种可能的答案，将已存在的问题变为较简单或范围较有限的问题，这样才能更有效地解决问题，才能更快速地实现会展运营与服务模式的转变。

图7.2.4　2023年滨州市"两会"雷奥会展服务团队合影

不论是对成大事业者的三种境界的感知，还是对于企业韧性的建设，又或是行动力的打造和提升，王明始终依据的是借"理论创新"开拓"实践创新"。或许在这之后，他对人生的感悟，对事业的情怀会发生变化。但，欲得其上，必求上上。这就如同珠穆朗玛峰至今仍在不断地上升一样，行业的发展没有终点。对成功的理解尽管千差万别，但真正的意义在于进取和攀登。雷奥会展如今的发展也是在一个个新起点上不断攀登新的高峰的过程，每个阶段所实现的价值都不相同。相信，今后也会有更多价值等待着雷奥会展的全体员工去共同创造和升华。

"我生来就是高山而非溪流，我欲于群峰之巅俯视平庸的沟壑。"愿所有人都能忠于个人的情怀和信仰，无畏高峰，勇攀高峰。显然，这是王明的一种特别恬静的心态，更是一种十分坚定的行动力。也正是在这样的视野中，王明率领着一群富有理想与行动的伙伴们，始终在攻克一个又一个的难关，从一个胜利走向新的胜利，也从而更全面地构建着新的相对系统的多元会展生态。

第三节　雷奥会展的主要生态作为

多年以来，在中国会展业发展中，"会展产业生态化"的内涵正在逐步得到补充。从广义角度看,"会展产业生态化"是指会展产业要遵循生态规律和经济规律,在发展中追求更高的资源利用率,促进会展行业与环境的和谐统一,建立物质与能量和谐流动的产业体系。从狭义角度看,"会展产业生态化"是指构建模仿自然生态循环的会展产业系统。任何产业若想健康发展,都必须拥有健康的发展模式,都要设法实现经济效益、社会效益和生态效益的高度统一。生态化的发展模式是各个行业发展的必由之路,具体到会展行业也不例外。因此无论是从广义还是狭义看,"会展产业生态化"都要求企业以更"系统化"和更"生态化"的方式看待和解决会展运营中出现的各类问题,在会展产业发展的各个环节注重资源的循环利用,提升资源的利用能力,有效减少浪费及对环境的污染。

一、在领会内涵基础上注重内外结合以实现综合效益

党的二十大报告指出,"中国式现代化是人与自然和谐共生的现代化",要求推进"美丽中国"建设,坚持山水林田湖草沙一体化保护和系统治理。这是继党的十八大提出"美丽中国"概念后又一次重大战略部署。"美丽中国"概念的提出,凸显了国家对生态文明建设的高度关注,以及对推进绿色发展、循环发展、低碳发展的高度重视,具体到会展行业便是重视"会展产业生态化"的建设和实践。雷奥会展(见图7.3.1)也将致力于在会展产业理念、会展资源、会展场馆、会展参展行为、会展产业链和会展信息管理六大方面真正实现生态化。

图7.3.1　山东雷奥国际会展有限公司

（一）雷奥会展科学认知"会展产业生态化"发展现状

前些年，相对于会展强国，我国会展业发展在"生态"层面有以下特点：

一是会展产业理念相对落后，视野需要进一步拓展，对会展资源的有效利用及对环境造成明显污染的重视程度偏低；

二是会展资源利用缺乏有效手段，多数资源利用方法简单，生态技术和绿色环保产品相对欠缺；

三是会展场馆建设缺乏有效规划，一方面场馆建设方兴未艾，另一方面场馆运营冷热不均而大量闲置，综合利用效果落后于会展强国；

四是会展参展充斥大量环境污染，自觉的生态参展行为在现实中少之又少，展会现场污染严重，展品环保程度不高，展具循环使用效率偏低，一次性木质材料泛滥，城市垃圾急剧增多等；

五是会展产业链运作不够优化，会展产业在迅猛发展中由于直接管理机构与行业标准的缺乏而乱象丛生，会展企业的同类竞争白热化而合作观念有限，会展产业链上中下游的关系亟待理顺，产业增值空间需要继续挖掘；

六是会展信息管理缺乏系统思维，会展信息作为产业的重要资源，其适用范围存在局限性，前后届的展会信息接近割裂状态，会展领域内的智慧化程度相对有限，产业的大数据分析较为缺乏，且运用现状并不乐观，会展产业信息统计没有标准化的思路及方式。

而近几年，会展产业生态化所涉及的六个方面正在发生明显变化。例如，会展活动消耗资源与能源的同时对环境造成的冲击力一直以来不容小觑，而2020年国家"双碳"战略的发起在一定程度上大大提升了会展产业的创新力。以可持续发展为目标，通过科技化及智慧化手段进行自我革新，会展行业正在朝更加生态化、系统化、规范化的方向发展。

（二）以内外结合的实际行动践行绿色发展

在全球绿色会展实践逐步深入和国内大力提倡生态文明建设的背景下，中国会展业生态化发展呼之欲出，生态化发展动力机制构建迫在眉睫。在这样的背景下，雷奥会展提出以"内外结合，内补外推"助力实现会展产业生态化建设的要求。"内"指的是在企业内部打造学习型组织，其一是贯彻学习会展产业生态化概念、内涵、发展等知识，其二是对小到搭建和建筑材料，大到环保节能、高新技术等相关内容做到基础的明确认知;"外"指的是做好生态会展概念的宣传,大力推动"绿色会议服务""主场绿色运营""展台绿色搭建"等,以实际行动践行绿色发展理念,用"低碳、循环、可持续"的发展思维引导会展项目中的各个环节,从策划、设计、搭建、执行、撤展等环节做到"一站式绿色运营服务"。

1."内补"——内部打造学习型组织,补齐知识短板,贯彻生态会展内涵

美国管理学家彼得·圣吉创立了人们得以从工作中得出生命的意义、实现共同愿望的"学习型组织"理论。这一理论发展和丰富了20世纪80年代以来形成的企业文化理论,其本质特征是组织的学习及适应,即通过自我超越、改变心智模式、建立共同愿景、团体学习和系统思考这五项修炼组织,特别是组织的高阶管理者对企业中的"结构性问题"的识别,以及"讨论""深度会谈"等方式为组织创造一个协调、开放、创新的环境。

雷奥会展借鉴这个理论,践行和宣传绿色发展。公司认为:要实现真正的绿色发展,不仅在于全行业、全产业链层面的行动,也在于全体从业人员的理念转换和贯彻;在于行业监管的制度化、规范化;在于科技研发、环保理念的深入人心;在于抛弃小我的固有利益格局,站在全新时代践行绿色理念,共同学习绿色会展知识,共同探索生态解决措施。

2019年,中华人民共和国生态环境部为推动践行低碳理念、弘扬以低碳为荣的社会新风尚、规范大型活动碳中和实施,特发布《大型活动碳中和实施指南(试行)》,《大型活动碳中和评价技术规范》也在中国国家标准化管理委员会建立的企业标准信息公共服务平台备案并发布。

同年,为响应国家"碳中和"战略,雷奥会展基于济南市先行区打造绿色生态城市的总体目标,在企业内部积极开展绿色会展知识培训课程,以"倡导生态会展,创建会展生态"为主题,在企业各核心团队之间传播生态会展发展理念,鼓励团队从更系统和全面的角度看待问题,不能继续拘于一时得失,而是应着眼于长远的深层次利益思考问题;不再局限于某局部的发展,而应形成相对有机的会展生态,让身处其中的会展人甚至更多群众都能有所收获。

公司组织团队认识绿色生态搭建,熟悉在展会主场服务工作和特装设计搭建工作过程中会接触到的绿色搭建形式,比如方铝、桁架、易美型材等可循环利用的搭建形式。团队在项目实施阶段尽可能向客户推荐这些绿色型材和搭建

形式，取得了客户的认可。团队上下，不论是项目岗位、策划岗位、设计岗位，还是工程部门、运营部门、人事部门各岗位的人员，都认真学习生态会展理念和知识，以最大程度降低会展对环境的负面影响，以创建环境友好型会展项目为目标转变个人和企业的业务发展思路，更多地使用更多可回收和可循环利用的材料，搭建更多绿色环保展台，减少布展、开展、撤展期间会展场馆内的环境污染，大幅度减少不可回收的废物垃圾，从源头减少展会垃圾处理量和规范垃圾分类等。

雷奥会展作为会展服务企业，治标且治本，积极践行生态会展理念，助力会展产业向名副其实的生态发展产业转变。

2. "外推"——外部大力推动"绿色会议服务""主场绿色运营"及"展台绿色搭建"

"生态会展视野中的绿色搭建，是解决碳中和问题的重要途径"。2021年2月22日，国务院发布《关于加快建立健全绿色低碳循环发展经济体系的指导意见》，强调应建立健全绿色低碳循环发展经济体系，促进经济社会发展全面绿色转型。同时，明确指出"推动会展业绿色发展，指导制定行业相关绿色标准，推动办展设施循环使用"。

1)"绿色会议服务"

生态会展作为一项系统工程，涉及会展产业链上下游以及相关方，如场馆、搭建、能源、交通、食材、印刷品等。会议作为会展行业的重要组成部分，亦作为重要的沟通和传播手段，是各组织和机构必不可少的活动之一，同时也是雷奥会展的主要增长业务，市场占有率和增长率均较高。

因会议有着无法被报纸和网络取代的功能，很多企业力图从会议产业的变化中，发现新的增长点和产业趋势，雷奥会展也不例外。会议板块是公司近几年来投入力度最大的业务板块。公司在专注打造高质量、高规格的会议以此提高"盈利性"的同时，也着力通过专业化、数字化、技术化的手段为各类中高端会议提供绿色会议服务（如图7.3.2所示）。这对生态会展起到了显著的推动作用。

图7.3.2　雷奥会展服务2023年中国绿色会展联盟年会

雷奥会展除拥有前期筹备、方案策划、后期承建、落实跟进、会后数据统计等一体化服务运营能力外，还积极提倡会议活动中避免传统纸质化浪费，避免大量人力和自然资源投入，注重绿色循环与环境保护，秉承绿色办会理念，融入智慧会议内容，优先考虑并尽早将绿色会议服务内容纳入会议筹备和执行的规划中，在会前、会中、会后通过流程优化、材料替换、软件使用等方式减少会议的纸张、能源使用，达到节能环保、减少碳排放的目的。在一些进程中，甚至可完全通过自有智慧化会议系统进行会议签到、阅读材料等，这也就带给参会嘉宾最直观的感受，具体有无需排队填写纸质表格，改为提交电子表单；减少发放纸质宣传材料，改为会议微网站自行浏览；减少会议条幅人工悬挂，改为使用LED屏展示宣传内容，真正实现"零碳会议"。目前，在公司的会议板块业务中，绿色会议覆盖率已达到95%。

2)"主场绿色运营"及"展台绿色搭建"

绿色会展活动，是场馆方、主办方、搭建方，以及参展商、嘉宾、观众等共同努力的结果。2014年，我国大陆地区引入主场服务概念，其诞生有效地提高了展览会管理的现代化水平、服务质量和专业化程度，缓解了展览场馆及展览会主办者的工作压力和责任风险，降低了展览会运营成本。

目前，国内大型展览会的主办方基本都聘请主场服务商做主场服务。2018年，雷奥会展第一次接触主场服务并付诸实践，团队伙伴乘风破浪奔走在各个城市，服务于各类展会，通过协调主办方、场馆方和搭建商等各方关系，规范搭建商的布展、展出、撤展等行为，与场馆工程部、保卫部、安保公司等共同协作，为展会提供优质的主场服务并获得行业认可（见图7.3.3），这是雷奥会展业务拓展和运作的创新。

图 7.3.3　雷奥会展入选 2021—2022 绿色会展推广先进单位

在疫情中，雷奥会展同样处在各类大型展会停摆的特殊时期，但依然未搁置对主场服务工作计划的调整和优化。2021年开年后，公司便先后投入到全国职业教育博览会、济南建博会、青岛纺织展、济南电子商务产业博览会、中国鲁菜美食文化节等本地展会活动中，仅2021年上半年承接的主场运营面积就接近30万平方米。

在服务中，公司将绿色可持续发展作为现场管理理念的重要内容，从展会氛围营造规划、展台搭建、用材用料、展场管理、垃圾处理等多个方面全新赋能新模式，全面推行使用绿色搭建材料和环保节能方式，充分发挥多方协调、支撑、倡议、引领功能，其主要内容包括：

（1）在展览搭建工作中尽可能减少对场地和人力的影响，减少资源和能源的过度使用；

（2）在展览施工中尽可能多地使用可再生材料，鼓励搭建商使用新材料、新产品和新技术；

（3）减少使用对人体健康有害的物质，提倡使用无害材料、减少现场废弃物；

（4）以文创为核心，尽可能通过多媒体技术实现对展会的立体化设计；

（5）利用主场服务系统进行线上全流程管理，在降低人工成本的同时解决时间问题，基于系统工具提升约10倍现场管理效率，同时，增强用户体验的流畅性；

（6）注重对展会客户信息的数字化管理。

据企业内部统计，在主场氛围营造、门洞和标准展位的设计上，"环保性"和"安全性"是图纸审核工作中的优先审核项，可循环使用材料和由结构化组装而成的材料的使用率，每年同比上涨20%，截至2023年，已达到90%。在国内众多企业中，雷奥在这方面颇有"战绩"。

二 与国企深度合作，赋能会展产业生态化发展

随着会展经济不断向"无污染、高效益"的绿色产业经济发展，其强大的经济拉动效益被各地政府高度重视，越来越多民营会展企业搭乘会展经济的航船，借力资源优势，大力招商引资，推广产品和服务。雷奥会展深耕会展行业十多年，已是山东省会展行业内颇具竞争力的国际化、现代化的民营会展企业之一。面对市场扩张和环境变化，雷奥会展在分析和利用有利条件的同时，也清醒地意识到民营经济发展过程中存在一些制约因素。因此，公司在发展中不仅不断打造企业核心竞争力，完善机制、紧贴市场、增强抗压能力和适应能力，追随引技术、聘人才、上项目、求发展的热潮，还从优化自身经济结构入手持续扩大企业规模、铸造企业品牌，培植主导业务，将抢占已有市场和开拓国内市场结合起来。其中也包括和国企深度合作，在优势互补的同时实行资源高位嫁接，这是公司发展壮大的有效途径。

2021年3月，基于会展产业明显的拉动效应，雷奥会展同山东国际会展集团合作设立专门针对会展商旅板块的独立事业部，同山东国际会展集团统一管理下的三个展馆——山东国际会展中心、舜耕国际会展中心、济南国际会展中心建立更成熟和更深入的合作关系。此前，山东省委、省政府明确提出，济南市要着力建设"大、强、美、富、通"现代化国际大都市，打造"五个济南"。在城市发展需求迫切的形势下，展会服务升级、积极拓展新业态，在某种程度上已然成为"打造济南国际会展名城"的主要途径和标准衡量的方法。推介城市、服务城市，大力发展会展业，提升会展业服务质量既是有力抓手，也是必然路径，就像中国国际智能产业博览会之于重庆、中国国际大数据产业博览会之于贵阳、中国东盟博览会之于南宁。

因此，双方的合作对雷奥会展而言，除丰富商旅业务板块的服务内容，实现以济南为基地、在全国首屈一指的具有国际水准及影响力的展会商旅服务管理经营实体的创建目标外，还让雷奥会展在一定程度上获取到更多合作方在全国范围内的会展活动、客户及活动场地等相关资源，使三个展馆中的项目沟通

协调效率极大提升。这是雷奥会展的一种新尝试，近两年来也为会展业发展拓展了更优质的营商环境和广阔的发展空间。

经过前期的尝试和运营，2022年9月，雷奥会展同山东国网华源实业有限公司合资成立国网雷奥国际会展（山东）有限公司，主要是为了持续增强会展产业的引擎磁场，汇聚商流、物流、人流、资金流等重要流动资源，推动济南城市经济发展，改善公共基础设施建设，带动济南及周边地区的第三产业发展。双方的合作既是对方公司对内建设运营、对外拓展会展业务的需要，也是雷奥会展实现飞跃突破的需要。当时，雷奥会展考虑到对方公司作为国有资产企业，企业品牌建设是要着重考虑的问题。恰好2022年新年过后，雷奥会展开始对外拓展品牌咨询服务，而合作公司自有展厅及文化展示区域具备更强大的策划、设计、实施、运营一体化展示功能，可以突出企业文化的深入性、文化性，和品牌设计的独特性、前瞻性。同时，合作公司也期望参与会展产业的组织运作从而壮大企业业务范围，只是公司因受人力、物力和大量的市场化业务的限制，没有时间和精力去拓展和承接会展相关业务，存在业务渠道不广、服务范围不宽等问题。雷奥会展在会展行业内良好的口碑和资源，能补齐这些现实短板。

同时，雷奥会展同山东滨达实业集团旗下山东滨达城市服务有限公司共同成立山东滨奥国际会展有限公司（见图7.3.4），共同打造和运营国内基础设施一流、配套服务完善的国际化会展中心——黄河三角洲交易中心（滨州国际博览中心），并以全新的会展服务为会展业发展做支撑，加速会展服务和管理创新，加快推动滨州市国际会展名城建设。成立仅三个月，山东滨奥国际会展有限公司便参与到12月27日—30日召开的2023年滨州市"两会"的服务中，按照"整体落实、突出重点、点面结合、以面保点"的总体布局，快速成立综合协调组、会议服务组、AV保障组、物业管理组、设施设备保障组五个工作组别，以严格的工作机制明确所分派成员的职责任务，通过紧密对接、技术维保、员工培训及现场各项服务保障工作、后疫情期间的动态防护工作等，齐心协力保障滨州市"两会"的顺利召开。同时，场馆也快速迎来首展——2023中国·滨州水产博览会暨渔业高质量发展论坛，截至2023年年中，已承接并服务13场重要的会展活动。

图 7.3.4　雷奥会展与滨达诚服召开董事会议部署合作事宜

民企与国企的联合运营，看起来只是一种推进资源整合的商业模式，但以商业融合会展协同共进的方式，可以联动会展行业内的优质资源，形成"会展＋商业"业务协同的发展新生态，深度绑定城市发展需求和会展产业发展目标。城市的经济拉动需通过会展业的产业派生，城市的国际化水平需借助会展活动的汇聚升级，城市的生态建设同样需要会展业的健康发展和持续推动。

三 不断布局二三线会展城市以深度拓展行业市场

以不息为体，以日新为道。刘禹锡认为，应以勤奋不息为根本，以不断创新为途径，正所谓"流水不腐，户枢不蠹"，会展经济发展是打造城市名片的有效途径。自党的十八大以来，在全面深化改革的背景下，各省市对会展业的认知和重视程度有了质的提升，会展业成为城市发展的新动能。会展业自兴起开始，便与城市的发展息息相关。城市是会展活动的空间载体，更是需求来源，城市的开放性、区位优势、基础设施、品牌营销等均为会展业发展的基础。反之，会展业的产业派生和带动作用，以及资源集聚效应，也为城市的综合实力提升提供了有力支撑。

（一）面向滨州立足当前，着眼长远

随着城市化进程的加快，会展业发展水平愈来愈成为衡量一座城市的经济发展、投资环境、活跃程度的重要指标，并成为城市品牌塑造与创新的关键构成。在雷奥会展成立旗下山东滨奥国际会展有限公司之时，公司将发展眼光迅速投向"滨州"这座城市。滨州地处黄河三角洲高效生态经济区、山东半岛蓝色经济区和环渤海经济圈、济南省会城市群经济圈"两区两圈"叠加地带，是山东省的北大门。近几年，滨州按照省委省政府新旧动能转换要求，以"十强"产业为发展战略，以价值链为核心，重塑产业链、供应链，集中优势资源实现"十强"产业重点突破，全面开创现代化"富强滨州"建设新局面，全力打造黄河流域生态保护和高质量发展的"滨州样板"。在当前和今后一个时期，该城市将进入加快发展的重大历史机遇期、走上高质量发展的快车道。

雷奥会展分析，在某种意义上看，只有成功承办G20峰会、上合峰会、金砖国家峰会式的国际性会议，成功举办亚运会、冬奥会式的区域性、全球性国际赛事，滨州才能真正称得上是现代化国际大都市。打造"富强滨州"，助力"双招双引"，推介城市、服务城市，大力发展会展业是有力抓手，更是重要捷径。因此，面对城市发展的迫切需求，面对大趋势、大格局、大需求，雷奥会展面向二三线城市的会展板块建设和运营刻不容缓，企业应当做到立足当前，着眼长远，加快谋划布局，着手资源整合。雷奥会展把滨州作为第一站，应该是一个好选择。

（二）用好黄河三角洲交易中心，做大会展经济

越来越多城市将会展业作为经济发展的重要引擎。如"新经济会议目的地""国际会展之都""国际会展名城"等说法，都是从政府层面提出的城市发展目标。会展场馆作为会展经济的实体，是需要大力投入的重要着手点。滨州市2023年政府工作报告中提出"用好黄河三角洲交易中心等平台，做大会展经济"的要求，并将做大做强会展经济列入1+8+1重点工作任务。滨州市委市政府期望利用黄河三角洲交易中心的建成优势积极引进知名品牌会展项目，打造滨州会展品牌，全方位、多角度对外宣传输出"会展之滨"新名片，创建会展经济城市新高地，将滨州加速融入进会展名城建设的行列中。

黄河三角洲交易中心（滨州国际博览中心）（见图7.3.5），位于滨州经济技术开发区长江五路与渤海十八路交汇处，地处滨州科创城核心区，被列入2021年省重点工程、市83重点工程。中心启用后已成为滨州市高效便捷、宜人自然、经济适用的"城市会客厅"，成为激发城市内在活力、提升城市整体形象的重要起搏器。同时，该中心的建设运营，使滨州市会展业面临更好的发展机遇，推进会展经济发展存在更好的优势条件，未来不仅可拉动滨州南部片区配套服

务水平，快速实现南部新城规模化发展，也必将成为展现滨州开放创新发展理念、彰显滨州文化魅力的城市新名片。

图7.3.5 黄河三角洲交易中心（滨州国际博览中心）

鉴于黄河三角洲交易中心的建设优势，按照滨州市委市政府的要求，雷奥会展旗下山东滨奥国际会展有限公司作为场馆的管理运营单位，本着"立足长远做谋划、创新发展会展业"的原则，以"组合管理"的运营机制，迅速制定年度目标和计划，内容包括四大方向。

1. 打造"多彩会展"特色

公司将依托黄河流域高质量发展国家战略，立足社会民生服务滨州市"十强产业"发展，结合滨州优势产业，以"多彩会展"为建设目标，围绕红（党建引领、服务社会）、橙（农业、粮油）、黄（黄河、文旅）、绿（医养、健康）、青（铝业、化工）、蓝（信息、科技）、紫（纺织、畜牧）七大系列十四个着力点挖掘适合在滨举办的会展项目，实现会展产业全方位服务城市发展目标。

2. 实施"多元发展"工程

在运营中充分借助发挥国企的资源优势和合资企业的灵活机制，以市场化经营思维、创新化运营模式，外引和自办相结合，形成"一业为主，多种经营"的运营格局。"一业"指会议场地和展览场馆的管理运营，"多种"指招引招展、自主办会、论坛培训、赛事活动、主场展务、餐饮娱乐、团建拓展等。

3. 实施"品牌会展"驱动战略

雷奥会展同滨达实业集团双方在合作中积极主动地结合滨州市产业发展情况，深度发掘会展产业链资源，开展招展引展，引进全国知名展会驱动滨州市会展业发展，截至2023年上半年，已对接展会有中国铝深加工产业大会、全国农商互联大会、中国跨境电商峰会、中国会展经济研究会年会、中国粮油食品博览会、山东团餐优质食材博览会、山东住宅产业博览会、山东省糖酒会等多场省级和国家级展会，举办的活动有首届滨州乐享嘉年华（如图 7.3.6 所示）等。

图 7.3.6　雷奥会展在首届滨州乐享嘉年华上的服务团队合影

4. 坚持"循矩渐进"原则

雷奥会展计划在滨州市开展的会展活动，从展馆培育期（1—3年）每年30场，到展馆发展期（4—6年）逐步提升到每年50场以上，到展馆成熟期（7—10年）保持每年100场以上。在发展过程中，公司主动出台考核机制，政府出台会展业促进办法，内外齐发力推动了滨州市会展项目和会展企业的发展，并利用"会展集聚""展城融合""产业融合""绿色发展"等理念，集中优势资源实现了滨州市会展业与当地相关产业发展的重点突破。

四　在规范参展行为中加强全流程标准化管理

作为"会展产业生态化"的重要内容，会展参展行为涉及会展场馆、主办方、服务方、搭建商及参展商多方的表现。然而现实是，会展市场中的部分行为明显落后于会展业的快速发展，阻碍了会展产业生态化的正常运作。这就需要会展项目中的主要把控方更多地思考"会展资源整合""会展与生态""会展与可持续发展"等议题。

（一）展会主场服务优质化运作，修内练外齐发动

展会主场运营属于会展组织代替主办方执行展会的行为，而主场服务商在整场展会中的主要工作是代表主办方和参与方进行沟通与协调以及对展会进行安全管理。雷奥会展自2018年第一次接触展会主场服务，至今已成长为优质的主场服务商，涉及工作从前期的策划设计、展商服务、报馆审图，到中期的场地规划、工程搭建、安全管理，再到后期的撤展管理、数据报告及展后服务等多方面。

任何一项工作的松懈，都有可能降低客户的参展参观体验，甚至出现较严重的安全问题。当雷奥会展面对较为大型的展会项目，主场服务工作更是千头万绪，需要更加细致周全，往往需要针对展会特点和展馆情况，提前进行大量的筹备工作，也需要更强的现场统筹协调和应变能力，最终让展览场地在有限的时间内，从一片"沉默的空地"变为功能齐全、展商汇聚、观众云集的高端平台。

经过平均每年几十场展会主场服务经历的打磨，雷奥会展注重服务创新和变革，逐渐将"置服务于管理之中"变为"置管理于服务之中"，通过"服务好"解决"管理好"的问题。正所谓"从1到N是复制的过程，而从0到1却具有史诗级的意义"，展会现场管理的改进并非一朝一夕即可达成，只有从经验中不断考量、积极改进，才能深度洞察与创新，最终实现会展产业生态化的跨越式发展。

雷奥会展在接触主场服务初期，也曾由于经验不足和人力、物力的限制多次经历碰壁。一次次的勇敢试错和复盘，一次次的团队凝聚和磨合，才让如今的雷奥会展在面对主场服务时能拥有较强的职业素养和良好的统筹协调及执行能力（见图7.3.7）。团队内部自成体系的工作方法多次得到主办方、展馆和展商等各方的赞赏。"内修团队，外练口碑"，向内，雷奥会展严格制定展会主场服务工作规范和标准，并定期进行培训和考核；对外，雷奥会展开发建设智慧报馆系统平台，摒弃邮件或纸质等传统报馆方式，利用数字化优势极大地提高搭建商报馆效率和信息准确性，实行多个流程节点跟踪记录，有据可依地对主场搭建工作进行全流程管理。

图 7.3.7 王明总经理主持"主场服务的创新与发展"论坛

展前,雷奥会展配备高水平展会设计团队、施工团队,资质良好的施工供应商为展会提供绿色搭建方案;布展期间严格监督每个展台的搭建施工进展,对违反展会规定及违规操作视情况进行人性化处罚管理。展中,雷奥会展针对现场参会人员权限多样、场景复杂及签到点众多等问题,基于展会门禁登录管理系统帮助场馆实现数字化管理。展后,雷奥会展严格监督搭建商撤展工作,并有效进行展会信息数据的统计与分析,面对庞大的参展商和观众数据,快速筛选有效信息,深度挖掘潜在客户,以便会后总结,为下届展会的举办提供数据支持。

雷奥会展坚持以"数字化思维+定制化方案+一站式服务",尽最大可能给予客户非凡的参展参观体验,以打造企业的良好口碑。

(二)注重"绿色会展"实践,着力促进"绿色发展"

有"中国第一展"之称的中国进出口商品交易会("广交会"),自2014年第115届开始实施《广交会绿色发展计划》。时至今日,主办方积极实施、推动绿色布展普及率达到100%,是中国最早全面并有效推行绿色会展理念的展会,同时也值得各品牌展会及会展企业效仿。在"双碳"国家战略行动提出之后,碳减排、节能降耗、生态环境保护已成为不确定的未来之中最大的确定性,不仅持续受到国家政策支持,还令会展业成为完全无法置身事外的行业。

尽管相对于高耗产业而言,会展产业一度被视为低消耗、低污染的"无烟产业""绿色产业",但由于人员快速流动,展览展示中的运输、搭建、耗材,参会参展的资料、餐饮、住宿等各环节均会产生碳排放,在全面推进"双碳"

目标实现的过程中,雷奥会展同其他会展企业一样责无旁贷。雷奥会展将积极倡导低碳的生产和消费方式,广泛传播"双碳"目标和绿色发展理念(见图7.3.8)。

图7.3.8 中国(山东)国际纺织博览会驻场服务团队

"绿色会议服务""主场绿色运营"及"展台绿色搭建"是雷奥会展以实际行动践行绿色发展的"外推之道",其主要体现在会展场馆建设、展位搭建、展示方式、服务设施、信息化设备等技术方法中,包括在展馆展厅类设计、建设、使用和管理过程中引入智慧展馆、绿色展馆理念;倡导展位的绿色搭建和安全生产;在会展现场使用LED照明节能、智能光伏发电设备;明确垃圾回收与处理方式;采用智慧运营监控与智慧指挥调度以保障展馆的日常运营等。

2019年3月6日,中国绿色会展联盟第三次年会在重庆召开,会议选举产生联盟第二届理事会成员单位,同时审议通过联盟新成员名单及2018年度绿色会展推广先进单位。其中,雷奥会展旗下山东雷鸣展览展示有限公司荣获由中国绿色会展联盟颁发的"绿色会展推广先进单位"荣誉。至今,尽管对绿色会展的发展尚无普适性的方法体系,但雷奥会展严格的行为规范和在绿色会展方面的实践都在一定程度上预示着未来发展的方向。

(三)注重现场安全生产,建立健全安全生产管理规范

从2007年9月国务院发布《大型群众性活动安全管理条例》,到2010年12月1日起国内首个针对展览行业展台等临建设施搭建安全的管理标准——《展台等临建设施搭建安全标准》实施等,法规的要求和业内对展览安全、健康、有序发展的呼吁,加之国内其他地区有关法规、管理规定的相继出台,使得人、

物、财、信息等安全问题成为会展安全运营的基本需要。提升会展业安全生产管理能力和整体安全水平，营造会展安全运营环境也已成为重中之重。

2002年全国"安全生产月"的确立，已成为保护劳动者安全、健康和国家财产，促进社会生产力发展的基本保证。但是，中国会展业从引入阶段至今，伴随着蓬勃发展的还有不断出现的与其发展不协调的安全隐患问题，有些重大安全事故甚至直接造成生命、财产的重大损失，及不良的社会负面性影响。随着会展业逐步进入深入发展阶段，其安全生产问题明显地摆在会展企业面前，亟待解决和完善。

现阶段，随着每年安全生产相关活动的深入开展，全社会"安全生产重于泰山"的意识及氛围愈加浓厚。会展企业和会展场馆作为重要单元，能否落实好安全生产主体责任（如图7.3.9所示），对切实筑牢社会安全生产防线意义重大，对提升会议、展览服务运营水平，提升风险隐患排查整治效率亦有重要推动作用。

图7.3.9　王明代表雷奥会展参加中国安全生产协会会展安全工作委员会成立大会

雷奥会展一直将安全管理问题摆在首位，可谓是"无规矩无方圆""无安全失一切"。在会展安全发展的最初阶段，雷奥会展关注的是各方自发强调会展现场的秩序管理，比如布展和撤展的进出场秩序，搭建物料的消防管理，及对展期内常规化人员的秩序管理等。在当时，雷奥会展的管理方式大多为"行政要求"，认为秩序管理到位即可达到安全管理工作的服务标准。而如今，雷奥会展更重视结构和设备的专业安全要素，对特装展台设计图纸的申报、审核已不再只停留在程序层面，不再只依赖建筑结构相关资质的红章，而是对设计图纸的结构安全问题和水电气安全使用问题的审查更加严格和标准化。最重要的是，现阶段雷奥会展已拥有了专业的安全管理团队，同主（承）办方、场馆方的合作也已建立了更深度和默契的合作。清晰明确的分工、"资格准入"规则的适应，都让会展现场的安全生产工作有更具体的落地保障。

在企业内部，雷奥会展强调落实主体责任，以"五建立"提高安全生产管理工作的执行能力，作为防范化解重大安全风险的必要措施。所谓"五建立"，指的是：一要建立会展能力评价制度，对展览环境、展览工作等方面进行系统深入的分析和评估；二要建立安全承诺责任制度；三要建立岗前培训制度；四要建立事故隐患举报制度；五要建立安全诚信管理制度。

实践证明，"第一负责人"是会展安全生产工作的"关键少数"，重视与不重视、稳抓和怠慢的结果大不相同，因此项目进程中的强责任、严把关是雷奥会展中高层管理者首要关注的问题，然后是团队内部全员强化安全生产意识。在每场展会前期筹备期间，雷奥会展展览部门都会主动开展一次主场服务安全运营研讨会，在普及安全生产知识的同时商讨制定《关于展会安全施工搭建管理规范及标准》《关于展会布展期间的安全与秩序管理守则》等，明确展会现场的安全管理要求，并将其列入展会展商手册。

"安全意识是预防事故发生的第一道防线，是人类必须具备的对危险和风险的认识和判断能力。"2023年"安全生产月"的主题"人人讲安全，个个会应急"，指的就是人人具有从业岗位作业活动的安全资质和安全能力，人人具有主动安全意识。只有这样，才能使安全工作前移至对风险隐患的管控上。

除前期培训学习外，公司会在项目筹备期间做好监测和防控，将安全隐患止于源头，尤其会把搭建施工工作安全放在首位，以预防为主，明确岗位可能存在的安全隐患，提前做足防范措施；在会展现场全力做好安全事故监测、识别、诊断和处理工作，尤其是在展位搭建、施工撤展、物流运输及公共治安几大方面，通过智慧报馆系统平台实行搭建施工过程中多个流程点的跟踪、监督、记录（如图7.3.10所示），以数字赋能严把安全设计、严把安全承包、严把安全搭建、严把安全运营及风险隐患排查，通过线上报馆系统自查自纠，发现问题及时做出合理的应急处置，这些都是雷奥会展与现场安全风险管控过程中严格落实的重点环节。

图 7.3.10　雷奥会展进行现场安全生产巡检工作

五　以打造"会展+"生态圈促进多业态融合发展

"客户至上，服务至上；创新输出，'会展+'开拓延伸"是雷奥会展始终立足的价值观。通俗地说，"会展+"即为"会展+各行各业"，但这并不是简单相加，而是利用会展平台和技术，让会展产业同其他产业深度融合，创造新的发展生态，从而促进双方产业的转型升级。雷奥会展结合会展产业自身运行规律，寻求更多与现有其他产业生态融合的可能性，诸如：会展+产业园区、会展+文旅、会展+食品、会展+体育、会展+地理信息、会展+机械制造、会展+生物医疗等。雷奥会展在会议、展览及活动中多次实践，发现在会展业这个平台上，各行各业都可以找到能促进自身发展的会展方式，而这也是"会展+"的真正要诀。

（一）"会展+"概念升级，在深入剖析产业中完成会展服务升级

"会展+"概念的中心词是会展。一方面，可将其中文字"会展"和符号"+"分开理解，符号"+"意为添加与联合，这充分表明会展平台能将各类不同产业进行融合，同时也表明"会展+"的应用范围为会展产业与其他产业；另一方面，作为一个整体概念，指其他产业通过会展平台和技术完成产业升级，会展产业通过将其开放、共享、互动等特性应用在其他产业，通过综合分析与整合，通过改造或规范其他产业的生产模式、产业结构等内容，增长产业发展效益和动力，从而促进国民经济健康有序发展。

雷奥会展借助对"会展+"概念的充分理解，积极促进更多会展项目的诞生。让人印象最为深刻的是2022年初公司参与的山东省地理信息产业大会暨济南地理信息产业博览会项目。为了更好地为大会提供整体策划设计及布局规划，雷奥会展对地理信息产业的涵盖内容、产业架构进行了深度研究，其作为高新技术产业、现代服务业和战略性新型产业，在促进经济和社会发展、维护国家安全、推进生态文明建设等方面都发挥着重要作用，这与会展产业派生的社会效益相同。因此，雷奥会展在深入研究山东省及济南市地理信息产业规划之后，结合现阶段地理信息产业与济南市的发展现状、所处环境和面临机遇，思考会展产业如何借助地理信息产业，又如何助力地理信息产业。

雷奥会展提出会展产业和地理信息产业高度融合的策略构思，并为大会提供了整体的策划与服务方案。为还原济南智慧城市的核心面貌，雷奥会展还专为大会制作"线上展会"，融合地理信息产业"元宇宙"的建设理念，加入定位导航技术。现场观众步入展区，在查看线上展会中所展示画面的同时，"所见即所得"，即现实景象与虚拟画面一比一还原，构建与虚拟展会完全镜像的现场。此亮点设计不仅强化了现场观众的参展参观体验感，更在一定程度上以数字化行为贯彻会展行业的生态化内涵。

（二）"会展+文旅"，嫁接资源，实现高效生态融合

回顾雷奥会展近五年的发展，公司合作频率较高的山东省精品旅游促进会，给予雷奥会展诸多启发。"文旅融合新机遇，精品会展新动能"，预示着在会展与文旅融合的新时代，会展与文旅产业的集聚、产品的集聚，这就将构建起更具价值的合作平台和产业创新、动能转换的国际性、示范性的合作平台。

2019年8月29日—31日，雷奥会展精心组织人员服务山东国际精品旅游产业博览会，成为全国首个以"精品旅游"为主题的创新展会，自此开启国内"会展+文旅"的新发展业态。2019年8月15日，会奖旅游专业委员会组织会员单位参加中国会展经济发展（济南）高峰论坛，雷奥会展同时作为秘书长单位和会议服务方加入论坛中，助力促进会展产业与会奖旅游更加多元化且高质量的发展。同年12月，雷奥会展参与由会奖旅游专业委员会组织、济南市会展业协会开办的山东大学智慧会展高级研修班，同期，雷奥会展总经理王明作为会奖旅游专业委员会秘书长代表专委会参加中国会议产业大会。

2020—2022年间，受疫情影响，会展行、旅游行业遭到冲击，虽然相关会议及展览活动明显减少，但雷奥会展并没有停止开拓会展与文旅融合发展的脚步，它开发了服务于各展会及人群的"展会商旅增值服务平台"，不断完善会展服务基础设施及配套功能：一是通过移动互联的智慧交通体系解决出行、环保和城市化建设中引发的核心问题，通过大数据分析与整合城际所有线路信息及服务信息，为用户推荐精准出行方案；二是为参展商及专业观众在展会期间提供便利的食宿服务；三是增加在展会商旅增值服务中最重要且最具特色的板块——定制旅游服务，为用户定制最佳的旅游线路，及旅途中的一系列合理安排。

吃、住、行是从展前到展后不可或缺的服务项目，雷奥会展将各项商旅相关的营销资源嫁接到服务平台上，突破传统营销思维惯性，将企业营销从自我模式的局限中跳转，在存在相同的市场理念、消费群体及价值认同的基础之上创造更大的营销收益，同时贯彻实践会展产业与文旅产业的高效生态融合，力求使两产业在第三产业中的影响力达到新层次。

会展产业与地理信息产业的交互仅仅只是"会展＋产业"中的一类，城市的发展依靠各产业体系发展的加持。借助会展平台集中优势实现各类产业发展的跨越式突破，是雷奥会展推动企业良性发展和城市会展产业创新发展的重要举措。"会展＋文旅"亦是雷奥会展谋发展、抓发展、促发展的开端。在未来，雷奥会展不仅要"走在前列、全面开创"，更会走多业态融合发展之路，打造"会展＋"生态圈，带领团队创新发展、绿色发展、高质量发展。

六　会展数字化融合发展，企业数字化探索转型

聚焦2022全国两会，数字经济再次成为高频话题。二十大报告指出，要"加强数字中国建设整体布局，更好赋能经济发展、丰富人民生活"，以习近平同志为核心的党中央、国务院高度重视数字经济发展，而会展经济作为经济的连接体同样处在传统与未来的转型期。所谓的"数字会展"，就是一种互联网技术和思想下的新型会展生态圈和展示方式，其本质是以互联网为基础，将云计算、大数据、社交社群、会展产业链中各个实体一体构建成为数字信息集成化的展示空间，从而形成全方位、立体化新型会展和服务模式。

雷奥会展自2017年与上海31会议建立合作以来，高度关注技术投入和创新发展，灵活运用服务于会展的数字化服务产品，基于系统工具对各类会展项目进行线上全流程管理。加之"数字会展"成为会展行业内各方的共识，现阶段，仅会展主办方就有超七成通过采取数字化手段提升会展活动的运营和服务能力，会展企业更是自然地被催生出支撑一场线上展会举办所需要的数字化技术能力、产品和解决方案。

面对大局势，雷奥会展在数字会展服务中的投入愈来愈多，先后在会展项目运营和管理的领域、企业内部协同的领域、企业外部协同的领域、商业模式和客户关系领域等逐渐进行数字化转型，并通过"数字化三步"——通过数字化手段提高会展活动的转换率，扩大获客渠道；通过数字化技术进行用户画像分析，推动后续精准营销；通过数字化解决方案对会展活动数据进行会后分析与反馈，量化评估会展活动互动的效果。

在雷奥会展看来，数字生态会展的经济发展不应只关乎台前的成交和销售，后台的大数据使用、营销、匹配、分析、反馈及售后服务等诸多环节的有效整合同样很重要。将互联网的"共享经济""获客流量""精准服务"和"长尾效应"等优势与会展经济相互结合，才能真正顺应当下会展行业和企业的发展需求。

同时，雷奥会展认为数字会展服务应是在数字化驱动下的精准服务，获取经济效益和提高客户满意度是关键所在，实现社会效益和生态化发展是必达之处。因此，在2021年，雷奥会展围绕企业的整体业务需求进行了多轮商业模式和组织架构的重塑尝试，逐步建立起企业内部的数字化营销思维和手段：

一是办公流程的数字化。雷奥会展运用CRM和ERP做企业和项目运营管理，把财务端、销售端、采购端、行政端和售后端等融会贯通，通过定期数据分析，发现每个端口的问题所在。

二是产品和服务的数字化。比如XR制作，即展台数字孪生。这算是雷奥会展的一个数字产品。再比如运用人工智能做销售和客服，或通过App、小程序、第三方平台让客户实时掌握服务流程和进度，并获取及时的反馈。

三是营销获客的数字化。团队已经在逐渐减少传统的陌拜、电话销售等获客方式的使用，开始综合利用各种线上的手段去开辟市场，以此增强和客户之间的互动和黏性，包括但不限于短视频引流、小红书种草、小程序成交等。此外，雷奥会展在进行数字化社群运营的同时，还尽可能为会展项目提供更多的数字化会展服务，根据"我是谁"——企业自身定位，和"服务谁"——客户具体需求，为客户提供有效的数字化工具与产品，为其带来便捷、高效的会展体验，尤其是利用"一站式数字会务SaaS云平台"完成会展项目中的智慧邀约、智慧注册、智慧接待、智慧日程、智慧现场、智慧监控等工作。

有句话叫"穷则思变，变则通达"。2021年起，数字营销正在发生根本性变化。常听说会展业是个不稳定的行业，会受到各种外在因素的影响。但在雷奥人看来，一个有远见的会展企业定将会在那些未知的因素挑战中预见适合自己的发展之路。环境变化，让用户获取信息的方式发生变革，而技术发展更能推动会展数字营销的进化。相信在现阶段，乃至未来很长一段时间内，会展数字化的发展不仅是对办会企业和会展企业的要求，更将促进整个会展产业向绿色、生态、高质量、高价值发展的革新。

船的力量在帆上，人的力量在心上。在各行各业纷纷秉持生态保护、环保发展理念之时，被誉为"经济晴雨表"的会展行业积极探索推进产业内部的绿色生态发展。雷奥会展仅仅只是在这场浪潮中奋进突破的庞大队伍中的一只小船，前期尽管举步维艰，但深知"绿色生态会展任重，却不再道远"，因此总能在每个重要时刻化"危"为"机"。会展产业生态化的全域推行绝非一日能就，需要多方智慧、多方协作，内外部不断磨合才能有所变革，科学、有序推动绿色会展全面应用、促进会展生态全域推行。在这方面，雷奥会展一直在路上，也可以在未来取得更好的业绩（如图7.3.11所示）。

图7.3.11　王明总经理参加第六届会展产业大会

第四节 雷奥会展未来发展展望

历经百年变局与疫情过后，会展企业面临的任务和挑战依旧十分艰巨。在过去的发展历程中，雷奥会展主动积极地服务国家重点战略，用"创新优先"的态度迎接一个又一个挑战，用十三年的耕耘与收获、奋斗与成长书写了一份令人满意的答卷。

"对历史最好的致敬，是书写新的历史；对未来最好的把握，是开创更美好的未来。"此时的雷奥会展人，正站在新的历史舞台上，准备继续谱写更为绚丽的精彩篇章。

一、提升核心竞争力，积极推进集团化发展

顺应企业集团化的渐成趋势，"集团化"成为雷奥会展未来发展的必然之路。现雷奥会展已制订横向与纵向发展两步计划——横向即地域性拓宽发展；纵向即贯穿产业链上下游发展。

（一）横向地域性拓宽发展

未来，雷奥会展将在稳定自有业务资源的基础上，将会议活动、主场运营、展览展示、会展商旅四大主要业务板块向全国范围延伸拓展，扩大会展服务"朋友圈"，通过精细提升会展服务质量、精准借助国家级和国际性会展平台与项目，扩围城市，开拓市场；同时，继续推进二三线城市会展布局，联合目标城市会展行业相关从业者，本着"立足长远做谋划、创新发展会展业"的原则，建立合作机制，利用文化策展、多元传播与思政融合在二三线城市稳固会展产业的正向发展，提升二三线城市会展企业独立组织、策划、实施会展项目的能力，以此形成固定的会展项目。

（二）纵向贯穿产业上下游发展

雷奥会展基于的自身规划了两个目标。首先，继续向区域内进行深耕，将自身打造成为关联度高、支持性强的会展企业，将企业自身定位向会展产业链

中游和上游扩展。雷奥会展计划在未来三年内，不仅成为更好的会展项目的服务支持单位，还加强自办能力，成为会展项目的具体运作、组织和实施单位，积极开发更多类似"滨达畅享季"的自有活动品牌。"滨达畅享季"是雷奥会展同山东滨达实业集团共同创立的发挥惠及民生福祉、塑造城市形象、打造滨州城市全新名片的系列活动，现已成功组织举办首次活动"首届滨州乐享嘉年华"。其次，利用"会展集聚"和"产业融合"等发展新理念，集中优势资源实现各个城市会展业与当地相关产业链融合发展的重点突破。

二 强抓策略执行和人力资源

尊重会展行业的属性与特质，摒弃追求规模化发展的思路，通过策略塑造强有力的市场竞争主体，需要雷奥会展更好地适应市场经济要求，建立更规范的整体运营管理体系，实现企业内部各个环节工作之间的紧扣与补充。

其一是强抓企业基础运营和会展项目运营的策略执行。业内常说"办好一场会需要完成'3600'项工作"。由于组织结构的复杂性，展会项目在执行过程中会涉及到较多部门，如销售、策划、设计、财务等，容易形成信息追踪的障碍。后期，雷奥会展将在目前已建立的企业组织架构的基础之上继续细化和明确职责，从明确工作职责划分、上下级对应结构，以及在会展项目运营过程中各项工作的主体责任方面，提升各岗位、各环节的衔接和职能效率。

其二是强抓人力资源的利用和管理。会展业有一定的专业度要求，在现阶段纷繁复杂的会展市场竞争中，会展人力资源管理的好与坏直接关系到会展企业的生死存亡。而雷奥会展自创立以来一直较为重视人才的引进和管理，认为人才团队的建设是构建企业良性发展的基础。组织内部每位员工的目标和价值观一直是企业引导的重点。下一步，雷奥会展将投入更多精力引进高级会展人才，服务于项目运营管理和会展推动建设，特别是在策划岗位群、营销岗位群、管理岗位群、运营岗位群和服务岗位群等会展行业技术技能岗位扩大引进范围、提升加入门槛并加强培训力度，此举不仅是为企业添砖加瓦、壮大结构、增加骨干，亦是想增强企业及企业所在地会展业态持续发展的潜力。

三 利用有利因素，落实"五化"战略目标

所谓"五化"是雷奥会展在发展过程中提炼而出的关键词，即品牌化、国际化、专业化、标准化、数字化。这也与雷奥会展一直以来的发展愿景——"期望成为山东MICE领域品牌化、国际化、专业化、标准化、数字化的一站式全流程会展综合运营服务企业"吻合。

济南市近两年坚持以建设区域会展强市为目标，大力推进场馆建设、积极培育会展品牌，其他各地方政府也陆续制定和出台了一系列促进会展业发展的办法及举措。总体来看，目前包括雷奥会展所在的会展服务企业群体所处的外部环境良好，处于国家和区域重点鼓励支持的行业群层内，加之疫情放开后会展活动的市场潜力持续加速扩大，雷奥会展将会借助各种有利因素的加持，强化落实企业"五化"的发展战略目标。

（一）品牌化

后续，雷奥会展将在发展中继续探索企业定位，形成、优化雷奥会展独有的品牌符号、形象乃至一系列完整的、全方位的且可与客户建立沟通的系统性传播架构，目标是在客户群体的认知中构建品牌信念，以品牌思维经营会展。

（二）国际化

伴随国际化蒸蒸日上，中国会展企业在国际会展组织中的数量和比重直线上升。雷奥会展除构建国际性大会落地的项目管理流程外，还需从各个层面与国际接轨。未来，雷奥会展将继续借助ICCA成员的身份及责任，并借助组织丰富的会议信息及会议活动等资源，提升企业自身专业技能，进一步开拓国际市场，并尽可能更多地服务和引进国际高端会议落地济南，积极推进济南市会展业的国际化发展。

（三）专业化

雷奥会展将以创新赋能高质量服务升级，以专业的项目筹备能力、高效的资源整合能力、熟练的落地执行及预案能力，为客户提供一站式全流程会展服务及管理解决方案。

（四）标准化

雷奥会展将针对会展项目管理，制定并规范科学先进的业务流程，在做到业务环节全覆盖的基础之上，保证业务工作具备严格标准的服务细则、业务交叉可合理协调运转。

（五）数字化

雷奥会展将完善智慧会展服务平台，将其应用于展会及会议活动中，积极打造"零碳会展"，同时，继续投入开发"展厅全维度数字交互平台""全景观展""虚实结合展会一体化模式"等数字化手段，以此推动会展行业的数字化与生态化发展。

四 多元融合发展，生态创新升级

"绿色、低碳、可持续"发展理念已成为会展行业内的共识和产业转型升级的方向。在今后的发展中，雷奥会展将借助会展市场多元化、精细化的态势，聚焦会展行业的环境生态，着力整合行业资源，各项服务围绕创新发展、生态发展输出。一是借助目前正在运营的场馆——黄河三角洲交易中心（滨州国际博览中心）的建设及传播优势，推广绿色理念，以简约设计替代复杂设计，以最少的资源消耗实现最优的展示效果；二是借助技术不断革新的有力支持，推动绿色合作，建立第三方合作机制，更加高效地实现绿色科技融合；三是借助客户对保障服务体验的需求升级，推行绿色服务，减少物料投入与浪费，为客户提供更加优质的绿色体验。

会展业从无到有，从小到大，作为现代经济腾飞的重要动力之一，正在为中国经济贡献力量。在当下这个追求创新发展的社会里，只有不断创造价值的企业才能得以强大。"企业活则经济活，企业强则经济强"，雷奥会展在未来必将继续攻坚克难、拓路前行，以专业的服务、专业的技能、专业的团队及其专业的产品为企业扩大发展视野与业务版图，为会展业的可持续发展继续奋勇前行。

专家点评

会议活动策划执行、展会主场服务、展览设计承建、场馆管理运营……短短的10年中,雷奥会展飞速发展,已成为拥有5家子公司、近百名员工的会展创新成长企业。

10年发展,雷奥会展奋进笃行,成为"山东MICE领域品牌化、国际化、专业化、标准化、数字化的一站式全流程会展综合运营服务企业"。"会展产业生态化"是雷奥会展践行的发展理念,"会展+生态圈"是雷奥会展成长的融合创新之路。注重在现有基础上寻求与行业优质资源的整合,是雷奥会展人的重要品质。面对复杂多变的环境与激烈的市场竞争,雷奥会展积极争取政府主管部门与省市行业协会的大力支持,始终如一地注重思考以迎合客户多方面的动态需求,在进取中与各地合作伙伴携手共赢。

点评嘉宾:济南市会展业协会秘书长 袁莹

作为山东省第一家加入ICCA的会议服务类公司,雷奥会展致力于成为展会主办方、服务方和参会人群的基础连接者,始终坚持以创新发展为公司核心,不断融合互联网服务基因,运用互联网、物联网、人工智能、大数据和云计算等技术,以智慧化专业服务,服务百余家企业客户及政府单位,成就近千场会议、展览、活动。

作为济南市会展业副会长单位,雷奥会展坚持"多元融合,强圈补链"发展思路。在2022年,公司业务延伸至场馆(滨州国际博览中心)运营,形成了"展览+会议+场馆"的会展新生态,构建了"企业服务+政府资源"合作共赢的新平台。

后　记

我的首本专著《中国会展业发展趋势研究：动态与前景》于2021年12月出版，在其交付样稿之前，第二本专著《旗舰会展公司的生态战略》就已悄然启动，最终于2023年7月5日完成初稿。这样的撰写时间说起来有点长，主要原因是客观上新冠疫情对行业及企业的冲击及主观上对时间的把握欠准确。然而，在过去不到两年的时间内，我一直对本专著的顺利完稿心存牵挂，在疫情中持续策划此书，至今终于完成。写作期间，确实存在很多实际困难。即便是2023年行业复苏之后，业界公司一直也有些忙碌，都在想尽办法完成更多业绩以弥补过去三年项目与效益上的缺失。这难免在很大程度上对专著的资料收集及最终完成形成一定的冲击。然而，无论如何，第二本专著的撰写已接近尾声，这也是作者在2023年对中国会展产业生态化发展的最新理解与全新回应。

《旗舰会展公司的生态战略》这本专著，在撰写过程中得到了浙大城市学院国际文化旅游学院院长邱汉琴教授、党委书记陈国华、副院长韩振华副教授与副院长吕佳颖教授等领导的充分关怀与高度关注。作为一线专业老师，没有领导的大力指导与无私帮助，很难在业界不断深入并取得一定的业绩。正是他们能始终关心老师的业绩产出与文字精度，在关键的时间点能充分地大力整合相关资源，作者才能时刻激励自己继续深入调研，从而高精度、高效率地向中国会展界奉献学术精品。当然也很想借此机会，祝福浙大城市学院国际文化旅游学院在邱汉琴院长高起点、高格局的英明领导下，在未来在教学与科研方面取得突飞猛进的业绩，并在产学融合与乡村振兴等时兴领域取得更大的进展。

在专著成文过程中，作者选取国内会展界相对知名的六家会展相关公司作为主要研究案例，得到了案例所在公司高层领导最大程度的支持。他们分别是西安曲江国际会展（集团）有限公司总经理许英姿，成都励翔国际会展集团股份有限公司董事长李军，上海华墨集团副总裁兼战略发展部总经理吴福荣，北京博乾国际会展服务有限公司联合创始人、副总经理柏艳，北京苦瓜网络科技有限公司董事长潘涛，山东雷奥国际会展有限公司执行董事兼总经理王明。感谢各位高层能允许作者运用他们公司的精彩案例，并将他们在会展业发展中形成的超前思维和生态情怀与业界无私分享。

在案例材料的精心收集与撰写过程中，这六家公司能相对迅速并高精度地提供佐证材料，为本书的顺利付梓奠定了坚实基础。作者不能忘记相关人员在这本专著撰写的一年多的时间内的大力支持，他们是：西安曲江国际会展（集团）有限公司副总经理于津津，会展集团行政人事部部长高月瑞，行政人事部宣传主管薛茜；成都天励会展有限公司总经理罗年华，成都励翔国际会展集团股份有限公司总经办主任覃毅，集团财务中心证券部巴莫涛；华墨集团人事行政总经理周林；北京博乾国际会展服务有限公司联合创始人、总经理白正玄，地信事业部总监曹珍，会务秘书王子阔、刘浩辰、王涛；苦瓜科技CEO黄莉容、品牌总监唐绍鹏；山东雷奥国际会展有限公司策划总监韩迎晓、策划经理邓萌萌等。在重要事件的图片资料筛选方面，他们花费了大量宝贵时间，甚至用节假日的时间整理资料。尽管资料的提供与整理特别费时间，在某种意义上看也对公司的日常运营产生了一定的影响，但沟通与交流一直是十分愉悦而顺利的。在此对六家公司多位业界精英的真诚付出与无私奉献深表感谢。

为了更好地将这些优秀案例在业界传播，让业界可以更有针对性地加强学习并有效借鉴，作者还专门邀请了六位行业专家分别对六个经典的企业案例进行深度点评。六位专家分别是：西安市商务局会展处处长王志功，成都世纪城会展集团有限公司董事、原成都世纪城新国际会展中心总经理左霖，广西国际博览集团有限公司副总经理邓诗军，南昌市商贸和会展服务中心主任刘星，浙江省贸促会原展览部部长李保尔，济南市会展业协会秘书长袁莹。有六位业界知名专家特别专业的高端加持，案例编撰与传播则更有深度，也更有意义，作者在此感恩他们的高精度、高层次付出。

撰写专著的过程是一个优质资源整合的过程。因而，在专著成文过程中，我也积极寻求行业内外多位行家与精英的支持。温州市会展行业协会会长、德纳展览董事长潘伟，杭州科技职业技术学院苏永华教授，北京信息职业技术学院郝容副教授，浙江树人大学吴聆益副教授，杭州善骏文化创意有限公司总经理巴珍等专家都高度关注本专著的进展，并对主题及核心内容及时给出指导性建议。

为了更精美地完成出版，业界多位专家应邀为本专著题词、留墨宝和作画，他们是：中国会展经济研究会学术指导委员会常务副主任陈泽炎，WCCO国际联盟成员、浙江省政府特约研究员张建庭，宁夏国际会展协会会长邢寿宁，苏州文化博览中心有限公司副总裁蒋一秋，南昌市商贸和会展服务中心副主任喻欣荣，浙江新纪元展览公司总经理沈鸿泉等业界行家。专家们能为专著亲笔题词与奉献精美的书画作品，是对作者精心完成专著的莫大安慰，也让本专著顿时"蓬荜生辉"。特别感谢浙江钱塘文化艺术院院长、浙江黄宾虹画院副院长、著名书法家傅良才先生亲自为作者的这本专著题写书名。用名人书法代替印刷字体出版专著，是作者多年来的夙愿。傅良才先生能应邀再次赐予墨宝，是作者的最大荣幸，是书法家对晚辈的最大支持。多位书画名家的倾情奉献，将不断激励我努力前行，继续为会展业发展尽心尽力。

出版社领导与编辑的大力支持是作者写作的重要支撑。特别是华中科技大学出版社旅游分社社长李欢、策划编辑胡弘扬以及责任编辑仇雨亭在整个出版过程中的精心相助与大量的无私付出，让我特别感怀。琥珀视觉公司吴怡萱率一众美术编辑一直精益求精，与作者多次就封面设计、书画插页等进行深入的内容核对与修正，最终才能让本专著尽善尽美，得以达到付梓时点为止的最大满意。因而，能与华中科技大学出版社及琥珀视觉公司精诚合作并不带经济利益色彩地准确表达专著原意，是作者的荣幸。

感谢家人在专著写作过程中的无私奉献与主动担当，让作者能有更多的时间静心创作，从而让第二本专著顺利问世。这一专著的面世，是作者近年来主要研究内容的再度延伸，也是近期对家人无私支持的最好回馈。

这是一个事件结束的时点，然而在一定程度上却意味着新的更重要的征程。既然选择了高校学者这条路，那就意味着要义无反顾地持续前行，不断为行业发展提供更多值得深入体验与咀嚼的精品案例，不断反哺社会，反哺会展这一先导性现代服务业。高质量发展是体现新发展理念的发展，从产业层面看，高质量发展指的是产业布局优化、结构合理，不断实现转型升级，显著提升产业发展的效益。从企业经营层面看，高质量发展包括一流竞争力、质量的可靠性与持续创新、品牌的影响力，以及先进的质量管理理念与方法等。既然前方已经吹响开启新征程的号角，那就让我们一起向着美好的明天再度扬帆起航！

张晓明

2023年7月5日

浙大城市学院